TopBook
饕书客

一个人，遇见一本书

三国三十案

三十个案件 解构三国

罗三洋 著

陕西新华出版传媒集团
陕西人民出版社

图书在版编目（CIP）数据

三国三十案 / 罗三洋著 . -- 西安 : 陕西人民出版社 , 2021.9

ISBN 978-7-224-14306-5

Ⅰ . ①三… Ⅱ . ①罗… Ⅲ . ①中国历史－三国时代－通俗读物 Ⅳ . ① K236.09

中国版本图书馆 CIP 数据核字 (2021) 第 177110 号

出 品 人：赵小峰

总 策 划：刘景巍

出版统筹：侣哲峰　关　宁

策划编辑：韩　琳　王　倩

责任编辑：晏　藜　武晓雨

封面设计：哲　峰

三国三十案

作　　者　罗三洋

出版发行　陕西新华出版传媒集团　陕西人民出版社
（西安北大街 147 号　邮编：710003）

印　　刷　陕西金和印务有限公司

开　　本　787 毫米 ×1092 毫米　1/16

印　　张　19.25

字　　数　266 千字

版　　次　2021 年 9 月第 1 版

印　　次　2022 年 3 月第 2 次印刷

书　　号　ISBN 978-7-224-14306-5

定　　价　69.00 元

序言

很大程度上拜《三国演义》所赐，三国时代，可能是中国历史中最被关注的一段。

当然，书读得稍微多一点，往往就会掉过头来强调：《三国演义》所讲述的，远非真实的历史。把《三国志》拿过来，和《三国演义》进行比较，指出哪些地方是《三国演义》虚构的，不论写书还是讲课说段子，都很让广大人民群众喜闻乐见。

于是引出一个问题：看了《三国志》，就能了解真实的三国历史吗？

《三国志》是很不容易读的一部书，倒不是说读通文言文有多难，而是陈寿的写法，实在有点刻意制造阅读障碍。

在三国归晋的现实环境下，陈寿写历史书，必须以曹操为正统，“帝魏寇蜀”，但陈寿本是蜀人，对故国蜀汉有很深的感情，于是这部书公开摆出来的立场，和内在的情感立场，就有巨大的矛盾。

更为难的是，一味美化曹魏也不行。晋是继承魏的，所以曹魏的正统地位不容挑战；但如果曹魏不够坏，晋取代魏的合法性就有所欠缺，所以曹魏也必须要有重大污点。而且这次易代并没有杀人如麻的大换血，所以曹魏时代的大臣，很多在晋朝仍然是大臣，哪些隐私可以揭发，哪些污点仍需要掩盖，哪些脏水应该大泼特泼，哪些地方却反而要洗地……凡此种种，都是重大的技术难题。

写一部符合晋朝需要的三国历史，固然是国家级的文化工程，却是一件干好没多少好处，而稍不留神就可能得罪哪家权贵，轻则从此仕途无望，重则误了卿卿性命的事。

当时中原绝不缺才学之士，但这个重任却交到了陈寿一个蜀人手里，可能也和这个烫手山芋没人愿意接有关。而陈寿算是出色地完成了任务，当时夏侯湛也在重写《魏书》，看了陈寿的作品，就觉得不用再写了，把自己的稿子毁了。张华对陈寿更是大加赞赏，说："当以《晋书》相付耳。"意思是以后修本朝史的重任，也可以交给你了。

范晔评价司马迁和班固说："迁文直而事核，固文赡而事详。"比较下来，陈寿的特点大概是"其文约而事微"，文字特别简洁，叙事非常微妙：很多话看起来是一个意思，其实是另外一个意思；很多事看来好像没说，但该说的他其实都说了。从这个角度看，陈寿真正吃透了"一字定褒贬"的"春秋笔法"。

所以，一旦时过境迁，不理解陈寿修史时的这层难处，把《三国志》拿来当故事书看，就很容易觉得没什么意思。晚清的学者李慈铭就说，三国时代的历史事件与人物，论精彩程度，不在楚汉相争时之下。可是《史记》写得"声色百倍"，《三国志》就淡而无味。甚至于同样的事，如果《后汉书》的作者范晔也写过，就比陈寿写得好看得多。这段话，很真实地呈现出一个想看故事的人的失落感。

《三国志》零散到什么地步呢？我们举一个简单的例子，赤壁之战后的东吴攻取江陵之战，《三国志·曹仁传》是这样写的：周瑜率领数万大军攻打江陵，被曹仁率领三百勇士杀进杀出，如入无人之境。最后曹仁的部下赞叹："将军真天人也！"曹操知道了这事，也越发认为曹仁雄壮，转封他为安平亭侯。

如果只看这段记录，还以为江陵之战曹魏方面赢了。要结合东吴方面人物的传记，才能发现周瑜尽管打得很艰苦，但毕竟是把江陵拿下了的。

所以，读《三国志》要是不端出研究者的态度，就当故事书今天翻几页明天翻几页，极可能会对人物、事件的理解发生重大偏差。反而是看《三国演义》的读者，在这种大关节上，倒不会出错。

当然，读《三国志》还离不开裴松之的注。裴注的好处，是征引广博，让我们了解到，《三国志》里简简单单一句话，背后包含着这么多的细节，或者很多事原来有那么多各不相同彼此冲突的说法。

当然，有了裴注，也就意味着阅读《三国志》的感受除零散之外，又更增芜杂。总之，这不是一部适合用休闲的状态来阅读的书。

于是，罗三洋兄的这部《三国三十案》的可贵之处，也就显现出来了。

邓广铭先生有个著名的说法，学习中国古代史，要有四把钥匙：年代、地理、职官、目录。怎样运用这四把钥匙，三洋兄特别精熟。

人是生活在特定时空里的，所以弄清楚时间先后和地理方位就特别重要；传统中国是官本位的社会，很多时候你该怎么做，不是由你的智商和性格决定的，而是由你在官场中的位子决定的。年代为横轴，地理为纵轴，职官为立轴，这就建立起一个三维的坐标系。

而史料中那些零碎芜杂的记录，就成了这个坐标系中一个个的点。在这些点之间贯通勾连，于是，一种不但不同于《三国演义》，也不同于《三国志》的表面文章的历史叙事，也就慢慢呈现出它的轮廓。

用破案的方式来实现这个过程，实在是再合适不过了。

当然，由于史料数量太过有限，三洋兄对有些事情的解释，未见得是唯一正确的答案，但至少也是合理而有趣的答案之一。

三洋兄的学识渊综广博，我素来佩服，他对三国史的熟稔，更不是我能望其项背的。他嘱我作序，我实在是既荣幸又惶恐。只能强调一句，他的著作，扫去了我读三国史时感受到的重重迷雾，我写下这些文字，聊表一下感激之情。

刘　勃

2021 年 5 月 30 日

目录

第一案

曹操刺杀张让案

（180 年左右）

案情

绚烂的晚霞照耀着金色的屋顶，熙熙攘攘的人群焦躁地在城门口排队等待卫兵放行，街区随之逐渐安静下来。东汉帝国的首都洛阳城即将被夜幕笼罩，由此结束看似平凡的一天。

汉代的城市都实行宵禁，也就是说，夜生活通常被严格禁止，在城内谋生的多数民众必须在傍晚离开城市，到郊区去过夜，次日清晨城门开放时才被允许回到城内。不算路途奔波，每天在城门口排队的时间就往往要花掉一两个小时，与现代上班族的生活颇为相似。只有少数人在城内拥有居所，可以避免这种每日在城门口穿行，接受卫兵检查的奔波之苦。

与中国以往的其他首都相似，东汉洛阳城的一多半面积都被皇宫占据，留给市民的空间并不多，而且被北宫和南宫这两座主要宫殿群分割成了东西两片：西城的居民大多是普通百姓，生活起居都围绕着金市等几座大市场，洛阳对他们来说就是这狭长的一片街区。北宫和南宫居然都没有设朝西的大门，可见宫里的帝王将相们对于西城百姓的生活毫无兴趣。皇宫对西城百姓来说仅仅是几道高墙，他们对墙里面的世界近乎一无所知。北宫和南宫之间有宽阔的马路，但那是为政府车队建造的，平民百姓不能随意穿行，马路上方甚至还有沟通北宫和南宫的过街天桥——“复道”，皇亲国戚们经常站在复道上俯视壮丽的首都街区。东城的居民大多是达官贵人及其仆役，皇宫朝东设有多座大门，方便东城贵人们进出。东城的北部是块僻静的街区，这里有独立于皇宫的小型宫殿群“永安宫”，通常用于安置皇太后、失宠嫔妃和退休太监，存放兵器的武库也设在这里。东城的南部则是首都最热闹的街区，所有政府衙门都云集于此。而在这两片形成鲜明对比的街区之间，鳞次栉比地分布着众多豪华官邸，权贵人家门口总是终日车水马龙，直到傍晚，才因为宵禁安静下来。

即便夜幕降临，人群散去，从门口车轮印痕和脚印的数量，也能很容易地判断官邸主人眼下是否正受到皇帝的信任，及其实权的大小。所以，洛阳居民都很在意家门口的车轮印痕和脚印数量，无论是男人、女人，还是不男不女的人，概莫能外。

此时，洛阳东城门口车轮印痕和脚印数量最多的那座官邸，就属于一位不男不女的人。

张让，颍川（今河南省禹州市）人，年轻时曾担任给事中，也就是宫廷顾问。这个职务历来很少由宦官担任，反倒经常由学者型官员兼任，所以张让年轻时未必是宦官。到了重视宦官的汉桓帝时期，张让的职务才变成了真正的宦官“小黄门”，在汉灵帝时期又升任宦官之首“中常侍”。中常侍这个职务本来也与宦官无关，汉成帝的岳父许嘉就曾经担任中常侍，《汉书》作者班固家族中也出过好几位中常侍。直到东汉中期，才有宦官出任中常侍的记载，最终完全被宦官垄断。

由于中常侍一职在东汉末年位高权重，从不会只让一位宦官专美。所以，除张让以外，汉灵帝还委任了赵忠等其他九位中常侍，与张让合称“十常侍”，后来又陆续增加到十二位。因为汉灵帝并不是其前任汉桓帝的亲生儿子，而只是汉桓帝的堂侄，故登基以后先是囚杀汉桓帝的遗孀窦太后一家，又逼杀了汉桓帝的弟弟、勃海王刘悝，皇位才算坐稳，所以重赏在这几次宫廷政变中为他出过大力的宦官，张让、赵忠等“十常侍”都被封为侯爵。汉灵帝甚至说“张常侍是我公，赵常侍是我母”，把张让当作父亲一样看待。

虽然极受皇帝信任，但是使张让在“十常侍”中脱颖而出的，是他灵敏的政治嗅觉。汉灵帝因为多个儿子都相继夭折，怀疑宫中有鬼，等一位身材高大的何姓宫女生下又一位皇子以后，便把这孩子改名换姓，送出宫去，交给一位道士抚养，等到年满三岁以后才带回皇宫，这就是后来的汉少帝刘辩。刘辩回宫之后不久，汉灵帝就力排众议，在宦官的支持下废掉宋皇后，立刘辩的生母何美人为皇后。何皇后出身低微，父亲是个屠户，母亲去世又早，主要靠继母和大哥何进抚养成人，所以谈不上有什么家教，脾气很大，爱嫉妒，性格又泼辣，每当其他嫔妃怀孕，都被何皇后逼迫打胎。刘辩出生以后便离开父母，交给道士抚养（这位道士应当雇了乳母），所以缺乏安全感，与父亲汉灵帝关系淡漠。总而言之，汉灵帝顶着很大压力才册立了何皇后，随后不久便后悔了，据说经常梦见汉桓帝向自己发怒，于是开始策划废黜何皇后，而且迟迟不立刘辩为太子。在这个矛盾重重的皇室里，宦官们得以发挥不可替代的作用，而其中最活跃的一位正是张让。

从刘辩出生开始，张让就以大宦官的身份，与何家频繁来往。

前文说过，张让年轻时担任宫廷顾问“给事中”，当时他未必是宦官。这并不奇怪：在汉朝，大部分宦官并不是从小就被阉割的，而往往像司马迁一样，是在职期间因为犯罪被处以宫刑的正常官员。所以，很多汉朝宦官都有亲生子女，司马迁就儿女双全，张让也不例外，他有一个儿子叫张奉。有些人想当然地把张奉说成是张让的养子，是缺乏依据的。这位张奉是个酒色之徒，也通一些医术，张让在刘辩出生以后，就安排张奉娶了何美人的妹妹为妻。这样一来，张让与何美人就成了姻亲，何美人一被封为皇后，她的妹夫张奉就被封为太医令，主管皇室成员的健康医疗。

大宦官张让的儿子娶了何皇后的妹妹，这场联姻让两个家族走上了双赢的道路：何皇后历经风雨，始终没有倒台，她的大哥何进反而晋升为百官之首大将军，弟弟何苗也被封为车骑将军，何家的政治地位变得无比巩固；张让更是在“十常侍”中脱颖而出，汉灵帝与何皇后夫妻都对他无比尊重，俨然成了太上皇。由于何家兄妹文化程度有限，其家族原本也没有什么靠山，所以在何进担任大将军期间，张让其实就是东汉帝国事实上的最高执政官。于是，当时有求于张让的人多如过江之鲫。

张让的宅邸举世闻名，其豪华程度与皇宫相仿。据说当时宦官们怕汉灵帝登高时会看到自己的宅邸过度豪华，涉嫌僭越，于是共同劝汉灵帝说：“天子不能登高，登高百姓就会离散。”于是汉灵帝很长时间都不敢再登高了。

问题是，身为中常侍，张让大部分时间都得在皇宫里上班，连续在宫中过夜也不稀奇，很少回家享福，据说每十天才能回家一次，而且这点假期还经常因加班被取消。虽然每天都有成百上千的请托车辆在门口排队等候，却难得有几个人能够见到尊贵的张让本人，其中一位幸运儿，就是三国时期风云人物孟达的父亲孟佗。孟佗在诸多马屁精中脱颖而出所依靠的，是一种当时极为罕见的，且很投张让儿子、太医令张奉胃口的稀有礼品——进口葡萄酒。据《三辅决录》记载，孟佗耗尽家财贿赂张让的家奴，才得以进入这座豪宅，见到张让本人，送上葡萄酒等大礼。随后不久，孟佗便坐上了凉州刺史的高位，以便继续给张让父子供应当时中国还不能自行生产，只能从国外进口的葡萄酒。

权力令人迷醉，也会带来危险。

作为中常侍兼侯爵，张让尽管权倾天下，却也在政坛树敌无数，因此他的府邸向来戒备森严，以防政敌行刺。

张让的担心并不是多余的。就在看似平凡的一天即将结束，张让下班回家之际，蒙面刺客真的来了。

久经宫廷政变历练的张让并非等闲之辈，他的家丁训练有素，立即将刺客包围。但这位蒙面刺客显然也有备而来，他面对张府家丁掏出了“手戟”。这是一种汉朝流行的便携式短兵器，像是将两把匕首以九十度角焊在一起，犹如方天画戟的戟头，因此得名。其用法类似中世纪欧洲的法兰克飞斧，可以在肉搏时砍或扎敌人，也可以投掷。几年后，董卓曾向触怒自己的吕布投掷手戟，刘备也曾经在长坂坡向报告他赵云投降曹操（假新闻）的信使投掷手戟。

刺客用手戟和张府家丁在庭院里格斗了一阵，发现寡不敌众，于是且战且退，最后看准机会爬上墙逃走了，没有落入张让之手。

据东晋历史学家孙盛的《异同杂语》记载，这位企图行刺张让未遂的刺客不是别人，正是年轻的曹操！

分析

国家领导人遇刺，放在任何时代都是惊世骇俗的大案。在分析本案的来龙去脉之前，我们先来看看这一记载是否可信。

《异同杂语》的作者孙盛出身官宦名门，祖父和高祖父都是曹魏和西晋的高级官员，对高层政治相当熟悉。孙盛年轻时便以博学闻名，官至秘书监、给事中，掌管东晋的中央档案，创作有《魏氏春秋》等许多史书，当时都被视为正史。可以说，孙盛的史学功底和材料来源是毋庸置疑的。《异同杂语》一书是孙盛在撰写《魏氏春秋》时搜集的史料汇编，孙盛大概是觉得这些史料有一定的可信度，但是由于各种原因，没有纳入《魏氏春秋》正文中。

除《异同杂语》以外，其他史料都没有提及曹操刺杀张让这段事迹。那么，孙盛有没有可能出于个人好恶，编造了这样一个刺杀权阉的传奇故事，以便吹捧曹操？

尽管孙盛是曹魏重臣孙资的玄孙，不过从现存的孙盛著作残篇来看，他对曹操并不怎么崇拜，反倒还时常予以批评（如指责曹操在徐州滥杀无辜等）。其他几部立场明显更倾向于曹操的早期史书并没有记载曹操早年行刺张让未遂这一“英雄事迹”，曹操本人虽然经常在文件里谈及自己的过往经历，也没有讲过这个故事。从历史和文学角度看，即便孙盛为了塑造曹操个人武功高强的形象，想要虚构一些英雄业绩，也应该让青年曹操去完成一些如击毙猛兽、打死街头恶霸之类难以查证的危险任务，而不是潜入张让这样一位著名权臣的宅邸，酿成惊天大案，最后还刺杀未遂，虎头蛇尾。所以，这个故事来源虽然可疑，但不是没有可信度。

放在当时的时代背景看，曹操担任洛阳北部尉时，曾经惩办过不少权贵，甚至打死过大宦官蹇硕的叔父。后来担任议郎时，曹操又不顾个人安危，向汉灵帝上书要求给党人平反，这些都是与宦官领导的“阉党”直接对抗的行为，在指导思想上与刺杀张让完全一致。

综上所述，种种证据表明，曹操刺杀张让这个故事并非子虚乌有，不可能是孙盛编造的。曹操本人没有在生前宣扬过这个故事，知道的人非常少，所以就连曹魏的官方史书也没有记载，属于官场秘闻。《三国演义》里“谋董贼孟德献刀”的故事可能就由此改编而来，因为虽然有很多人曾经行刺过董卓，但是曹操从未名列其中。

那么，曹操刺杀张让是他的个人行为，还是受人指使呢？曹操做出了这样的“英雄事迹”，为什么一直保密，特别是在张让等宦官都死了以后，仍然对此三缄其口呢？

为了解答这些疑问，我们就必须首先考察曹操的背景和“犯罪动机”。

曹操的家族背景相当深厚。按照《三国志·武帝纪》和《后汉书》等官方史书的记载，曹操的父亲曹嵩是汉桓帝时大太监中常侍曹腾的养子，曹腾与曹嵩两人是沛国谯县老乡，可能本来就有亲戚关系，但是也有材料认为曹嵩本姓夏侯氏，2008 年安阳“曹操高陵”的发现及对出土遗骸的 DNA 研究都没能平息有关的争论。曹操出生后不久，在宫内任职三十多年的曹腾就去世了，其爵位费亭侯及家产都被养子曹嵩继承。曹嵩和宦官的关系亲密，又善于巴结权臣，在桓帝末年（也就是曹操十岁左右时）出任要职司隶校尉，负责管理东汉首都洛阳和旧都长安一带的公共设施，并督查包括三公九卿在内的所有中央政府官员。168 年，汉桓帝驾崩，汉灵帝登基，当年曹操十三岁。不久后，曹嵩就升任“九卿”级别的大鸿胪，主管外交和礼仪制度，俸禄级别上升为“中二千石”（年薪二千一百六十石粮食）。

因此，曹操的童年和青少年时代基本上都在首都洛阳度过，目睹父亲曹嵩继承费亭侯爵位后，在官场青云直上，历任司隶校尉、大鸿胪的全过程。作为国家重要领导人的长子，他应当自幼锦衣玉食，是典型的“官二代”。

按照正史记载，像东汉大部分高干子弟一样，曹操曾经上过太学（当时的太学只有一所，设在首都洛阳，而且没有严格的考试和毕业制度，很多太学生整年旷课也不会被开除，与现代大学相比，更像是官宦子弟俱乐部），十八岁以后，立即被原籍豫州地方官推荐为“孝廉”（相当于储备干部），在中央政府里担任郎中（宫廷实习生）。短暂的实习生涯结束以后，曹操经司马懿的父亲、洛阳县令司马防举荐，被任命为司马防下属的洛阳北部尉，相当于首都北部一个片区的公安局长，在任上办了不少案件，得到社会的好评，随后被外调为顿丘县令。可是好景不长，178 年，汉灵帝废黜了宋皇后，宋皇后自杀。按照中国古代不成文的规定，皇后一旦被废黜，其家族就要被全部杀光，所以汉灵帝又处死了宋皇后的哥哥、㶏强侯宋奇。这位宋奇正是曹操的堂妹夫，曹操因此案受到牵连，被免去县令之职，返回谯县老家，就此结束了自己第一阶段的仕途。官场上的第一次挫折对曹操打击甚大，据《魏武故事》中曹操的《十二月己亥令》（即《述志令》，相当于曹操自传）记载，曹操当时打算从此在家乡隐居读书，不再过问政治了。不过刚过两年，随着父亲曹嵩通过官场运作东山再起，调任九卿中的头号肥缺大司农，主管全国的财政、商业和农田水利，曹操也得以在 180 年左右被重新召回朝廷，担任议郎。

正是在 180 年左右，也就是曹操二十五岁上下，爆发了张让遇刺案。

本案的时间、地点和人物都已经基本清晰，接下来该研究的就是“作案动机”了。

曹操与张让是否有仇？

如前文所述，曹操的父亲曹嵩是阉党的核心成员，与张让等大宦官向来过从甚密。作为十八岁就被家乡官员举荐的“孝廉”，按理说，曹操的政治立场应当与父亲一致，也属于阉党集团，和张让应该是盟友，而不是仇人。

曹操刺杀张让，似乎存在一个明显的动机：178 年，宦官劝汉灵帝废黜宋皇后，逼宋皇后自杀，又处死了宋皇后的哥哥、曹操的堂妹夫宋奇，并株连宋家亲友，曹操因此被免去了县令职务。曹操会是因自己无辜下岗迁怒于宦官，并为了替姻亲宋家兄妹报仇，去刺杀张让的吗？

从史料看，宦官中参与废黜宋皇后的并不是张让，而是另一位中常侍王甫。宋家兄妹死后第二年，汉灵帝就处死了王甫，当时曹操还在谯县老家。也就是说，当曹操返回洛阳时，对宋家兄妹之死负主要责任的宦官王甫已经死了，此仇已报。

然而，根据前文的分析，汉灵帝废黜宋皇后的最大受益者其实是何美人，她随即被立为皇后，儿子成为太子，兄弟也都被封为高官。与大家闺秀宋皇后不同，何美人的家庭背景很寒酸，父亲只是一个普通屠户，没有政治背景，这在讲究门第的东汉时期是巨大的缺陷。何美人之所以能够在宫斗中扳倒宋皇后，除了宋皇后自己树敌过多以外，主要原因一是何美人给汉灵帝生下了长子，二是何美人的妹妹嫁给了大宦官张让的儿子、太医令张奉。所以，何家在宫中真正的靠山除了汉灵帝以外，就要数他们的姻亲张让了。

这样看来，一旦曹操刺杀张让成功，就意味着何皇后在宫中的主要靠山倒台。由于何家属于没有政治背景的平民阶层，何美人被册封为皇后不久又失去了汉灵帝的宠爱，可想而知，何皇后被废黜将只是时间问题。到那时，汉灵帝会像处决宋家成员一样，毫不客气地把刚刚平步青云的何家兄弟也一并革职处死，甚至连何皇后儿子的太子地位都难免将随之动摇。

难道说，年轻的曹操刺杀大宦官张让，其实是为了隔山打牛，扳倒何皇后兄妹，以便为自己的姻亲宋皇后一家报仇？

不过，从曹操后来的言行看，他年轻时并没有那么大的政治野心，也没有那么深地介入宫廷政治。而从何皇后兄妹上台以后的表现来看，他们对曹嵩、曹操父子是颇为照顾的，给他们安排了不少肥差。既然曹嵩、曹操父子在何皇后兄妹掌权期间如鱼得水，比在宋皇后在位时当的官还大，那么就更没有理由相信，曹操在宋皇后被废黜牵连自己下岗以后，会长期对何皇后兄妹怀恨在心，以至于在被朝廷重新召回洛阳当官以后，要专程去刺杀他们的姻亲张让了。

看来，曹操如果真的行刺过张让，这案子里肯定另有隐情。

青年曹操尽管涉世未深，对案件却绝不会陌生：曹操的第一阶段仕途就开始于侦破首都案件，又因受到宫廷案件牵连而终结。可想而知，年轻的曹操肯定满脑子都是各种案件卷宗。当时的中国绝对不缺案子：168 年汉灵帝即位后不久就发动了第二次“党锢之祸”，许多知名人士都遭到牵连，再加上废黜宋皇后这样的宫廷内乱，大案、要案、连环案层出不穷，令司法部门疲于应付。

在侦查、审讯案件时，许多司法官员都会自觉不自觉地将自己设想成罪犯，以便设身处地地思考罪犯可能采取的行动。偶尔，代入感特别强的司法官员甚至真的会走上犯罪道路。年轻的曹操在办案之余，似乎就有这样的倾向。

汉灵帝即位后，一面通过“党锢之祸”打击被称为“党人”的社会名士，一面重赏帮助自己铲除异己的以“十常侍”为首的宦官集团。宦官的党羽被称为“阉党”，如上文所述，曹操的父亲曹嵩升官最快的时期，也正是“党锢之祸”闹得最凶的时期。所以，情况明摆着：曹操的父亲曹嵩是阉党的骨干成员，因此“党锢之祸”闹得越凶，曹嵩升官就越快。可以说，曹嵩身为阉党的骨干成员，与党人是不共戴天的死对头，难以在朝廷上共存。作为曹嵩的儿子，曹操本应是宦官的天然盟友。回顾曹操的早年经历，他之所以能够小小年纪就上太学，刚满十八岁就被豫州地方官推荐为孝廉，刚满二十岁就担任洛阳北部尉，管理首都治安，无非是因为他的父亲曹嵩长期深受执政的宦官们器重和信赖。

奇怪的是，年轻的曹操刚踏入仕途，就开始向自己父子的恩主宦官集团下毒手了。

如果说《异同杂语》记载的曹操刺杀张让事件的可信度还有疑问的话，那么正史记载曹操担任洛阳北部尉时严查阉党权贵的不法行为、打死大宦官蹇硕的叔父，担任议郎时上书要求给党人平反等行动，可都是确凿的反阉党证据。此外，曹操年轻时除亲戚老乡之外，有数的几个朋友桥玄、袁绍、何颙等，不是与党人们关系亲密，就是自己也名列知名党人之中，属于阉党在政治上的死对头。

曹操年轻时朋友不多。据《魏晋世语》记载，桥玄曾经因此建议曹操："君未有名，可交许子将（许劭）。"曹操于是前去拜访许劭，"由是知名"。但是，尽管曹操主动来访，许劭对曹操的评价却不大友好。据《异同杂语》说，在曹操的一再逼问下，许劭迫于无奈，回答说："子治世之能臣，乱世之奸雄。"《后汉书·郭符许列传》的记载则与此略有出入："曹操微时，常卑辞厚礼，求为己目。劭鄙其人而不肯对，操乃伺隙胁劭，劭不得已，曰：'君清平之奸贼，乱世之英雄。'操大悦而去。"

许劭是当时著名的人物评论家，主持人气很高的"月旦评"节目，所以桥玄、袁绍等当时的名士都很重视他。其实，这跟许劭是汝南人，和袁绍是老乡，离桥玄的家乡睢阳也很近有关。归根结底，许劭的"月旦评"就是汝南的地方性脱口秀节目。当时，许劭的堂兄许相官居司徒，多次邀请许劭进京当官，但是许劭认为许相的大官是攀附宦官得来的，所以与他绝交。由此可见，许劭的政治立场是支持党人，反对阉党的。无论是"治世之能臣，乱世之奸雄"，还是"清平之奸贼，乱世之英雄"，在当时都不算是很高的评价，等于说，对方有一定的才能，但是以后的发展可好可坏。对于许劭对自己的这番评价，曹操虽然当时表现得很开心，但只是表面上的客套。据东晋大学者葛洪在《抱朴子外篇·自叙》中说，曹操对许劭怀恨在心，以至于后来派人追杀许劭。

"月旦评"这种人物评论节目类似现代的自媒体，一来要故作惊人之语，二来要投听众所好，特别是要顺从汝南党人集团的意见。许劭之所以不欣赏曹操，除了曹操其貌不扬以外，主要原因无疑就是曹操父亲曹嵩的阉党骨干身份。

在许劭看来，曹操既然是阉党骨干曹嵩的儿子，就应该老老实实当一个阉党，现在却主动来接触他们这些党人，行为太奇特，像个精神分裂症患者，实在难以评论。反过来看，曹操明知道许劭厌恶自己的父亲，还要主动去请求许劭品评自己，无疑是一种反阉党、亲党人的行动。

在当时，青年曹操的各种反阉党、亲党人言行，不仅令著名人物评论家许劭困惑，也让提拔他的宦官集团大吃一惊，更让身为阉党骨干的父亲曹嵩深感苦恼和焦虑。据《曹瞒传》说，曹操青少年时沉迷于飞鹰走狗等娱乐，叔父多次在曹嵩跟前批评曹操，曹操于是在途中遇到叔父时装病，在父亲面前又恢复正常，曹嵩从此便不再相信弟弟对儿子的批评了。这个记载应当有些依据，但是未必说出了事情的全部真相——位高权重的曹嵩兄弟肯定见多识广，不可能如此容易地被一个孩子长期糊弄。

至此，初步的调查结论出来了：

曹操出身阉党世家，但是他在很年轻的时候，就背叛了阉党，投入了党人集团。这既令张让、蹇硕等宦官大为吃惊，也肯定会触怒曹操的父亲曹嵩。在政治上，这等于曹操背叛了自己的家族。难怪日后曹操执掌大军、统率一方之时，曹嵩却连续好多年宁可带着家人到海边的琅琊闲居，也不去儿子那里享福，直到琅琊地区的统治者陶谦与曹操决裂，才不得已去投奔这个儿子，结果在途中送命。（后文会分析这个案件）

身为阉党核心成员子弟，青年曹操在阉党最得势的时候，主动背叛阉党，这已经很奇怪了；同样奇怪的是，所有史料都声称，曹操年轻时没有什么名气，看得上曹操、愿意与曹操交朋友的人寥寥可数。联系曹操的家庭背景，这极不寻常。如上文所述，曹操少年时，父亲曹嵩就已经成为东汉帝国中央政府的重要领导人，并且获得了侯爵的大贵族身份，坐拥亿兆家财。作为这样一位大人物的嫡长子，曹操本是堂堂的侯门公子、相府少爷，炙手可热的政坛新贵，理应名列“京城四少”之一，即便身高矮点儿、相貌丑点儿， 也必然有众多追随者整天跟在鞍前马后，打个响指便足以呼朋唤友才对。张让府前就整日蹲着这么一大群势利眼。他们为什么不去投靠曹操呢？

我们初步的调查已经给出了答案：曹操年轻时，就投靠了阉党的死敌党人集团。在曹操首次出仕期间，他公开得罪了父亲所属的阉党集团，因此被父亲逐出家门，无法再动用曹家的政治和经济资源。社会上的势利眼们明白，与曹操来往不仅无法巴结到曹嵩，反而可能会触怒包括曹嵩在内的整个阉党集团。他们认为，曹操连高贵的父亲都得罪，实在太蠢，不如等曹操的弟弟曹德长大以后再联系。党人也普遍看不起曹操这个出身阉党世家的年轻人，又怀疑曹操是阉党派来刺探党人内部消息的奸细，所以对曹操避之唯恐不及。于是，曹操两边都不讨好，遭到主流社会的孤立，前景凄凉而黯淡。

既然背叛阉党集团对青年曹操本人有百害而无一利，那他是怎么走上这条绝路的呢？

因为曹操年轻时被洗了脑，而东汉只有一个特殊的地方能够对曹操进行这样的洗脑。

曹操青年时期上过的太学，云集了全中国的高级知识分子，因此是党人的大本营。在太学上学时，曹操肯定每天都能听到指责阉党（包括攻击阉党骨干曹嵩）的言论，幼小的心灵因此受到极大冲击——自己历来崇敬的父亲居然被社会名流公认为贪官和国贼。对于这么年轻的灵魂而言，真相只能有一个，而少年曹操最终选择了相信群众。

等到曹嵩把儿子从太学接出来时，一切都太晚了：他费尽精力和财力把孩子送去接受最好的教育，结果孩子变成了最讨厌自己的人。曹操从此对包括父亲在内的家族成员遮遮掩掩，关系日益疏远。《曹瞒传》记载曹操装病欺骗叔父的故事，就多少暴露了这个问题：曹操在上了太学以后，明显开始有意疏远自己的家人，尽可能避免与他们来往，也省得和上门拜访的其他阉党成员打交道。与此同时，曹操开始以飞鹰走狗等名义，背着家人出入一些秘密场所，实则去参加党人的密会，偶尔在途中被亲戚发现，就装疯卖傻。

曹操当官以后，阉党集团经过几年的考察，终于确信，他们中间出了一个叛徒。曹操与阉党集团一刀两断，却又无法被多数党人接受，处于极端孤立的局面。

所幸天无绝人之路，在这关键时期，一位贵人向曹操伸出了援手。

除了几位亲戚和老乡之外，曹操年轻时的朋友屈指可数，其中之一是知名党人何颙。何颙之所以愿意亲近曹操，是因为他的后台老板需要曹操。

最终，所有的脉络都指向了同一个人——党人心目中的灯塔、阉党的头号死敌——

袁绍，党人教父，未来的宦官终结者。

自从党锢运动开始以后，袁绍就以其“四世三公”的巨大政治经济能量，将被迫害的大批少壮派党人团结到自己周围，形成了事实上的在野党。《后汉书·袁绍刘表列传》这样说：“（袁）绍有姿貌威容，爱士养名。既累世台司，宾客所归，加倾心折节，莫不争赴其庭，士无贵贱，与之抗礼，辎軿柴毂，填接街陌。内官皆恶之。中常侍赵忠言于省内曰：‘袁本初坐作声价，好养死士，不知此儿终欲何作？’”

看来，早在张让遇刺案发后没多久，此案就已经破了——东汉宦官集团能够执掌最高权力长达近一个世纪，当然不是吃素的。他们不仅基本上查清了刺客的身份，也基本上查清了刺客背后的指使者。

作为与张让齐名的大宦官，赵忠对袁绍的恐惧是有道理的，他知道，袁绍的政治俱乐部有且只有一个目标：消灭阉党，夺取政权，完成窦武、陈蕃、李膺等党人先贤的遗愿。为了达到这个目的，他们既发动公开的政治运动，也组织许多秘密行动，包括训练“死士”——负责暗杀的职业刺客。作为“十常侍”之首，张让就成了袁绍麾下死士的头号暗杀目标。

可是，张让富于防范意识，府邸防卫森严，难以攻击。即便是孟佗等熟悉阉党的人进入张让的私宅都要大费周章，其他人连这座建筑的内部结构都搞不清楚。偏偏党人普遍出身大知识分子家庭，自视甚高，不屑于同阉党成员来往以刺探实情，前去行刺等于自投罗网，所以袁绍无从下手。能够潜入张让宅邸的“死士”需要具备非同一般的条件：此人必须出身阉党世家，非常熟悉阉党集团内部情况，绝对忠于党人集团，敌视阉党，还必须年轻气盛，身强力壮，急于立功。

这样一个人选按常理不应该存在，但是偏偏给袁绍集团找到了：曹操。

和张让一样，曹操的祖父曹腾也是中常侍兼侯爵，因此曹腾与张让的生活待遇肯定属于同一个级别，其中就包括居住条件。作为曹腾的孙子，曹操的童年时代是在曹腾府邸度过的，而张让宅邸与曹腾故居的户型、暗道、密室、机关等都会十分相似。如果党人集团想派“死士”进入张让府邸行刺，曹操无疑是最佳人选。既然曹操已经通过严查阉党权贵、打死蹇硕叔父、上书汉灵帝要求给党人平反等惊世骇俗的行动,在官场上证明了自己对党人集团的政治忠诚，那就剩下了一个问题：曹操是否有足够的武艺执行刺杀任务。

为此，袁绍需要对曹操进行“死士训练”。

在《世说新语·假谲》中，记载了这样一个奇怪的故事：

曹操年轻时常常和袁绍两人出外游侠。一次，他们偷偷钻进婚礼现场，等到半夜，拔刀劫走新娘子。在逃跑途中，他们迷了路，陷入了荆棘丛中。小个子曹操很快钻了出去，大个子袁绍却一度被荆棘卡住，险些未能逃脱。

这个故事听上去像是两个社会小流氓搞的恶作剧，但是与上文中提到的案情联系起来，事情就不那么简单了：

身为年轻的侯门公子、亿万富翁，曹操和袁绍不至于无聊到亲自干这么一起恶作剧，他们这是在训练如何进入私宅展开秘密行动。如果曹操能够在庄园中劫出新娘子，那么他就有能力刺杀庄园主，也就通过了潜入府邸刺杀张让训练的实战考试。

作为刺客，“死士”不仅要具备能力，还要具备胆量。《世说新语·假谲》又记载了另一个故事：袁绍年轻时，曾经派刺客在夜里用利剑向躺在床上的曹操投掷，剑投低了，扎在曹操身下。曹操估计下一次剑会向上投，于是紧紧趴在床上，下一剑果然投高了。

显然，袁绍派来的刺客就没准备杀掉曹操，不然肯定还有第三剑、第四剑；曹操也知道来人不想杀自己，所以老老实实地躺着，不然早就跳起来反抗或逃跑了。这仍然是一种训练，旨在给新入门的“死士”曹操练胆。

结论

案情至此真相大白：

尽管孙盛的《异同杂语》似乎只是孤证，但是联系其他看似也很古怪的史料，曹操刺杀张让案看来真的发生过。在上太学期间，出身阉党世家的小曹操遭到同学们的普遍厌恶和欺负，幸而被党人领袖袁绍看中，获得援助并被洗脑。从此，曹操开始忠实地追随袁绍集团，激烈地反抗阉党，为此不惜与父亲曹嵩决裂，使自己在社会上饱受孤立和质疑。袁绍集团之所以赏识曹操，是因为他们正急需熟悉宦官内部情况的人才。经过秘密的“死士训练”之后，曹操被派去刺杀宦官领袖张让，虽然行动失败，但是向党人集团证明了自己的能力和忠诚。之所以曹操后来不提此事，一是因为行动失败，不值得夸耀；二是因为此事的主使者是袁绍，而他最终与袁绍反目成仇，令解释此事变得颇为尴尬。

至于宦官们在基本搞清嫌疑人身份以后，不向袁绍和曹操展开报复，原因明摆着：袁绍长期包庇许多涉嫌各种案件的党人，宦官们早就想清算他，但是袁家树大根深，宦官们不敢轻易得罪；袁绍派曹操刺杀张让虽然性质恶劣，却没有造成直接的严重后果，客观证据又不充足，宦官们出于大局考虑，只能先隐忍不发。此外，《异同杂语》原文并没有很明确地说曹操携凶器潜入张让府邸的目的是要刺杀张让，袁绍当年交给新手“死士”曹操的任务未必是直接刺杀张让本人，而是让他去盗窃一些对党人集团非常重要的材料。

曹操与刺杀张让的荣誉擦肩而过，至于袁绍与张让这对死敌，将有更大的连环案件等着他们了结彼此的血海深仇。

188 年，就在黄巾暴动被基本镇压下去，汉灵帝结束党锢运动，将包括袁绍亲友在内的大批党人召回朝廷做官之后不久，便爆发了王芬、许攸策划绑架并废黜汉灵帝案。据《魏书》《九州春秋》等史料记载，王芬等人行动之前也曾经试图拉拢曹操，但被拒绝。然而，从曹操拒绝将这一谋反大案上报朝廷的行动来看，曹操无疑是同情王芬、许攸的，只是对计划的具体实施方案有不同意见。对案情略做分析即可得知，王芬计划劝汉灵帝带张让等“十常侍”到他主管的冀州地界来巡视，借机在冀州下手；而在案发时，主管御用车马的太仆是袁基，指挥禁卫军主力的北军中候是刘表，负责保护皇帝人身安全的虎贲中郎将（类似中央警卫团团长）是袁绍，汉灵帝一旦离开洛阳，这三人必定指挥护驾兵马。袁基是袁绍的大哥，刘表、王芬、许攸都是长期受袁绍资助、保护的老党人，可想而知，王芬、许攸策划绑架并废黜汉灵帝案背后的真正主谋仍然是袁绍。一旦袁绍的计划得逞，汉灵帝、张让等阉党的总后台就会被禁卫军和冀州驻军里应外合，一网打尽！

可是人算不如天算。在袁基、袁绍、刘表、王芬等人实施阴谋之前，突然发生了一个意外，完全打乱了他们的部署：

王芬原本借口当时发生了黑山军暴动，申请临时增加自己的军权，而偏偏就在汉灵帝和十常侍一行准备出发前往冀州前夕，黑山军领袖张燕突然接受了朝廷的招安，并被任命为禁卫军将领中郎将。结果，汉灵帝取消了巡视冀州的计划，王芬怀疑东窗事发，畏罪自杀。

袁绍永远不会原谅张燕，他将成为黑山军最凶恶的敌人。

与王芬自杀同时，刚刚被任命为太尉才几个月的曹操之父曹嵩突然被免职，他为此花的创纪录的一亿铜钱完全打了水漂（当时汉灵帝政府对官职明码标价，三公的正常价格是一千万铜钱，曹嵩的前任崔烈才花了五百万铜钱），灰溜溜地返回老家，从此淡出政坛；曹操也借口担心豪强报复，辞去了因镇压黄巾军获封的济南相（相当于济南市市长）一职，第二次回乡隐居。

不过，这一次，曹操刚刚回到家乡，却又收到了朝廷的任命状。曹嵩和曹操这对在政治上早已形同陌路的父子当时绝不会想到，在家乡的这次短暂相遇，竟然会是他们的永别。

第二案

何进遇刺案

（189 年）

案情

王芬自杀的消息传到洛阳以后，汉灵帝肯定嗅出了针对自己的阴谋的气息。他立即紧急更换主管国防的太尉，从曹嵩换成樊陵，又换成马日磾，总之都是汉灵帝最放心的阉党。这样一连换了三任太尉以后，汉灵帝腾出手来，对身边的宫廷防务展开重大改革，组建了一支全新的禁卫军“西园八校尉”：上军校尉蹇硕，中军校尉袁绍，下军校尉鲍鸿，左军校尉淳于琼，右军校尉夏牟，典军校尉曹操，助军校尉赵融、冯芳，袁绍等七校尉都要受宦官蹇硕的领导。刚刚辞去济南相职务不久的曹操因此又被紧急召回洛阳，统率西园禁卫军。

在“西园八校尉”名单里，读者最熟悉的肯定是官渡之战的三位核心人物袁绍、曹操和淳于琼。党人领袖袁绍被从虎贲中郎将调任中军校尉，远离了汉灵帝等皇室成员，还要受宦官蹇硕的领导，肯定不会开心。另外，曹操在十几年前担任洛阳北部尉期间，曾经打死过蹇硕的叔父蹇图，汉灵帝把曹操塞进西园八校尉名单里，表面上是提拔，实际上更可能是给蹇硕提供报仇的机会。可想而知，如果没有袁绍、淳于琼等人的保护，曹操恐怕很快就会被顶头上司蹇硕整死。

王芬自杀以后，汉灵帝改组西园八校尉，说明他并不是没有防范意识。然而，汉灵帝并未发现问题的真正所在。比起袁基和袁绍兄弟，他此时更提防的可能是刘表，因为刘表作为名列“八俊”之一的著名党人，与宦官的关系向来极端恶劣，其指挥的北军原本是规模最大的禁卫军，下辖五个校尉。现在，汉灵帝组建以蹇硕为首的西园八校尉，兵力显然多于刘表的北军五校尉。一旦刘表率领北军发动兵变，蹇硕的“西园军”在理论上应该可以压制北军（前提是袁绍、淳于琼、曹操等“西园军”校尉都服从蹇硕的指挥）。

组建了西园八校尉，并不等于汉灵帝就可以高枕无忧。相反，政敌们的绞索正在他的脖子上越套越紧。189 年年初，汉灵帝派遣西园八校尉东征黄巾，结果袁绍四处闲逛，不寻黄巾军主力交战。等到袁绍回师洛阳，汉灵帝突然在宫中驾崩，享年三十四虚岁。这并不奇怪，甚至符合当时社会公众的预期：除了开国初期的两位皇帝以外，东汉的其他皇帝都活不过三十六虚岁，大概是因为到了这个岁数，皇帝的社会经验太多，就很难被权臣控制了。试想，如果汉武帝也在三十五岁左右驾崩，那么他只不过是个长期被祖母和母后操纵，亲政以后鲁莽地与匈奴开战的年轻皇帝，同远征漠北、开通丝绸之路、独尊儒术、推广太初历、泰山封禅、收服西南夷、征服朝鲜和南越等丰功伟绩毫无关系，历史评价不会高于清朝的光绪皇帝。

临终前，汉灵帝口谕他最信赖的“西园八校尉”统帅蹇硕，要他立小皇子刘协为新皇帝。可是由于中常侍赵忠等宦官告密，何皇后、大将军何进与袁绍等人设计，捕杀了蹇硕，西园八校尉随之被解散，何皇后的儿子刘辩顺利登基，即汉少帝。袁绍家族在这场拥护何家上位的政变中立下头功，由此得到重赏：袁绍的叔父袁隗荣升“上公”太傅，并录尚书事，成为百官之首；袁绍的哥哥袁基仍旧担任九卿之一的太仆，主管皇室成员的交通出行；袁绍本人升任司隶校尉，总督京城内外公共设施并监察中央官员；袁绍的弟弟袁术则接任虎贲中郎将，与刘表等人继续统率禁卫军，保卫皇室成员的人身安全。

在袁家成员的悉心保卫下，皇室成员一定会很安全的……至少，重用袁家兄弟的大将军何进与何太后兄妹这么想。

可是，在汉少帝登基以后，何家兄妹却更加焦虑了。汉灵帝的生母董太后由于不顾何皇后反对，在王美人被毒死以后，收养了汉灵帝和王美人的儿子刘协（刘协因此得到一个绰号“董侯”），与何皇后（汉灵帝死后称何太后）婆媳关系异常紧张。董太后一直比较信任宦官，何进与何太后则提拔了许多党人，因此颇受宦官们埋怨。袁绍一党看到董太后与何太后婆媳水火不容，就纷纷劝何进，说董太后与宦官勾结，想要报复何家，建议何进不要入宫。何进这时对刚刚为何家立下大功的袁绍言听计从，于是就一直躲在禁卫军兵营里，连灵帝的葬礼都不参加，又在处死蹇硕，改组了禁卫军以后，立即派新任虎贲中郎将袁术率领二百名虎贲兵赶赴后宫，名义上代替宦官值勤，保卫何太后和汉少帝兄弟的人身安全，实际上将董太后软禁了起来。董太后发现自己的人身自由受到限制，理所当然地认为是儿媳何太后指使的，于是辱骂何太后，威胁要派自己的侄子、骠骑将军董重去杀掉何进。何进、何苗兄弟闻讯，于是与太傅袁隗联合上奏，请董太后回清河老家安度晚年，并免去董重的骠骑将军职务。当晚，何进、袁绍发兵袭击骠骑将军府，董重自杀，董太后随即也突然死亡，社会公众都认为她是被何太后逼杀的。同月，董太后长期抚养的汉灵帝次子、勃海王刘协被改封为陈留王，封地和待遇都大为减少。何进论功行赏，授予司隶校尉袁绍“假节”和“专命击断”之权，逮捕涉嫌犯罪的官员不必向上级请示（后世的“节度使”官职就由“假节”发展而来）。又拜著名的反宦官人士王允（未来刺杀董卓的主谋）为主管洛阳城内外地区行政司法的河南尹。于是，洛阳的行政司法事务就被完全托付给了这两位宦官的死对头，令宦官们大为紧张。

何进在袁绍的辅佐下，短短时间内就消灭了政敌董太后、董重、蹇硕等人，完全控制了首都的军政大权。按理说，何进应该从此高枕无忧，安享太平。然而，在接下来的三个月内，何进的首席参谋袁绍并没有收手的意思，反而多次劝何进把并州牧董卓等外地将领召到洛阳，共同消灭宦官。很多人对此表示反对，其中包括董卓的老同事——尚书卢植，以及袁绍后来的秘书——主簿陈琳。他们都认可消灭宦官的正义性和必要性，但是劝何进讨伐宦官时不必召外地兵马，尤其不要召董卓进京，因为一旦军队入城，谁的战斗力强，谁就是朝廷的霸主。董卓的部队又多是游牧民族血统的骑兵，适合野战，不适合维护城市秩序，一旦进城，必然导致大批无辜民众丧生。这些史书记载都有意无意地回避了一个更加关键的问题：董卓是董太后和董重的远房亲戚，何家兄妹刚刚逼杀这些董家成员，他们的亲戚董卓自然是何家不共戴天的死敌了。

《魏书》记载了曹操对此事发表的一段评论："阉竖之官，古今宜有，但世主不当假之权宠，使至于此。既治其罪，当诛元恶，一狱吏足矣，何必纷纷召外将乎？欲尽诛之，事必宣露，吾见其败也。"不过，这段记载显然有问题，因为杀光宦官是党人集团一贯的主张，陈蕃、窦武早就试图付诸实施了，袁绍集团每天都在谈论这个话题。曹操虽然出身阉党世家，却早已投奔袁绍手下，与其家族划清界限，不断和阉党作对，哪里会公开反对杀光宦官？《魏书》是曹魏的官方宣传手册，里面有很多这类明显是事后编造的讲话，以彰显曹操及其党羽料事如神，没有必要认真看待。

尽管何进的母亲舞阳君、妹妹何太后、弟弟何苗等亲友部下普遍反对杀光宦官，更反对他召董卓等外地将领进京，但是袁绍在帮他铲除董太后、董重、蹇硕等政敌的过程中立下了头功，又是党人领袖，何进不可能不重视袁绍的建议。就在何进犹豫之际，他计划消灭宦官的消息却被泄露到社会上去了。何太后妹夫的父亲张让听说以后，就带着大批宦官跑去向何太后哭诉。何太后质问何进，何进先是不承认有这个计划，后来又建议各位宦官辞职回老家。但是在舞阳君与何太后的支持下，宦官们迟迟不肯离开皇宫。

为了逼宦官们退让，在袁绍的反复劝说下，何进批准做出如下的部署：

前将军董卓率领凉州兵东下；并州刺史丁原与其主簿吕布南下洛阳城北的孟津港，同时派从事张辽去河北募兵；骑都尉鲍信到其故乡泰山郡募兵；大将军府掾王匡到徐州募兵；假司马张杨到其故乡并州云中郡募兵；都尉毌丘毅与部下刘备到以出产优秀步兵闻名的扬州丹杨郡募兵；东郡太守桥瑁南下，与王匡、鲍信会师于成皋；袁绍自己又私下募兵千余人，驻扎在洛阳城外，以备不测。其中，并州刺史丁原最先抵达洛阳，被何进论功行赏，拜为九卿之一的执金吾，统率禁卫军中的缇骑。

可是，就在各路援军陆续向洛阳进发时，大将军何进本人出事了。原始史料记载的案件过程如下：

八月二十五日，何进得知董卓停止了进军（详见后文），于是力排众议，独自进宫去见妹妹何太后，在南宫嘉德殿前被张让、段珪、渠穆、韩悝等宦官刺杀。宦官们伪造何太后的诏书，免去袁绍和王允的职务，委派阉党樊陵、许相（著名人物评论家许子将的堂兄）取代他们担任司隶校尉与河南尹。尚书卢植拒绝接受诏书，向社会公布宦官谋杀大将军的罪状。虎贲中郎将袁术听说何进遇害，带兵入宫，火烧嘉德殿前的九龙门（或青琐门），又烧东西宫。第二天，皇宫南部的火势完全失控，宦官带着何太后、汉少帝与陈留王兄弟经复道（空中走廊）逃往北宫，途中遭到卢植的拦截，何太后从复道窗户跳下（可能摔伤），被卢植救起。第三天，何进的弟弟、车骑将军何苗赶来为哥哥报仇，与袁绍共同捕杀了中常侍赵忠等一批宦官，尔后自己却被吴匡、董旻等禁卫军军官当作阉党杀死。第四天，袁绍和王允等人处决了樊陵、许相等阉党，尔后杀死了全部宦官，一些没长胡子的人也被误杀。张让等少数宦官带着汉少帝与陈留王兄弟突围逃到黄河边，遭到追杀，走投无路，跳河自尽。汉少帝与陈留王兄弟在北邙山过夜，次日凌晨才被官员们发现。

分析

史书中对何进遇刺案的叙述基本一致，历来学者读史至此，都不过感慨何进的糊涂和宦官的阴毒而已，似乎本案没有再深入研究的必要了。

然而，如果我们认真审视何进遇刺案的各个环节，却发现处处都是疑点。

第一，正如卢植、陈琳、郑泰等人所言，在蹇硕与董重死后，阉党实际上已经没有了兵权，而且“西园八校尉”首领蹇硕之死，是中常侍赵忠等宦官向何进告密的结果，等于是阉党顾全大局，主动向以何进为代表的外戚集团让出了兵权。此后，“十常侍”手中并无一兵一卒，就连自己的生活起居都时刻受到虎贲中郎将袁术的监视，对何进兄妹的权力形不成什么威胁，反而有助于他们的执政。何进如果想消灭宦官，完全无须召外地部队进京。后来的事实也证明，仅凭袁绍、袁术、刘表麾下的部队就已经足以消灭宦官。当袁绍亲自带头动手屠杀宦官时，董卓等人的部队就近在洛阳城郊外，一两天内便可抵达，但袁绍却没有等他们入京。这说明，袁绍比谁都清楚，消灭宦官无须外地部队参加。袁绍更不可能不知道，何家在逼杀董太后与董重之后，已经成了董卓不共戴天的仇人。何进去找董卓帮忙，无异于与虎谋皮。何进与宦官没有仇怨，宦官还有恩于何家，张让是何进的姻亲，中常侍赵忠、宋典、郭胜又曾经帮助何进夺取西园禁军，没有宦官们几十年如一日的照顾，何家根本不可能有今日的权势。何进的每个亲友、洛阳的每个官员都明白这个道理，只有袁绍似乎不明白，一再大力劝说何进采纳自己杀光宦官的荒唐建议。他这样做，显然不是在为何进考虑，而是在公报私仇，借刀杀人，为追随自己的成千上万党人长期遭受阉党迫害报仇雪恨。这其中的利害关系很容易理解，何进为何还执迷不悟地信任袁绍？

第二，何进遇刺前，与宦官的关系已经非常紧张，宦官要杀害何进的传闻在社会上相当流行，他为何还敢入宫去见何太后？身为大将军，何进绝对不应该缺乏卫兵，为何还会被宦官在宫中轻易刺杀？

第三，何进死后，宦官们伪造的圣旨内容也很奇怪。大将军是东汉的最高执政官，国不可一日无大将军，宦官们杀了大将军何进，按理说圣旨应该立即委任一位新的大将军才对。可是，这份伪造的圣旨并没有委任新的大将军，反而革除了袁绍和王允的职务，委任新的司隶校尉和河南尹，实在是本末倒置，简直就是在逼袁绍和王允赶紧造反。宦官们一辈子都在搞宫廷政治，怎么会在重大人事任命上表现得如此粗疏？此外，圣旨是很难伪造的，宦官们即便有宫中的各种便利条件，也不容易在一两个小时内伪造得出来，除非他们早有准备。但是，如果宦官们早有准备要刺杀何进、伪造圣旨，那么为什么会在整整四天时间内，一直被动挨打，既不能像以往历次政变一样调动禁卫军抵抗，又不能从暗道逃跑，而是任人宰割？张让等宦官们带着汉少帝和陈留王兄弟逃到黄河边，走投无路，跳河自杀之时，为什么不把汉少帝和陈留王兄弟也扔进黄河里同归于尽呢？反正都是一死，不如拉个垫背的，大部分罪犯都会做出这样的选择。宦官们集体自杀，却留下了完整的东汉皇室，实在太不寻常。如果史书中的这些叙述都属实，那么不仅是何进愚蠢，张让等人更是中国历史上最愚蠢的一批宦官了，这与他们此前在政坛上的表现相去甚远。

第四，最为奇怪的是，身为虎贲中郎将，袁术带兵火烧九龙门后才冲入皇宫，尔后又火烧东西宫。只要对东汉的宫廷防务体系有所了解，就会发现，袁术的这些表现极不正常。我们知道，虎贲中郎将相当于中央警备团团长，理应随时紧跟在皇帝和皇太后身边，皇室成员走到哪里，虎贲中郎将就要跟到哪里。可是，何进遇刺时，汉少帝与何太后都在皇宫内，身为虎贲中郎将，袁术带着部下跑到皇宫外去干什么？对此唯一的合理解释是，事发前，早有预谋的宦官们设计把袁术及其部下支出了宫外。那么，事发之后，袁术为什么要火烧九龙门呢？身为虎贲中郎将，他应该有宫门钥匙啊。也许，宦官们从里面反锁上了宫门，钥匙打不开？即便如此，要知道，古代中国的城门和宫门都是非常厚的，由许多层组成，外面还要抹防火涂料，再包上金属板，得烧很久才能垮塌，所以中国古代军队攻城时很少采取烧门战术。更重要的是，即便宦官们从里面反锁上了宫门，袁术的部下也有办法，不用烧门就进入皇宫。虎贲军是中国最古老的禁卫军，创始于西周初年，武王伐纣时，主力就是虎贲三千人。按照《后汉书·舆服志》的记载，虎贲士兵身穿特制的虎纹单衣和虎纹裤，与其他禁卫军身上的金属盔甲截然不同。换言之，所谓虎贲，就是一群不穿盔甲，而穿着虎纹紧身衣裤的精锐士兵，矫健灵活，善于攀爬。可想而知，如果虎贲郎卫被宦官反锁在宫外，他们完全不需要烧宫门，两三个虎贲郎卫相互合作，或是站到马车上（虎贲军拥有大量马匹和车辆），就能在瞬间爬上宫墙。即便爬宫墙受到某种阻碍，有慢慢焚烧宫门的时间，袁术早就弄到数以百计的梯子了，宦官们根本防不胜防。烧毁了宫门以后，已经可以在宫内畅行无阻的袁术并不收敛，反而又做出了更加骇人听闻的举动——放火烧东西宫。也就是说，袁术率领禁卫军在半个东汉皇宫放火。历史上，只有在战争时期才可能出现这种暴行。作为每天都进出皇宫的禁卫军将领，袁术难道不知道，整个皇宫都是土木结构，一旦肆无忌惮地到处放火，可能会整体燃烧垮塌，导致所有皇室成员葬身火海？一旦发生这种情况，那么袁术这位中央警备团团长就完全违背了自己的基本职务理念，杀死了自己最应该保卫的人。如果事情果真如此，袁术恐怕是中国历史上最鲁莽的禁卫军将领了。

第五，何苗是何进的亲弟弟，虽然生前与何进常有争论，但怎么看都不像是阉党。董旻想要杀何苗倒并不奇怪，因为何苗对董太后和董重之死负有责任，是董家的仇人。但是奇怪的是，其他禁卫军也听信董旻的话，以为何进是被何苗谋害的，于是跟随董旻去攻击何苗，最终杀掉了这位手握重兵的车骑将军。唯一合理的解释是，在宦官们伪造的圣旨里，何苗被任命为大将军，取代了何进的位置，因此和同时被任命的樊陵、许相一同被公众认定为参与策划了刺杀何进密谋的阉党。可是，史书上却没有这样的记载。如果何苗是被董旻等仇人在混乱中刺杀的，而不是被禁卫军公开击杀的，倒是更为合理。

至此，我们看到，何进遇刺案的每一个主要环节，都存在严重的不合理之处。从刑侦学角度看，由于本案的被告——阉党集团全部被杀或自杀，犯罪现场皇宫又几乎完全被焚毁，目睹犯罪过程的证人也几乎不存在，人证和物证从一开始就非常匮乏。可以推论，早在事发后不久，案件的全部过程就都只能听原告——袁绍、袁术、卢植、王允、董旻等人的讲述了。

从刑侦学的角度看，本案的基本情况就是如此：被告全部死亡，中立证人基本没有，犯罪现场又遭到严重破坏，只能任由原告叙述案件过程。之所以各种史料对本案的叙述几乎完全一致，是因为它们都来自原告提供的同一个材料源头，等于还是孤证。那么，我们能够确定的事实究竟有多少呢？

其实只有四条：何进在皇宫遇刺；袁术率领禁卫军焚烧皇宫；全部宦官及其党羽（包括何苗等被怀疑涉案的人员）被袁绍、王允等人杀死或自杀；汉少帝兄弟被宦官带到黄河边，但是并未受到伤害，在宦官们自杀后被官员救回洛阳。

把这四条基本案件事实串起来，本案没有变得更清楚，反倒变得更糊涂了。

宦官刺杀何进的理由并不充分，何进死后传出的假圣旨内容荒谬，等于逼迫袁绍等何进的部下立即攻打宦官。何进在皇宫遇刺，不应该导致袁术率领禁卫军焚烧皇宫。多达两千人的宦官集团不可能全部涉案，他们不应该毫无抵抗地坐以待毙。尽管手中有何太后和汉少帝兄弟，宦官却并未迫使他们下达禁止军队进攻并焚烧皇宫的圣旨（这在中国古代经常发生，例如唐朝），后来虽然将汉少帝兄弟带出洛阳城，却并未予以伤害，而是选择了集体自杀。这些现象在短短四天内集中出现，完全不合情理，史书在这里的记载一定存在重大的疏忽或错谬之处。

那么，就让我们回到案件的核心事件——何进遇刺。

所有史料都说，何进是在南宫被张让、段珪、渠穆等宦官刺杀的。但是，当时除了这些宦官以外，没有任何证人在场，事后三四天内，他们要么被烧死，要么被袁绍、袁术兄弟未经审讯就集体处死，要么自杀身亡。既然如此，我们如何能肯定凶手的名单无误？

所以，就现有证据而言，我们能够得出结论，宦官是刺杀何进的凶手吗？

恐怕不能。

难道说，何进并不是被宦官刺杀的？这个案情的基础结论一旦动摇，整段历史就得完全改写。

既然何进确实是在皇宫里遇刺的，而当时皇宫里除了皇室成员（也是何进的亲戚）和宫女，就只剩下了宦官，那么刺杀何进的除了宦官，难道还会有别人吗？

正常来说，皇宫里还有另一批人，并且手持武器——禁卫军，特别是新任虎贲中郎将袁术指挥的虎贲郎卫。

事发时，袁术及其虎贲部下不是正好在皇宫外，还需要焚烧九龙门才能进入皇宫吗？

如前文所述，除了九龙门确实被虎贲军焚烧了这一点以外，其他情况全都有疑问。袁术及其虎贲部下当时既不应该离开皇宫，也不应该靠焚烧九龙门才能进入皇宫。

也就是说，何进遇刺时，虎贲中郎将袁术并没有不在案发现场的确凿证据！而且在事发之后，他还冒着烧死全体皇室成员、毁灭大量国宝和重要档案的风险，指挥部下快速、彻底地破坏了案发现场，甚至连遇害者何进的无头身躯都未必能从这场可怕的火灾中幸免！

所有法官、检察官和刑警都应该同意：在这种情况下，比起张让等宦官，袁术才是何进遇刺的头号嫌疑人！

结论

如果刺杀何进的凶手不是宦官，而是袁术，那么整个案件的过程就会变得极为不同：

大将军何进听说一直让何家忌惮的董卓撤兵了，连忙入宫去向妹妹何太后报告这个好消息。虎贲中郎将袁术率领部下在东宫九龙门列队迎接他，这里靠近高级贵族官员在洛阳城东南角的豪宅区，向来是上朝的必由之路。何进虽然近来与宦官关系紧张，但是看到宫门一切正常，有全副武装的虎贲郎卫保护，他就放心地走了进去，而没有带其他卫兵。何进没想到，他一走进九龙门，便突然被袁术及其虎贲部下刺杀。

何太后与宦官在宫内等了很久，何进都没有按时出现，鉴于目前的紧张局势，他们虽然不知道原因，却也并未立即展开调查，以为何进因故迟到，或改日再来。没想到过了一段时间，何进的首级突然被扔出宫外，还有人在宫内喊叫，说大将军谋反，被宦官杀了。在袁绍、袁术、刘表、王允等人的煽动下，禁卫军群情激愤，要求为何进报仇，何太后与宦官则手足无措，不知道如何是好。接下来，德高望重的尚书卢植出现了，对公众展示了一份明显是伪造的圣旨，宣布何进造反被杀，革除其党羽袁绍、王允等人的职务，由两个广受鄙视的阉党官员取而代之。因为卢植公开怀疑这份内容荒唐的圣旨是凶手宦官伪造的，所以无人愿意接旨，反而有很多军民跟随袁绍、王允去捉拿阉党。

与此同时，袁术率领虎贲郎卫在宫中四处放火，以便破坏犯罪现场，阻止未来可能对自己不利的调查，同时也将皇室成员和宦官逼入绝境。张让等宦官虽然依旧搞不清事情的原委，但是在烈火面前无法多想，被迫带着汉少帝兄弟冲出皇宫，到黄河边去躲避火灾，但是很快便被追兵围困。事先未做任何抵抗或逃亡准备的宦官们知道对方不会放过自己,为了不让皇帝在战斗中受到伤害，于是放弃抵抗，集体跳河自尽。此后，向来敌视宦官的袁绍和袁术一伙完全控制了舆论，将刺杀何进的罪名死死钉在无辜的宦官头上，两千年来无人质疑。

至此，何进遇刺案的几大疑点就都解决了。现在就剩下了一个问题：作案动机。

何进对袁绍、袁术兄弟恩重如山，不仅多次给他们及其亲友加官晋爵，甚至还将袁绍视为自己的头号顾问，言听计从。既然如此，袁术为什么要杀何进，再伙同哥哥袁绍，将这一骇人罪行栽赃给宦官？

这时，我们联想到之前的一桩怪事——袁绍反复劝何进召董卓等人进京杀宦官，而何进手里明明有足以消灭宦官的武装力量，董卓又是何家的死敌，召董卓入京杀宦官并无必要，还对何进非常有害，那么袁绍一再坚持劝何进这样做，居心何在呢？

正如福尔摩斯的名言：当你排除了所有不可能的情况，剩下的那个即使再不可思议，也必定是事实。所以，袁绍力劝何进召董卓等外地将领率军来洛阳，主要目的并不是为了消灭宦官，而是为了消灭何进！

当然，袁绍也渴望消灭宦官，为党人报仇。但是，袁绍并不满足于正常的仕途。自从西汉末年以来，以陈氏和袁氏为首的“土德”姓氏集团将取代刘姓当皇帝的“三统”政治哲学理论就盛行于世，以至于汉哀帝一度改姓“陈圣刘”。东汉末年，袁氏家族四世三公，权倾天下，袁绍青年时便悍然选择以汉质帝的年号“本初”作为自己的字，企图篡汉自立称帝的野心已经昭然若揭。到了袁绍、袁术兄弟压制宦官、掌握首都军政大权之时，他们夺取天下，建立袁氏皇朝的时机看来已经完全成熟。于是，一直对他言听计从的大将军何进，在摧毁了董氏外戚和阉党的势力以后，反而成了他的眼中钉。对不忘初心的袁绍来说，最好的结局就是让外戚何进一家与宦官同归于尽。接下来，袁氏故吏与党人们便可以掌握整个帝国的军政大权，进而逼迫汉朝皇帝将政权禅让给袁家。然而，忠于袁家的禁卫军数量有限，无法压制何进，所以，袁绍选择了召董卓入京，与何进斗个两败俱伤。如果何进同意召董卓来，那么袁绍会先与董卓联合，协助何进铲除宦官，再协助董卓消灭董家的仇敌何进；如果何进拒绝召董卓入京，那袁绍可以先诱使宦官杀掉何进，再以此为名，铲除宦官。至于鲍信、张杨、王匡、毌丘毅、桥瑁等首都军官被派到外地募兵，名义上是为了讨伐宦官，实际上是为了把这些何进最忠诚的部下从洛阳支走，好给董卓的铁骑进京捕杀何进铺平道路。无论怎样，袁绍都稳操胜券，而何进则只有死路一条。

可是，袁绍的计划进行得并不顺利，因为何进与宦官都一直在犹豫不决，而董卓倒是快速向洛阳挺进。眼看董卓即将兵临城下，何进还没有与宦官摊牌，袁绍害怕阴谋败露，便暗中把何进要消灭宦官的消息泄露到社会上去，以此要挟何进。即便如此，何进还是不肯下令屠杀宦官，而是派官员去向董卓宣读圣旨，令他退兵。董卓当时实力有限，不敢公开违抗圣旨，立即向西撤退到夕阳亭。听说董卓已经撤兵，何进大喜，于是前往长乐宫觐见太后，向妹妹报告这一好消息。

袁绍、袁术兄弟很清楚，在董卓撤兵的情况下，何进与何太后兄妹商量的结果，很有可能就是赦免宦官。于是他们孤注一掷，由袁术在皇宫内刺杀何进，再与社会威望崇高的尚书卢植合作，将何进之死栽赃给宦官，以此为由，入宫屠杀宦官。错过这个时间窗口，他们夺权的计划就将落空，很可能只能老老实实地继续辅佐何进几十年了。这次事情进展得相当顺利，何进兄弟与宦官全都毫无准备，引颈就戮，所有可能的目击证人也随之被杀死。同时，为了破坏犯罪现场，袁术率军大肆焚烧皇宫。至于何太后与汉少帝兄弟是否会葬身火海，或是被绝望的宦官杀害，袁术显然根本不在乎——如果他们母子三人全都丧生，对袁家夺权甚至更加有利。袁绍对此高度赞赏——从他后来的言行看，并不在乎汉少帝的人身安全，还四处宣传陈留王刘协（后来的汉献帝）不是汉灵帝的亲生儿子，多次试图将其废黜。总而言之，作为党人教父，袁绍巴不得党锢运动的总设计师汉灵帝断子绝孙，好为党人报仇，自己再另立傀儡皇帝。

袁绍敢于设计出如此规模的惊天大案，绝非偶然的突发奇想。他本人从濮阳县令一路做到司隶校尉，经手过大量案件，肯定拥有丰富的刑侦经验；他身为党人领袖，长年庇护何颙、王允、刘表、王芬等大批被官府通缉的流亡党人，肯定拥有丰富的反侦查经验；他长期组织和训练曹操等大批“死士”，从事政治谋杀活动，甚至试图绑架并废黜汉灵帝本人，完全具备作案的胆识与执行力；案发前几年他历任虎贲中郎将、中军校尉和司隶校尉，对洛阳皇宫内外了如指掌，再加上在案发时，他的叔父袁隗担任太傅，哥哥袁基担任太仆，弟弟袁术担任虎贲中郎将，密友刘表担任北军中候，密友王允担任河南尹，亲友爪牙遍布全城，控制了首都的大部分军政实权，完全具备作案能力。

可是没想到，袁绍集团的计划百密一疏，汉少帝、陈留王兄弟在几个宦官的保护下，幸运地从火海里逃了出来。当时，皇宫的车马都在袁绍的大哥太仆袁基的控制之下，所以汉少帝一行出宫时连一辆马车都没有，能够步行逃出洛阳城实属幸运。这些东汉帝国最后的宦官在黄河边面临绝境时，宁可跳河自尽，也不愿意伤害小皇帝。同时，本来已经撤退到夕阳亭的董卓遥望东方，发现皇宫起火，立即昼夜兼程，向洛阳赶来。一路上，董卓很可能又得到了弟弟董旻从洛阳传来的消息，准确得知了汉少帝兄弟出逃的方向，于是立即掉转马头，扑向东北方的北邙山。突然间，袁绍兄弟的胜利出现了变数。

至于跳黄河自杀的大宦官张让，并不是彻底的失败者。张让是颍川人，这个地方在汉末三国时期盛产谋士，自有政治原因。张让担任中常侍以后，举荐了许多颍川老乡，其中最重要的一位当数何进遇刺时担任御史中丞、后来升任冀州牧的韩馥，韩馥又将许多颍川老乡带到了冀州。未来，将会有数不尽的恩怨等着袁绍和韩馥两大集团去了结。利用阴谋诡计壮大的袁氏家族，最终将被荀彧、郭嘉等张让的颍川老乡利用阴谋诡计摧毁。屠灭宦官的袁绍、袁术、刘表等集团尽管盛极一时，但由于无法解决领导人家庭不断的内讧，最终都自取灭亡，而当孙权、曹丕和刘禅重建宦官制度以后，他们的政权立即巩固下来，从此天下三分。

第三案

吕布刺杀丁原案

（189年）

案情

从汉朝民众的角度看，最吸引眼球的官职并不是三公或大将军，而是九卿之一的执金吾。作为禁卫军“缇骑”的统帅，执金吾的日常工作就是和部下一起，穿着华丽的大红袍，手持金光闪闪的武器，在首都街头耀武扬威地巡逻，所到之处，老百姓无不既害怕又羡慕。因此，汉光武帝刘秀第一次入京时，曾经感叹“为官当为执金吾”。

作为主管皇宫外围治安的禁卫军将领，执金吾通常都由武艺高强的军官出任，本人身边总是戒备森严，所以很少有人敢打执金吾的主意。然而，在汉朝末年这个诡异的时代，任何人都不安全。就在董卓抵达洛阳以后没多久，袁术焚烧皇宫的乌烟尚未散尽，街头数以千计的死尸尚未掩埋之际，京城里突然又传出一条爆炸性新闻：

执金吾丁原遇刺身亡！

刺杀丁原的凶手身份并不神秘，他武功盖世，天下无双，号称“人中吕布，马中赤兔”。

吕布刚刚步入官场时，其职务并不是军官，而是时任并州刺史丁原的主簿，也就是秘书。直到丁原抵达洛阳，被何进任命为禁卫军司令执金吾，吕布才改任军官，也就是“缇骑”的司马。历史上的吕布并不像文艺作品里那样，头上总是戴着两根野鸡毛，这种帽子直到《三国演义》成书的明代才在军中流行开来，同样在明代成书的《西游记》等书中的孙悟空等武夫也经常戴着野鸡毛。历史上，东汉军官确实戴鸟羽，但不是野鸡毛，而是珍贵得多的褐马鸡尾羽，即所谓“鹖冠”。因为汉代人认为，褐马鸡是最勇敢的鸟类，在战斗中绝不退缩，这正是军人最需要的品质。身为“缇骑”军官，吕布当然在工作时要穿上一身华丽的大红袍，红袍配红马，头顶上白底黑边的褐马鸡尾羽不断摇曳，走在洛阳街头分外醒目。当时谁能想到，用不了几天，吕布身上的红袍就会染上他老领导的鲜血。

吕布刺杀丁原，《三国演义》的解释是丁原带头反对董卓废汉少帝的提议，这未必符合史实。《三国演义》对丁原的描写基本上都是错误的，例如说丁原死时是荆州刺史，其实丁原根本没有在荆州当过官，只当过并州刺史，而且时间也很短，他死时的身份是比刺史更高的执金吾。《三国演义》另一个类似甚至更加严重的错误，是说董卓时任西凉刺史，但是董卓从来就没有也不可能出任西凉刺史或凉州刺史，因为按照汉桓帝颁布的“三互法”（在汉末几乎无人敢于违反），本州人不能担任本州刺史，而董卓恰恰是凉州人，所以他不能当凉州刺史，只当过并州牧。

汉灵帝临终前，任命董卓为并州牧，汉少帝登基后，董卓被免除并州牧职务，改由丁原接任，而且降为待遇和兵权都不如州牧的州刺史，这一信息非常值得重视。从《三国志》《后汉书》等史料看，董卓被任命为并州牧时，一再向朝廷要求带自己的凉州嫡系部队上任，尽管未获批准，仍然带了五千精锐到并州南部。在东汉时期，并州北邻强大的鲜卑人，多次遭到其攻击，又长期容纳南匈奴部落，汉灵帝末年更发生了休屠各部落夺取南匈奴政权的暴乱，董卓之所以被汉灵帝任命为并州牧，就是因为原并州刺史张懿镇压休屠各部落叛乱，结果战败阵亡。董卓之所以一再要求率领凉州老部下来并州上任，鲜卑和南匈奴的威胁便是主要借口之一。偏偏就在这时，传来了汉灵帝驾崩的消息，不久董太后遇害，董卓的并州牧职务也被随之革除。新任并州刺史丁原上任时，董卓的军队依然驻扎在并州南部边境，与首都洛阳几乎只隔着一条黄河。众所周知，董卓是董太后的亲戚，因此与执政的大将军何进、何太后兄妹关系极端恶劣。丁原作为没有多少兵权的新任并州刺史，面对董卓、鲜卑和南匈奴等敌对势力的包围，军事压力之大可想而知。所以，丁原上任以后，积极拉拢并州本地人，在很短时间内就发掘出了吕布和张辽等弓马娴熟的军事人才。

既然丁原在并州刺史任上并未待多久（最多四个月，也就是中平六年四月底至八月初），那么他就没有条件同吕布、张辽等并州部下发展出太亲密的关系，《三国演义》大肆渲染的吕布是丁原义子的可能性基本上不存在，二人更像是普通的上下级关系。另外，既然在丁原之前，董卓当过一段时间的并州牧，卸任后还在并州南部滞留多日，必然与并州本地官吏有过许多接触，吕布、张辽等并州人，特别是以张杨为代表的老资格并州官吏，认识董卓的时间很可能比认识丁原的时间长。

由于董卓的并州牧是汉灵帝、董太后、骠骑将军董重任命的，丁原的并州刺史是大将军何进、车骑将军何苗、何太后三兄妹任命的，在何进等人杀害董太后、董重，将董卓革职，让丁原取而代之以后，董家与何家的仇怨必然传递到董卓与丁原身上来，两人肯定早已不和。在新旧两位州领导人之间，吕布、张杨、张辽等并州地方官需要选边站队。只要中央政府不崩溃，他们至少在形式上必然效忠于新任刺史丁原，但是当袁绍屠杀宦官，中央政府崩溃以后，他们就有了自由选择的机会。

理清了本案主要人物的关系，现在让我们来探讨本案的时间和地点。

吕布刺杀丁原的日期史无明文，但是肯定发生在八月二十八日董卓到洛阳至九月一日董卓废汉少帝之间。因为董卓废汉少帝是在九月一日上午，所以作案时间只可能在八月二十八日、二十九日、三十日这三天。案发地点并无明文记载，但是鉴于丁原执金吾的禁卫军司令身份，基本肯定是在洛阳城内。

值得注意的是，禁卫军将领吴匡和张璋曾经与董卓的弟弟董旻一同攻杀何进的弟弟、车骑将军何苗，但从此便神秘地消失在历史中。曹丕在《典论》中曾经提到这两个人，说他们“无不烹菹夷灭，为百世戮试”，可见都死得很惨，而且祸及家人。吴匡和张璋被杀的时间肯定在他们二人杀死何苗的八月二十七日之后到九月一日董卓废汉少帝之间，与吕布刺丁原的作案时间完全重合。同时，另一位刚刚从外地募兵归来的禁卫军将领鲍信劝袁绍除掉董卓，遭到拒绝以后，迅速逃离洛阳。

综上所述，本案的完整真相是：在短短两三天内，丁原、吴匡和张璋三位禁卫军高级将领全部遇害，另一位禁卫军将领鲍信匆忙逃亡。

分析

丁原遇刺显然并不是偶然事件，因为另外两位禁卫军将领吴匡和张璋也在这几天内遇害，他们的同事鲍信匆忙逃亡到外地。随后，何进、何苗、丁原的旧部禁卫军便全部倒向董卓。如果此案仅仅是缇骑将领吕布的个人行为，那么素来互不统属的各部禁卫军为何会在短短两三天内杀害自己的长官，集体投奔董卓？

综观整个案件，反倒更像是多数禁卫军决定投奔董卓，吕布顺应友军和部下要求的行为。如果没有群众基础，吕布后来也不可能长期安稳地统率丁原的老部下。张杨和张辽这两位原先与吕布平起平坐的丁原老部下在案发前被派回并州募兵，案发时并不在洛阳，但是在案发以后，他们并未与吕布交恶，张辽等人还主动来到洛阳，从此忠诚地追随吕布鞍前马后达十年之久，丝毫没有想要为旧主丁原报仇的言行，可见丁原等禁卫军将领的死亡源于部下的众叛亲离。

按理说，丁原在短短几个月内，从默默无闻的地方官升任并州刺史，又进而升任九卿之一的执金吾，仕途像坐上了火箭，吕布、张辽等部下纷纷随着他加官晋爵，应该对丁原更加忠诚才对，怎么会突然背叛他呢？

那么，丁原在担任执金吾期间，是不是做了什么不得人心的事情？

好像没有。具体地讲，他似乎什么都没做。

身为禁卫军将领，在京城大乱期间毫无作为，这有点奇怪。

有什么是丁原必须做，而他没有做的吗？

丁原在提拔自己的何进遇刺以后，似乎没有和袁绍、袁术兄弟去攻杀宦官，也没有和吴匡、董旻、张璋去攻杀何苗。在那个局势瞬息万变的时代，这可以说是无能，也可以说是谨慎。但是，有一件事是他必须解释的，那就是当宦官们带着汉少帝、陈留王兄弟逃出北宫，又逃出洛阳外城，直抵黄河边期间，作为负责皇宫外围巡逻的缇骑统帅，丁原并没有拦截到他们。按理说，在南宫被袁术焚烧，皇室成员逃到北宫以后，身为执金吾的丁原至少有四十八个小时来重点安排北宫周围的防务，或是进宫保卫皇帝。然而，张让一行人数众多，又没有车马（皇宫的车马都在袁绍的大哥太仆袁基的控制之下），刚出宫就被发现了，却能够徒步带着小皇帝兄弟顺利地穿过两重城门（北宫的北门朔平门和洛阳外城西北的夏门），一直逃到黄河边，拥有全中国最优良战马的缇骑居然追不上他们，这无论如何也说不通。更有甚者，丁原进京时，在洛阳以北的孟津港还留有驻军。可以说，在当时，皇帝和宦官本应是丁原的囊中之物，无论如何都不应该落入从几百里外远道赶来的董卓之手。

以当时洛阳的形势，正常的剧本发展应该是这样的：

八月二十七日，张让等宦官见北宫的火势已经难以控制，于是带着汉少帝、陈留王兄弟连夜突围，想要出城逃命。可是他们刚刚离开朔平门，就被丁原、吕布率领的缇骑包围，而此时的董卓还没赶到洛阳城下。于是丁原迎皇帝还宫，与何太后团聚，事后丁原因功加封三公，挟天子以令董卓，董卓毫无办法。再排练一百遍，都只有这一种结果。

所以，一个无法回避的问题摆在了我们面前：

张让等宦官带着汉少帝、陈留王兄弟逃离洛阳时，丁原的缇骑为什么没有阻止他们？

一种可能是：丁原故意放跑了张让一行。这是汉朝宫廷政治中典型的“观望成败”态度，汉武帝最讨厌官员们的这种作风。司马迁的好友任安担任禁卫军司令北军中候时，就因为在巫蛊之变中“观望成败”，事后被汉武帝判处腰斩的酷刑，可能还连累了给他写《报任安书》的司马迁。在三国时期司马懿讨曹爽的“高平陵之变”中，许多官员也采取了类似的态度。这类官员往往并非老谋深算，只是希望斗争双方大事化小，小事化了，结果有可能双方都不得罪，但也可能自取灭亡。丁原也许是最近升官太快而忘乎所以，也许是没有担任京官的经验而不知所措，也许只是出于对失败者的同情心，选择网开一面，放走宦官和小皇帝。结果，宦官们还是在黄河边陷入绝境，被迫自杀，汉少帝、陈留王兄弟在北邙山墓地里游荡了一个晚上，最后落入了远道赶来的董卓之手。

另一种可能是：丁原当时做出了选择，但是遭到了部下的集体抵制，命令无法得到执行。联系本案前后发生的各种事件，丁原当时如果下达过命令，内容肯定是逮捕张让等宦官，把小皇帝兄弟交给袁隗、袁基、袁绍、袁术、卢植、刘表、王允等官员。没想到，以吕布为首的缇骑拒绝执行丁原的命令，反而在张让等宦官投黄河自尽，董卓在北邙山接到汉少帝兄弟以后，开始攻击自己的领导，并纷纷投靠城外的董卓。袁绍、袁术兄弟在洛阳城内的肆意放火和滥杀无辜，是否让禁卫军将士突然醒悟：自己被袁家耍了，张让等宦官才是汉室忠臣，袁绍、袁术等人则是窃国大盗？

无论丁原当时如何选择，他的政治投机都彻底失败了，结果让他众叛亲离。要知道，丁原是何进为了消灭宦官而召到洛阳来的，但是在最关键的时候，丁原却既没有保住对自己恩重如山的领导何进的性命，还错过了从宦官手中接管皇帝的天赐良机。无论原因如何，都必然使他得罪了包括袁绍、袁术、卢植、王允在内的大部分权臣，不用吕布动手，他的政治生涯都已经被判处了死刑。继续跟随丁原，对于吕布等部下来说，前途毫无希望。丁原只当过三四个月的并州刺史，没有嫡系部队可言，手下的吕布、张杨、张辽三员大将在丁原入京之前都只是校尉或从事级别，统兵不过千人，全部加起来，质量和数量都不如董卓的五千凉州精锐，升任执金吾以后，虽然补充了一些原来的缇骑，但是张杨和张辽又都被派回了并州，因此吕布向他下手十分容易。

尽管吕布被《三国演义》讽刺为“三姓家奴”，但是他刺杀丁原的行动在当时显然并未受到什么质疑，反倒很受军队和社会舆论的支持。正史和演义都说吕布刺丁原是董卓背后指使，未必全然符合事实，当时身居洛阳城外的董卓更像是遇上了天上掉馅饼。

吕布及其部下杀死丁原之后，其实有两个选择。

与演义小说不同，在正史中，董卓迎得汉少帝、陈留王兄弟以后，一度表现得相当谦让，甚至没有跟着皇帝进入洛阳城，而是让大臣们将皇帝接回大火逐渐被扑灭的皇宫，自己带着军队向西撤退，到洛阳西郊的显阳苑驻扎，这是汉桓帝修建的一座小型郊外园林，相当于东汉末年的高干疗养院。董卓这样做其实出于迫不得已：他的军队为了从夕阳亭赶到北邙山，刚刚在一天一夜内狂奔了三百里，这个速度超过了红军飞夺泸定桥，相当于骑兵正常行军速度的三倍，属于高强度急行军，即便全都是精锐骑兵，此时也肯定人困马乏，精疲力竭，暂时无力展开军事行动，所以鲍信对袁绍说：“卓拥强兵……及其初至疲劳，袭之可禽也。”此时，洛阳城内只剩下一股真正的政治势力，就是以袁隗、袁基、袁绍、袁术为代表的袁家，太后、皇帝和禁卫军都在他们手中。

皇宫大火熄灭以后，朝廷嘉奖董卓的辛劳和谦让，罢免在政变过程中表现无能的司空刘弘，派使者到显阳苑宣旨，拜董卓为司空。东汉的司空是由西汉的御史大夫演变而来，相当于主管全国司法和监察官员的副丞相。如果按照东汉固有的政治规矩来办，董卓在出任司空以后，就必须放弃全部兵权，除非他被特批兼任将军或州牧（后来曹操就是这样处理的），但是并没有这样的史料记载。当时，董卓只有五千凉州兵，最多再加上弟弟奉车都尉董旻的部下（最多一千余人），全部加起来也就六千人左右，根本无法控制洛阳全城，也无法对抗袁家领导的禁卫军（总数起码有三万人）。董卓刚到洛阳时，既没有力量、也没有计划立即夺取最高权力，所以干脆连洛阳城都不进，既让老领导袁家放心（董卓曾经当过袁隗的幕僚），也省得被各种中央政治规矩限制，还方便自己休整部队。

不料，没过两天，董卓的好运突然降临了：吕布专程从洛阳跑到显阳苑来，给他送来了执金吾丁原的人头，丁原属下的全部缇骑也都随之转而向董卓效忠。

前文分析过，吕布选择杀掉在重大政治问题上犯下错误的领导丁原，在情理之中；但是他在杀死丁原以后投奔董卓，却并非必要的行为。他的正常选择，是去投靠刚刚屠灭宦官、名扬天下的袁绍和袁术兄弟。此时，董卓的政治地位没有袁家高，军事力量没有袁家强，甚至还不住在洛阳城里，吕布专程出城去找董卓，显然是经过了一番精心盘算的。

作为并州本地官员，吕布肯定知道，董卓与丁原之间素来不和，而袁家和丁原之间仅仅是最近几天才因宦官带皇帝出城事件产生了矛盾。其次，董卓现在实力弱，何太后与汉少帝母子又是董家不共戴天的仇人，如果无法夺取最高政权，董卓迟早是死路一条，因此他必然急于夺权，而袁家已经通过屠杀宦官夺取了最高政权。所以，吕布如果投靠袁家，能够得到的东西很有限，如果投靠董卓，获得的奖赏会更高，前提是他能够帮助董卓成功地从袁家手里夺取政权。第三，董卓刚刚被任命为司空，主管全国官员的监察和司法，吕布刺杀丁原以后，可以名正言顺地去找董卓自首。

结论

董卓刚刚接待完吕布，显阳苑就又迎来了一位更加尊贵的客人：袁绍。

按照正史中的叙事顺序，似乎董卓是请袁绍来讨论废立皇帝问题的，《三国演义》甚至将双方的会面挪到了朝堂上。实际上，袁绍之所以在屠杀宦官之后两三天，专程离开洛阳来显阳苑见董卓，更可能出于其他的急迫理由。只要我们理解了董卓和袁绍当时的职务，这个问题就会迎刃而解。

前文说过，吕布刺丁原时，董卓刚刚被朝廷任命为司空，主管全国官员的监察和司法，而袁绍当时的职务是司隶校尉，主管首都及其周边地区官员的监察和司法。换言之，董卓和袁绍的工作性质高度相似，类似于上下级关系。凡是涉及首都官员的案件，都需要双方商讨解决。

执金吾丁原遇刺，就是这样一件涉及首都官员的大案，急需司空董卓和司隶校尉袁绍会商解决。尽管在此前的几天，袁绍在京城大开杀戒，但是如前文分析的那样，他并不是在乱杀，而是在执行蓄谋已久的铲除政敌计划。最终，袁家还是要恢复首都社会秩序，对中国进行和平统治的。丁原作为袁绍劝何进召到洛阳来的一位重要将领，此时横尸洛阳市区，人头却被凶手带到了显阳苑，作为司隶校尉，袁绍不能不过问这个案件。

袁绍急着跑到显阳苑来见董卓，还有进一步的用意。

东汉禁卫军士兵们不是只会扛枪杆子的傻瓜，他们是全中国最懂政治的军人。连续在京城打打杀杀了四天以后，他们中的很多人已经渐渐明白过来：自己被袁家耍了，随着长期统率禁卫军的外戚与宦官同归于尽，小皇帝注定将被与皇室无亲无故的权臣袁家控制，这对禁卫军自己不是什么好事，并且意味着他们辜负了老领导外戚与宦官的信赖。董卓虽然没有进入洛阳城，但是他的弟弟董旻身为奉车都尉，却有条件被禁卫军推举为反抗袁家的领袖。于是，以吕布刺丁原为标志，禁卫军掀起了反袁投董的热潮，他们纷纷杀死亲袁的军官，在吕布和董旻的率领下投入董卓的怀抱。吴匡和张璋因此被杀，鲍信则在失去对部下的控制以后，为了保命，在警告袁绍之后匆匆逃离洛阳，北军中候刘表则沦为光杆司令。袁家发现禁卫军正在大规模叛离自己，立即开展调查，结果发现，始作俑者是刺杀丁原的吕布，而吕布已经逃到了董卓居住的显阳苑。于是，袁绍只能亲自来显阳苑登门拜访董卓，名为讨论丁原遇刺案，实为挽回禁卫军的军心。

可以想象，鉴于当时的局势和案件的复杂程度，袁绍绝不是单独来显阳苑的，而是带了大批随从和卫兵，前呼后拥而来。当时，董卓和袁绍并无公开的矛盾，必然要设宴盛情招待对方。虽然双方的对话以废立皇帝的争吵收场，但是在此之前，宴会的气氛应该是亲切友好的，否则也不会谈到废立皇帝这一最敏感的话题。如果董卓事先放风说想讨论废立皇帝的事，袁绍一定不会来。所以，在宴会上，除了客套寒暄以外，双方讨论的主要话题，首先肯定是袁绍屠灭宦官期间发生的各种事件，其次就是刚刚发生的吕布刺丁原案。只有在这两个问题上，双方基本达成了一致，董卓才会在宴会最后抛出皇帝废立这一最敏感的话题。

在屠灭宦官事件上，董卓和袁绍双方本来意见就基本一致，难题在于如何审理吕布刺丁原案。案情本身并不复杂，犯人吕布就在董卓手里，可能在宴会期间还出现过。董卓为了自身利益，肯定帮着吕布说话。但是吕布投靠董卓，开了一个对袁绍极其不利的头，导致禁卫军大批弃袁投董，改变了袁董双方的实力对比，袁绍其实就是为此而来。董卓如果不在这个问题上有所退让，双方绝不能达成一致。董卓起码要承诺不再接纳新的禁卫军投奔者，甚至惩办、遣返部分投奔者，袁绍才肯停止追究丁原遇刺案，不再坚持要将吕布绳之以法。

为了能让董卓和袁绍这两位现实利益相悖的权臣达成友好协议，必然要有人在其中说和，而这位和事佬很有可能就是袁绍的亲密助手、河南尹王允。

在三国题材的文艺作品里，王允总是以德高望重的老者形式出现，而且往往一出场就已经是司徒了。其实，王允年纪比袁绍大不了几岁（八岁或九岁），长期支持党人反对宦官，因此在汉灵帝解除党锢以后，被袁绍选为副手。袁绍任司隶校尉期间，王允任河南尹，相当于主管洛阳及其周边地区的太守，也是全中国最重要的那个太守。这对搭档在屠灭宦官期间发挥了中流砥柱的作用，所以在拜访董卓时，袁绍多半会带上王允这位最信赖的老搭档。然而，在调查吕布刺丁原案时，王允的态度与袁绍却不一致，因为他是吕布的并州老乡，必定对以吕布为首的并州军人哗变，刺杀兖州籍的上司丁原抱有理解和同情的态度。因此，在审吕布刺丁原案期间，王允是最适合在董卓与袁绍之间充当和事佬的人选。

按照东汉的司法程序，正常来说，执金吾丁原这样的京城大官遇刺案，肯定要由司空、司隶校尉与河南尹共同审理。可是，吕布已经带着大批禁卫军部下投靠了董卓，正受到上万军人的保护，袁绍尽管早就被授予了“假节”和“专命击断”之权，而且明知道罪犯就在眼皮底下，却难以当场将其逮捕。他能够做的，只能是强烈要求走正常司法程序，会同董卓和王允来个“三堂会审”式的现场办案。

董卓、袁绍、王允三堂会审吕布，听上去很令人吃惊，但是在八月底的显阳苑真的有可能发生过——此时的东汉中央政府毕竟还没有完全垮掉，特别是在京城，该走的司法程序必须走。这场审讯的影响极为深远，奠定了这四个大人物之间的关系基础——袁绍想逮捕吕布，董卓袒护吕布，王允帮吕布求情，吕布认罪悔罪，董卓做出承诺，袁绍最终让步。鉴于案件很简单，审讯过程不会太长，所以各方很快就能在宴会上达成协议并宣判——遇刺的丁原在暴乱中首鼠两端，放跑杀害大将军、绑架皇帝的宦官团伙，犯下重大罪行，吕布刺杀他是匡扶汉室的正义之举，可以免予起诉。董卓则承诺不再接纳新的禁卫军投奔自己。

至此，宴会本应在欢快友好的气氛中结束。但也许气氛过于友好，也许喝多了，董卓突然向袁绍抛出了废立皇帝这一最敏感的话题。这触及了双方最核心的利益——如果杀害董太后一家的汉少帝与何太后母子继续在位，他们的仇人董卓必定整日如坐针毡，如果不能废黜汉少帝，董卓迟早会遭遇灭门惨祸。何进兄弟死后，汉少帝变成了袁家最理想的傀儡，如果废掉他，改立同董家关系密切的陈留王刘协（他因为母亲被何皇后毒死，被董太后抚养成人，绰号董侯），董卓就成了头号拥立功臣，袁家这么多年费尽心机的阴谋策划变成了给董卓做嫁衣裳，遭到边缘化，这是袁绍无法容忍的。皇帝只能有一个，双方的立场完全相反，没有调停的空间。结果，王允也拦不住袁绍了，董卓和袁绍直接爆发了激烈的争吵，随后袁绍迅速离开。双方在丁原遇刺案上煞费苦心达成的协议，就这样尚未执行就变成了一张废纸。

当天晚上，袁绍就带着部分家人和亲信弃官逃离洛阳，奔向东方，其中并不包括他此前的得力助手王允——袁绍有理由认为，王允在这关键时刻背叛了他，而董卓和吕布则有理由对王允感恩戴德。

在与董卓闹翻以后，袁绍为何如此急切地抛下大批亲友和财产，不顾一切地逃离洛阳城呢？只能是一个原因——这位大阴谋家发现自己被禁卫军彻底抛弃了，如果继续住在洛阳城附近，随时可能遭遇生命危险。这是袁绍第一次遭到军队叛变，但不是最后一次。究其原因，都是因为吕布刺丁原投董卓，开了一个坏头。

袁绍永远都不会原谅吕布。

连夜逃离洛阳以后，袁绍一行沿着鲍信等人几天前走过的路线东行，这群惯于策划阴谋和刺杀的帝国精英所到之处，都会掀起腥风血雨。从此，天下大乱，奇案迭出。

第四案

曹操屠杀吕伯奢家人案

（189年）

案情

在《三国演义》里，曹操的形象时忠时奸，经常令读者迷惑；其实，在原始史料里，也存在类似的问题。在青少年时代，曹操除了和袁绍搞过无伤大雅的恶作剧以外，并没有什么明显的劣迹；做官以后，曹操历任洛阳北部尉、顿丘令、议郎、骑都尉、济南相、典军校尉等职务，表现得清正廉洁，不畏权贵，立下了许多文治武功，即便是曹操的政敌也从未指出过他的早期仕途有何污点。直到董卓入京，召见曹操，想要拜他为骁骑校尉以图拉拢，曹操不肯接受，随即逃离洛阳，抵达成皋（今河南省荥阳市西）时，突然袭击了接待自己的老朋友吕伯奢（“伯奢”应是字，此人本名无考）一家，杀死八个人，临走时还说：“宁我负人，毋人负我！”自古以来，“曹黑”们都将此事视为曹操邪恶本性的最初暴露，“曹粉”们则有的认为此事属于误会，或是根本怀疑它的真实性。不过，鉴于《魏书》《世语》《杂记》等三种原始史料都对此事有不同角度的记载，此事的真实性应当毋庸置疑。那么，为什么之前一直并无劣迹的曹操会突然做出这种坏事，作案之后还发表狂妄的反社会言论呢？

为了破解之前并无劣迹的曹操将接待自己的老友吕伯奢灭门这件奇案，我们有必要搞清楚，曹操在案发之前做了什么，案发时和谁在一起，案发之后又做了什么。

分析

汉灵帝驾崩时，曹操担任“西园八校尉”之一的典军校尉，但在此之后，由于“西园八校尉”的主帅蹇硕被何太后及大将军何进处死，副帅袁绍改任司隶校尉，“西园八校尉”便被解散。按照陈琳写的《为袁绍檄豫州文》的说法，袁绍诛杀宦官、董卓入京时，曹操担任的职务是议郎，也就是个没有军权的文官。董卓要拜曹操为骁骑校尉，等于恢复了他的禁卫军将领地位。那么，曹操为何拒绝接受这次升迁，反而逃离了洛阳呢？

在《三国演义》里，曹操是因为试图刺杀董卓失败才出逃的；但是在原始史料里，行刺董卓的仁人志士名单里并没有曹操，曹操也就没有必要因此而出逃，董卓更不会因此下令追杀曹操。正史的解释是，曹操看出董卓将要做出祸乱汉室的坏事，所以逃离洛阳。但是，董卓刚到洛阳时，表现得相当克制，还主动带着军队撤到洛阳西郊的显阳苑去。既然董卓表现得并不跋扈，而且尚未进京，曹操这时就拒绝董卓升迁自己的美意，反而离京出逃，就显得很不合理了。

曹操离开洛阳非常匆忙，按照《三国志·后妃传》的记载，曹操离开洛阳时，他的家人都留在洛阳，其中包括曹操的爱妾卞氏、曹操与卞氏所生的次子曹丕（时年三岁）和当年刚刚出生的三子曹彰，以及许多仆人。曹操之所以把卞氏母子都留在洛阳，显然不是因为曹操不爱他们，而是因为卞氏刚刚生下曹彰，身体虚弱，曹丕则断奶不久，难以离开母亲，母子三人无法随曹操离京出奔。

曹操要想迅速离开洛阳，唯一的选择就是将卞氏母子都留在洛阳，可见曹操出奔的决策之仓促和决心之大。从此，这些曹操的家眷就落入了董卓的控制之中，董卓当时想加害他们易如反掌。然而，他们全都安然无恙，最终全部安全离开洛阳城，可见董卓当时并没有专门通缉和迫害过曹操。

既然如此，曹操为何要如此匆忙地逃离洛阳呢?

有意思的是，虽然曹操连妻儿都来不及带上，他出逃时却并不孤单。按照曹魏官方史书《魏书》的记载，曹操去吕伯奢家里时不是一个人，而是“从数骑”。那么，我们能否从史料里考证出这几位骑手的身份呢?

还真的可以!

史书《汉末英雄记》两次提及曹操这次离开洛阳东奔，其中这样介绍曹操的堂弟曹纯：“年十八，为黄门侍郎。二十，从太祖到襄邑募兵，遂常从征战。”襄邑即今河南省商丘市睢县，东汉末年属于兖州陈留国（郡），曹操从洛阳出发，经成皋返回故乡谯县，距离谯县仅八十千米的襄邑是他的必由之路。曹纯此前担任黄门侍郎，显然在洛阳皇宫里上班，他与堂兄曹操共同去襄邑募兵，无疑证明了他当时与曹操一同从洛阳东奔。曹操去吕伯奢家的“从数骑”名单之中，肯定少不了曹纯。

除了曹纯以外，《汉末英雄记》还有一处惊世骇俗的记载：“灵帝末年，（刘）备尝在京师，后与曹公俱还沛国，募召合众。”也就是说，袁绍诛杀宦官时，刘备也在洛阳，后来与曹操一起逃离洛阳，去曹操的老家沛国招募军队。

《汉末英雄记》的作者王粲可不是一般人，他是东汉末年名士，名列“建安七子”之一，长期担任袁绍主要盟友刘表的秘书，为刘表起草过许多文件。刘备投奔刘表期间，曾经多次与王粲交流。刘表死后，王粲随刘表的儿子刘琮归附曹操，与曹操、曹丕、曹植父子来往都相当密切，直至病逝。所以，王粲知道很多汉末三国的历史真相和秘闻，并有机会当面向刘备、曹操本人核实他们的亲身经历。他说刘备曾经与曹操一起离开洛阳前往沛国，应当是非常可信的。事实上，《汉末英雄记》的权威性本来在汉末三国的各类史料中首屈一指，只不过因为王粲死得太早，在曹操生前便去世了，所以《汉末英雄记》根本没有涉及曹丕篡汉以后真正的“三国”时期历史，与后出的陈寿《三国志》等书相比显得不够全面，地位才逐渐下降，最终在战乱中散佚，如今只剩下残篇。

既然王粲确定，刘备当时与曹操共同离开洛阳，东奔回曹操的老家沛国招募军队，而众所周知，刘备早已与关羽、张飞三人“寝则同床，恩若兄弟。而稠人广坐，侍立终日，随先主周旋，不避艰险”，所以，与曹操一同逃出洛阳东奔的，必定还有刘备、关羽、张飞。刘备的老师卢植是袁绍屠灭宦官时的亲密助手，诸葛亮在《出师表》中还专门提到“亲贤臣，远小人，此先汉所以兴隆也；亲小人，远贤臣，此后汉所以倾颓也。先帝在时，每与臣论此事，未尝不叹息痛恨于桓、灵也。”可见刘备的意识形态是激烈支持党人、反对阉党的，与袁绍集团完全一致，难怪他会在此时追随袁绍、曹操离开洛阳东奔。

同样有意思的是，《三国志·后妃传》记载：“及董卓为乱，太祖微服东出避难，袁术传太祖凶问，时太祖左右至洛者皆欲归。”也就是说，曹操东奔途中，有人向曹操留在洛阳的家属报信，说曹操不幸遇难了，而此人就是曹操后来的劲敌袁术。在当时，袁术向曹操家属传达噩耗的可能性只有一种——曹操在将吕伯奢灭门之后不久便被地方官府抓获，按理来说肯定要被执行死刑。可见，在离开洛阳东奔时，袁术也和曹操一路同行，因此才能对曹操的动向了如指掌。

此外，和曹操同时离开洛阳东奔的，还有刘备的老师、刚刚镇压黄巾军并辅佐袁绍消灭宦官的尚书卢植，只不过他此后辗转回了幽州老家。

看来，《魏书》记载的“数骑”并不是曹操的仆人，而都是响当当的大人物。尚书卢植、虎贲中郎将袁术，再加上曹操、曹纯、刘备、关羽、张飞！这么几位杀人如麻的狠角色集结在一起，干掉吕伯奢一家八口不费吹灰之力。曹操后来之所以一直重视出身寒微的关羽、张飞，很可能是因为他在吕伯奢家就见识过关羽、张飞的武艺。至于《三国演义》中提到的陈宫，当时根本不在场。陈宫是兖州土豪，与曹操东奔毫无关系，而且没有担任过中牟县令。

包括卢植、袁术、曹操、曹纯、刘备、关羽、张飞等人在内，这么多精英人物为什么会突然全都离开首都洛阳，同时跑到三线城市成皋的吕伯奢家来呢？

因为他们有一个共同的领导人，此人刚刚和董卓闹翻，决定离开洛阳，另立中央。

能够将袁术、卢植、曹操、刘备、关羽、张飞这些人团结在一起的，当时只有一个人，那就是原大将军何进的亲密助手、屠杀宦官的统帅、未来的反董卓联军盟主——时任司隶校尉的袁绍。

袁绍与董卓闹翻的经过，和卢植与董卓闹翻的经过如出一辙，随后两人都迅速离开洛阳出奔。这样看来，最有可能的情况是，屠杀宦官的主导者袁绍、卢植因为与董卓在废立皇帝的大事上意见相左，当天就决定离开洛阳，到东方去招募军队讨伐董卓。袁术、曹操、曹纯、刘备、关羽、张飞等人，在当时都是作为袁绍的忠诚部下，追随袁绍离开洛阳的。

结合各种史料，袁绍离开洛阳时，不仅带上了袁术、卢植、曹操、曹纯、刘备、关羽、张飞，还带上了自己的年轻助手许攸、逢纪，以及他本人的全部家眷，包括妻妾和三个儿子袁谭、袁熙、袁尚，袁术很可能也带上了家眷。能够连夜带着这么多人（还包括妇女和未成年人）顺利离开洛阳，说明袁绍此举并不是一时冲动，而是精心筹划的。如前文所说，早在吕布刺杀丁原，率领禁卫军投奔董卓时，袁绍的另一位下属鲍信就率先踏上了东逃的路途。

因此，上述这些随袁绍东奔的人，在吕伯奢灭门案中，都有重大作案嫌疑。但是，他们作案的动机究竟是什么呢？

按照《魏书》的记载，吕伯奢的儿子和宾客袭击了曹操一行，抢走了他们的马匹和财物；按照郭颁《世语》和孙盛《杂记》的记载，吕伯奢的儿子盛情款待曹操，可是精神高度紧张的曹操听到吕家人在厨房里摆弄餐具的声音，误以为他们在准备谋害自己的兵器，才大开杀戒。《三国演义》更说，吕伯奢家人捆了一口猪要杀，曹操听他们议论要杀，误以为要谋杀自己，于是血洗吕家。

这几种解释都存在明显不合理的地方。即便曹操与吕伯奢家人有什么误会，动手时还能无人质问和解释吗？曹操如果怀疑对方要害自己，直接冲向门外逃跑不就行了吗？既然曹操本人并未谋刺董卓，甚至没有同董卓争吵过，东奔仅仅是弃官离职，并未触犯法律，他与吕伯奢又是老朋友，到了吕家后，何以精神还高度紧张？吕伯奢既然是曹操的朋友，他的家人为何会突然企图抢夺曹操一行的马匹和财物？

种种疑点表明，曹操将吕伯奢一家灭口，不像是因一时误会或冲动的“激情杀人”，更像是有深层背景的谋杀。只有明白了曹操东奔的本质是陪同袁绍行动，才能破解这些疑点。

上文中我们已经基本确定，袁绍东奔，不仅带上了卢植、袁术、曹操、曹纯、许攸、逢纪、刘备、关羽、张飞，而且还有他自己的全部家眷，总共至少有二三十人，曹操等“数骑”仅仅是先头部队。由于袁绍东奔是要另立中央，所以这一行人不仅人数众多，还乘坐着大批骏马和马车，车里装了很多细软、现金、武器，以及秘密文件。在东汉时期，给这么多人寻找住处并不容易，尤其是袁绍、曹操等人当时已经主动放弃官职，失去了官员的身份，官府的馆驿不会再接待他们，汉朝的私人旅店一般规模都很小，肯定容纳不了。按照汉朝马车的正常行驶速度，从洛阳到成皋需要大半天，这一行人在凌晨从洛阳出发，抵达成皋时天色已晚，需要休息。袁绍等人的家眷自幼锦衣玉食，不可能露宿街头，因此寻找过夜住处就成了急迫的问题。作为吕伯奢的朋友，曹操知道吕伯奢家房子大，主动介绍众人前去投宿，是顺理成章的事情。

下面，我们按照东汉的文化民俗，看看在袁绍、曹操、刘备等人进入吕伯奢家以后，最有可能遇到什么情况。

如果曹操一个人前来投宿，吕伯奢一家肯定乐意招待；但是，事出仓促，曹操在没有事先通知的情况下，突然带了许多陌生人和大量车马行李出现在吕家门口，给吕家带来的困扰可想而知。吕家再大，也难以在毫无准备的情况下接待这么多人。吕家人不仅要给这几十人布置床位，而且还要提供饮食，肯定人手不够，必然想请一些亲戚邻居来帮忙。但因为行动涉密，为了避免造成社会轰动，袁绍一行肯定不同意这样做，吕家人于是全都得去厨房做饭。儒家向来提倡“君子远庖厨”，中国的传统厨房都是远离卧房的单独建筑，里面环境脏乱差，只供仆人和妇女使用，主人从不进去。在汉朝，让成年男性知识分子下厨房做饭是严重的羞辱，更何况是客人让主人去做饭，双方的矛盾很可能由此而生。但是，这最多只会造成一些抱怨，应当不至于引发流血冲突。

然而，袁绍、曹操一行人携带的大量行李，可能会引起吕家人的兴趣，因为这远远超出了普通搬家的规模，更远非曹操这一等级的中层官员所能够拥有的财产级别。汉朝在基层社会设置三老等民选官吏，实施类似保甲的制度，邻里必须相互监督，一旦有人窝藏不法分子，没有察觉告发的邻居都要连坐，党锢之祸之所以牵连众多人员，这种制度“功不可没”。所以，吕家人作为东道主，既有权利、也有义务调查曹操一行的底细。但是，在当时的情况下，为了便于行动，袁绍一伙不会说出真相，甚至掩盖了自己的真实身份（《三国志·武帝纪》说，曹操本人当时都“变易姓名”了，这更会引起吕伯奢一家的警觉）。吕家人出于自身安全的考虑，势必要采取“安检”措施，也就是去检查这伙人的车马（也就是《魏书》所谓的“取马及物”），袁绍等人一定会抗拒，这便无可避免地引发了冲突。吕家人也许发现了违禁的武器，也许发现了过于贵重、足以显示袁绍“四世三公”身份的财物，或涉密的文件印章，例如车骑将军印绶（袁绍出奔以后自称车骑将军领司隶校尉，可能他在何苗被杀后拿到了后者的车骑将军印绶），总之看到了他们不应该看到的东西，因此袁绍命令袁术、曹操、刘备、关羽、张飞等随从灭口。

曹操作为袁绍的追随者，不得不向自己的老朋友一家举起屠刀。这并不说明曹操杀人成性，道德败坏，在那个时代，这恰恰是有道德的表现。曹操在杀人之后脱口而出的“宁我负人，毋人负我”，放在本案的历史背景下，不像是自鸣得意，更像是哀叹命运的残酷。

吕伯奢的悲剧绝不是偶然的。在袁绍的领导下，曹操日后还将杀掉更多的亲戚朋友。在当时的历史背景下，此事很容易理解：东汉末年，张俭、岑晊等党人曾经多次犯下屠杀政敌全家几十口以至几百口的灭门大案，而袁绍自幼与党人来往密切。对于刚刚血洗洛阳，杀掉两千多名宦官的袁绍来说，下令杀掉碍事的吕伯奢一家，连眼睛都不用眨。

但是，既然杀害吕伯奢一家有多位名人参与，而且主谋不是曹操，为什么曹操独自为此背锅呢？

因为曹操倒霉。

按照《世语》的记载，曹操离开成皋后来到中牟县（今河南省郑州市东）。在这里，他遭到了地方官员的追捕。

袁绍等人能够带着妻子儿女等家眷安然离开洛阳前往成皋，是因为他们弃官离京并不违法，不用担心被董卓下令追捕（董卓当时正忙着从显阳苑搬家去洛阳，既没有下达过追捕曹操的命令，也没有迫害曹操留在洛阳的家人）。但是，他们在成皋屠杀吕伯奢一家却是死罪。袁绍、曹操一行从洛阳东行，先得到成皋，才能再到中牟，《三国演义》却说曹操先到中牟，再到成皋，这是完全不可能的。《三国演义》为了拔高或贬低某些特定人物，多次犯下类似的地理错误。其实，先到成皋再到中牟的顺序在本案中非常重要，因为它有力地说明，曹操在中牟县被捕的原因是杀害吕伯奢一家，而不是像《世语》解释的那样，因为曹操被董卓通缉。事实上，董卓当时既没有通缉过同样弃官出奔的袁绍、袁术、卢植、曹纯等人，也没有迫害过留在洛阳的曹操小妾卞氏及年幼的曹丕、曹彰母子，怎么可能单独通缉曹操呢？案发后，毗邻成皋的中牟县应当会立即接到豫州和成皋地方政府的公文，让他们缉拿吕伯奢一家遇害案的凶手。由于袁绍、曹操等人在途中一直使用化名，这些官员并不知道这些凶手的真实身份。追捕中，袁绍、袁术、刘备等人全部逃跑，只有曹操一人不幸被抓获（袁术以为曹操被当场击毙或被处决了，所以向洛阳的曹操家属发去曹操的凶信），被亭长扭送到县衙门。所以，在东汉政府档案上，涉嫌屠杀吕伯奢全家的罪犯只确定了曹操。

我们记得，当曹操被捕时，袁术曾经给洛阳的曹操家属传信，说曹操遇害身亡了。事实上，当时很可能有一个人在中牟县东部边境被东汉官吏当作屠杀吕伯奢家人的罪犯击毙，而这个倒霉鬼一度被当作了曹操。

在东汉末年，中牟县位于司隶校尉辖区的东部边境，过了中牟县往东，就进入了豫州的陈留郡。所以，按照常理，追捕屠杀吕伯奢家人嫌疑人的应该不仅有中牟县的官吏，也有豫州陈留郡的官吏参与。事实正是如此。

《三国志·诸夏侯曹传》提到，曹操起兵时，亲戚（可能是堂兄弟）曹邵帮助曹操招募士兵，却被州郡的官吏杀死，曹操于是收养了曹邵的儿子曹真。这样说来，曹邵应该是在190年被董卓部下杀害的。

比《三国志》成书更早的曹魏史书《魏略》和《魏书》叙述曹真的身世时，内容更加详细，却也更加奇怪。《魏略》说，曹真的父亲不姓曹，叫秦伯南，是曹操的朋友。兴平末年，曹操被袁术打得大败，逃到秦伯南家里，袁术的追兵冲进秦家，抓住秦伯南，问他谁是曹操，秦伯南说“我就是曹操”，于是遇害。后来，曹操收养了秦伯南的孤儿秦真，让他改姓曹，就是曹真。可是，“兴平”这个年号只用了两年，所以兴平末年肯定就是兴平二年，即195年。早在195年之前，袁术因为多次被曹操击败，已经撤到江淮地区去了。在195年，曹操刚刚击败劲敌吕布，重占了兖州。这样看来，曹操在兴平末年被袁术打败的故事，根本不符合时代背景。《魏书》则说，曹邵很受曹操信任，初平年间，曹操组织义军，曹邵跟随他行动。这时，豫州刺史黄琬要杀曹操，曹操逃走，曹邵遇害。问题是，初平元年是190年，而据《后汉书·左周黄列传》，豫州刺史黄琬早在189年九月二十日就被任命为司徒，去洛阳上任了，这时无论是曹操，还是其他人，都尚未起兵讨董卓。

作为有曹魏官方背景的史书，《魏略》和《魏书》把曹魏名将曹真的身世叙述得破绽百出，年代和事件完全对不上，实在匪夷所思。无怪乎陈寿编写《三国志》时，对它们进行了大幅删减，采取了简略的折中写法，但是又等于什么都没说。

曹真的父亲究竟是何身份，又是被谁杀害的呢？作为原始史料，《魏略》和《魏书》的说法虽然都不可信，但是应当都含有一些真实的信息。历史上，袁术从来没有把曹操打得如此狼狈过。黄琬是老牌党人，长期遭到阉党迫害，董卓入京后对他委以重任。会不会黄琬在董卓进京以后，背叛了袁绍、袁术和曹操所属的老党人集团，拿追捕弃官东奔的曹操当作自己效忠董卓的投名状，因此得到董卓的重用呢？如果是这样，《魏书》的说法除了时间差几个月之外，其他方面都还说得通。

如果我们把《魏书》关于曹邵的记载和之前关于曹操杀吕伯奢案的分析联系起来，不难明白曹真父亲遇害的真实原因：189 年九月初，曹操跟随袁绍离开洛阳东奔，路过成皋时杀害了吕伯奢一家八口。因此，这群人被地方官员追捕，抵达中牟与陈留交界处时，遭到拦截包围。曹操的随从曹邵在突围时被豫州官吏当场击毙，袁术当时也在现场，误以为曹操被杀，连忙派人去洛阳向曹操家属报信。事实上，曹操本人被中牟官吏抓获了。派遣官吏捕杀曹邵的豫州刺史黄琬本是老牌党人，与党人领袖袁绍的关系肯定不错，他派人抓捕袁绍、袁术、曹操一行，并非是因为他叛逃到了董卓集团（事实上，黄琬后来与袁绍的得力助手王允共同策划了谋杀董卓，最终因此遇害），而只是因为他得知邻近豫州的成皋发生了一家八口遇害的大案，嫌犯正在向自己的辖区逃来，于是按照普通刑事案件处理，紧急派官吏协助成皋、中牟官吏捉拿凶手，全然不知道这些犯罪嫌疑人的真实身份，因此他“追杀”曹操根本没有政治背景。曹邵被杀后几天，黄琬被董卓召到洛阳去当司徒，与他派官吏追捕曹操、曹邵也没有必然联系。此案因为极为血腥和神秘，早在当年就在社会上传播得沸沸扬扬，后来又因为袁术和曹操反目成仇，袁术、曹操、曹邵三位当事人的关系被越传越离奇，最后演变成了《魏略》中袁术大破曹操，却误杀秦伯南的荒唐故事（和曹操一样，曹邵在东奔时应当也改名换姓了，“秦伯南”或许就是他的化名）。

曹操被捕以后，中牟县政府立即对他进行了审讯，曹操干脆将事情的真相和盘托出，令地方官员大为震惊。要知道，中牟县也归司隶校尉管辖，此地的官员原本都是袁绍的下级。中牟县功曹以为袁董虎争，天下将乱，神仙打架，胜负不可知，凡人岂敢干涉，于是劝县令释放了曹操。这清楚地说明了曹操屠杀吕伯奢全家一案与董卓和袁绍之争存在直接关系，曹操在作案以后很快被捕，却又很快被释放，正因为他是袁绍的下属。

不仅是中牟县的地方官员，就连董卓本人此时也无意得罪袁绍。尽管袁绍在与董卓争吵之后连夜带领亲友离职出奔，并且在途中涉嫌杀害吕伯奢一家八口，董卓还是在得知袁绍抵达冀州勃海郡（今天津市和河北省沧州市一带）以后，就地拜袁绍为勃海太守，并以讨灭宦官之功，加封袁绍为邟乡侯。袁绍原本的职务是司隶校尉，改任勃海太守似乎是降职，实际上，东汉的太守地位显赫。按照《后汉书·百官志》记载，太守的薪酬标准是“真二千石”，即年薪一千八百石谷物（其中一半折合为现金）；司隶校尉的权势虽大，收入却一般，薪酬标准是“比二千石”，即年薪一千二百石谷物。也就是说，从司隶校尉改任勃海太守以后，袁绍的基本工资上升了百分之五十！不仅如此，勃海郡是当时中国十大郡之一，以人口众多、经济富饶闻名，勃海太守绝对是个肥差。董卓给袁绍选的侯爵封地邟乡即今河南省汝州市临汝镇，与袁绍的老家汝南（今河南省周口市商水县）相距很近，东汉时期邟乡直属于河南尹，距洛阳城只有四十千米，是东汉所有侯爵封地中距离洛阳最近的一处。袁绍的汝南老乡进京来洛阳必须经过邟乡，非常便于袁绍光宗耀祖。也就是说，董卓特地送给袁绍一大块首都郊区的地皮，作为袁绍的私人产业。由此看来，在袁绍出奔以后，董卓不想追究袁绍，反而向他释放了足够的善意。此外，袁术等几位东奔人员也都被董卓授予了新的官职。在这种大环境下，中牟县地方官员即便已经破案，又岂敢真的将袁绍的亲密助手曹操绳之以法？

结论

曹操因屠杀吕伯奢一家人而被捕，受审之后却又被释放，标志着东汉法制社会的彻底崩溃。从此以后，中国进入内战状态，

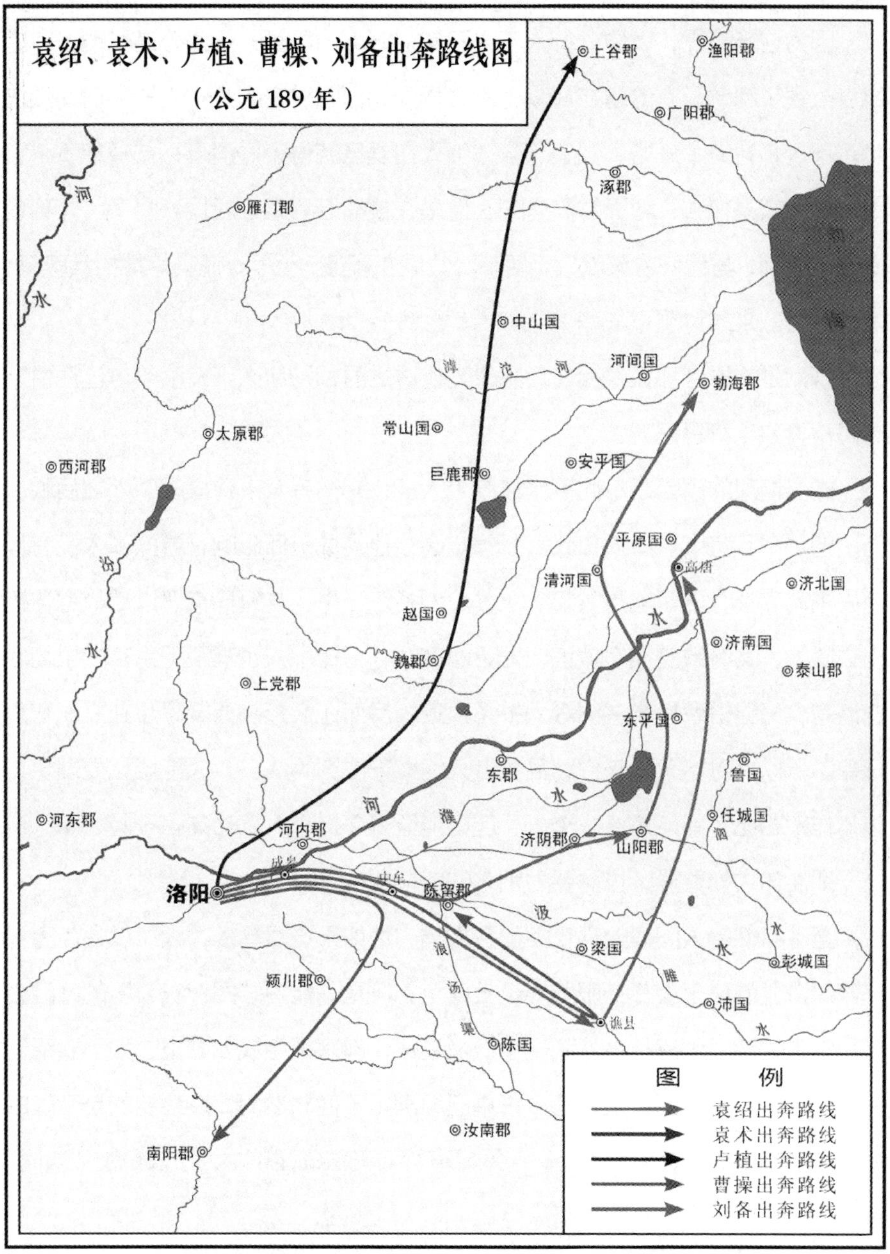

地图① 袁绍、袁术、卢植、曹操、刘备出奔路线图（王晓明 罗三洋 / 作）

杀死无辜的人无须受到惩罚，法律逐渐变成了废纸。

因为这场追捕，袁绍一行人不得不匆忙逃离中牟县，从此分道扬镳，有的随袁绍去了河北，有的留在河南，不必再为如何同时安排几十人的住宿而烦恼了。不久，曹纯、刘备、关羽、张飞等人在襄邑获得了好消息：被黄琬手下官吏击毙的人是曹邵，曹操并没有死，而是在被捕以后奇迹般地获释了。等到曹操安全返回，与他们欢聚以后，便开始共同在襄邑、己吾、谯县等地招兵买马，筹备即将到来的讨董卓战争。

既然是这样，那么曹操在后来位高权重之时，为什么不设法给自己洗白，起码不再独自背黑锅呢？

最合情理的原因是：此事牵涉的人太多，知情者众（曹操在杀人之后脱口而出的“宁我负人，毋人负我”，肯定会给他造成负面影响，曹操本人没有理由去主动宣扬，更可能是袁绍、袁术、刘备等当事人与曹操交恶以后故意传播出去的），又有政府案宗做证，无论怎么洗，曹操本人也难脱干系；如果彻底说清楚，又显得曹操与袁绍等人关系太近，反而还会影响曹操思想独立的智慧形象。所以，对于曹操来说，吕伯奢灭门案无法圆满洗白，只能淡化处理。与集体作案相比，独自杀掉八个人，起码能显得曹操个人武功高强一些。

即便伟人如曹操，也需要为别人的罪行背锅。

至于吕伯奢灭门案的真正指使者袁绍，他如果贪图享乐，大可以在勃海太守兼邟乡侯的位子上舒舒服服地坐上几年；可是，作为“四世三公”的豪门公子和党人领袖，袁绍从小就脱离了低级趣味，向来视金钱如粪土。如果袁绍的理想仅仅是成为中国首富，那么董卓已经满足了他。然而，袁绍要的是帝国的最高权力，甚至还有传国玉玺，这是董卓绝对无法满足的。为了袁绍的“高尚”理想，一大半中国人将赔上身家性命。

第五案

韩馥自杀案

（191 年）

案情

袁绍、袁术等人离开洛阳逃往东方以后，得知董卓废黜汉少帝，拥立汉献帝，又为董太后报仇而杀了何太后，于是利用其原先对付阉党的党人体系，开始筹建讨董卓联军，内战随之爆发。经过一番较量，袁术的部将孙坚击溃董卓军主力，逼近洛阳。当时的洛阳已经被袁术等人焚毁了一大半，难以防御，董卓于是干脆就将洛阳城的其余部分也放火焚烧，随即迁都到群众基础较好的长安去了，留给孙坚一座空城。在这座遍地残垣断壁和阴魂野鬼的废墟里，很快就发生了一件奇案。

孙坚进入洛阳城以后，在废墟里发现了一件宝物——传国玉玺。其实，秦汉时期有不少玉玺，名目繁多，最受重视的是所谓的秦始皇蓝田玉玺，上面刻着“受命于天，既寿永昌”，俗称传国玉玺。王莽篡汉时，传国玉玺被王太后摔掉了一个角，后来用黄金镶上，因此极易辨认。在袁术放火焚毁皇宫以后，传国玉玺就失踪了。据《吴书》记载，孙坚的军队是在南宫的水井里发现玉玺的，很可能是掌玺太监被困在火中时，为保住玉玺而扔进去的。

孙坚能够找到失踪的玉玺，绝对不是偶然，因为他是袁术部将。焚毁南宫的火就是袁术放的，当时掌玺太监所在的区域袁术心中一定有数，等火灭了以后，他很可能准备来寻找。但是就在此时，袁绍与董卓闹翻，禁卫军哗变，袁术被迫暂时搁置寻找玉玺的计划，随同袁绍出逃。等到袁术的部将孙坚击退董卓，占领洛阳，袁术自然就会委派他去现场寻找玉玺，于是很顺利地找到了，其中的因果关系非常清楚。

汉少帝死了，董卓带着汉献帝逃到了长安，传国玉玺落到了袁术和孙坚之手，这些新闻肯定会迅速传到反董卓联军的盟主袁绍耳朵里。按理说，作为讨董卓联军的盟主，袁绍此时应该渡河与袁术、孙坚会师，一同向长安追击董卓。可是，他接下来做的事情却非常奇怪。

在得知董卓逃往长安以后，袁绍并未渡河南下去与袁术、孙坚会师，反倒掉头北上，走了大约三四百里地，与以冀州牧韩馥为首的冀州地方官员在漳水

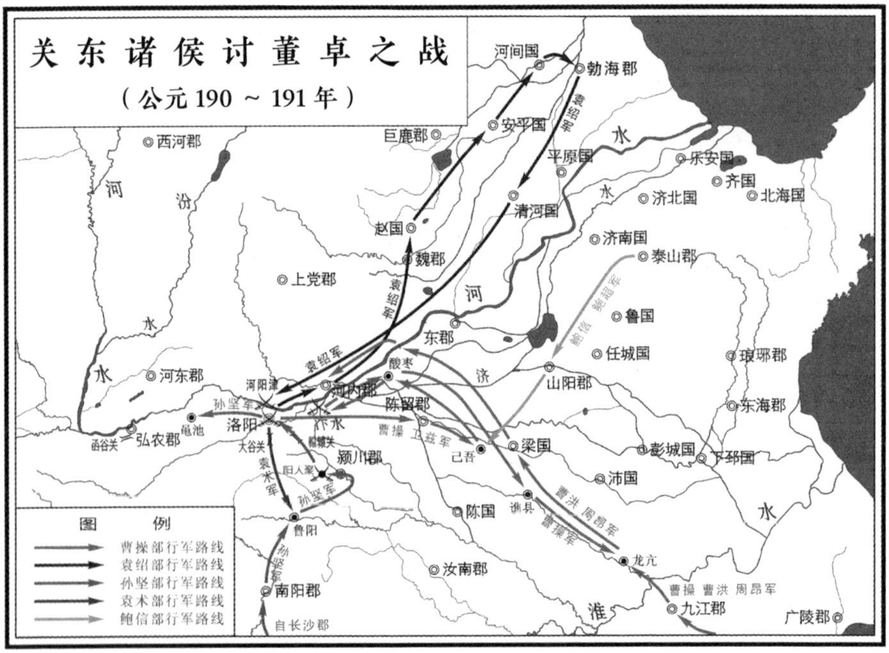

地图② 关东诸侯讨董卓之战（王晓明 罗三洋 / 作）

（今河北省邯郸市临漳县一带）会盟。这份誓词的内容只是再次声讨董卓的罪行，并没有什么奇怪， 奇怪的是时机：讨董卓联盟早已成立，誓词早已由袁绍的部下臧洪宣读，而且董卓军主力已经被击溃，首都洛阳都落入了盟军之手，袁绍突然与部分诸侯重新立誓，目的何在？

表面上看，袁绍确实有必要重新组织一次会盟，因为他虽然被诸侯推选为讨董卓联军的盟主，但是上次会盟的时候，他没有参会。问题是，如果补办仪式，各地讨董卓联盟成员都应该参会才对，袁绍怎么单独和冀州官员会盟呢？

重点就在与会人员名单上。这次和袁绍会盟的，是冀州十郡的太守、国相，再加上他们的顶头上司——冀州牧韩馥。而在出席人员职务头衔上，袁绍填的是“车骑将军领司隶校尉”，而韩馥填的则是骇人听闻的“大将军领冀州牧”。

大将军可是汉朝的最高执政官头衔，比车骑将军还高一级。据此，只能得出这样的结论：

漳水会盟的盟主不是袁绍，而是韩馥。他们之所以要在讨董卓联军取得重大阶段性胜利的关头重新搞这么一次会盟，名义上是继续声讨董卓，实际上是为了紧急更换盟主。

韩馥的政治胃口看来很大，他能够迫使袁绍交出盟主领导权，是因为他完全掌控着袁绍军队的补给，正如韩馥的部下耿武、闵纯、李历所说：“袁绍孤客穷军，仰我鼻息，譬如婴儿在股掌之上，绝其哺，立可饿杀。”

袁绍从洛阳跑到河北时，虽然还自称司隶校尉，但是因为他已经把司隶校尉的印章和节杖都扔在了洛阳，等同辞职（朝廷立即任命赵谦为新的司隶校尉），所以其真实的职务是董卓后来批准的“勃海太守”。这样，袁绍就成了冀州牧韩馥的下属，而韩馥对他并不客气，当袁绍策划组织反董卓联军时，韩馥立即行使州牧的军权，派兵把袁绍包围在勃海太守官邸里，导致袁绍无法参加讨董卓会盟仪式。韩馥这样做，有一个很明显的原因——根据《汉末英雄记》记载，韩馥的冀州牧是董卓任命的，在此之前，他是何进任命的御史中丞。何进之所以任命韩馥为御史中丞，原因也很明显——作为颍川人，韩馥是当朝大太监、中常侍张让的老乡，而张让与何进是儿女亲家，双方关系原本一直非常亲密。自古以来，中国官场上都是“朝里无人莫做官”，韩馥本来在朝中有“双保险”，可是，在短短四天之内，由于何进遇刺、张让被迫自杀，这两座靠山都倒了。作为汉末盛产智谋之士的颍川官员中职务最高的一位，韩馥绝对不是傻瓜，他肯定很清楚，何进与张让之所以会同归于尽，主要原因就是袁绍在这对儿女亲家之间挑拨离间。何进与张让这两座靠山倒了以后，韩馥的官职乃至于生命都危如累卵——袁绍兄弟火烧皇宫、屠灭宦官之际，有理由也对张让的老乡韩馥动过杀心。所以，袁绍屠宦官时，韩馥对他的态度必定是既恨又怕。董卓进京后，在很短的时间内既改任袁绍为勃海太守，同时又提拔韩馥当拥有较大兵权的冀州牧，目的不言而喻——就是利用韩馥对袁绍既恨又怕的心理，让韩馥帮自己看管好新下属袁绍，不让袁绍乱说乱动。另外，董卓与韩馥还有另一层关系：董卓虽然籍贯在凉州陇西，但是他因为父亲工作调动的原因，出生在颍川，童年都在颍川度过，故而取字“仲颖”，意思是“排行第二的颍川人”。所以，董卓和韩馥算是半个老乡，乐于利用韩馥的颍川系来制衡袁绍的汝南系。

可是，韩馥让董卓失望了。

将袁绍软禁了几天以后，看到周边各地诸侯纷纷加入讨董卓联盟，韩馥感觉董卓的统治有可能要动摇。为了给自己留条后路，韩馥释放了袁绍，允许他到河内前线去与盟军会合，但是他本人依然不加入联盟（《三国演义》中韩馥率领上将潘凤到虎牢关讨董卓的故事纯属虚构），也不给袁绍的军队提供充足的粮草装备。直到孙坚击溃董卓大军，攻占洛阳，韩馥确信董卓政权即将垮台，这才突然跳出来，逼袁绍把讨董卓联盟的盟主让给自己。刚刚被董卓军击败，又被韩馥断粮的袁绍内外交困，被迫屈服，于是就有了漳水会盟。

从韩馥的立场思考问题，冀州的各种怪事就都说得通了：韩馥是董卓任命的冀州牧，他很清楚，身为“空降干部”，自己在冀州并没有群众基础，刘子惠、田丰、沮授等本地豪强不太可能完全忠于自己，于是大量招揽颍川老乡为自己出谋划策。在这一背景下，以荀家、郭家和辛家为首的颍川知识分子大批来到冀州辅佐韩馥，形成了“颍川智囊团”。身为董卓任命的冀州牧，韩馥不愿参加讨董卓联军，但当孙坚攻占首都洛阳以后，董卓政权面临巨大的危机，董卓一垮台，韩馥对冀州的统治的合法性也必将动摇。为了自己的前程考虑，韩馥感觉继续追随董卓已经没有了多大希望，董卓败亡以后，袁绍一伙势必清算自己，现在再公开背叛董卓，向袁绍示好也已经太迟。实际上，此时的韩馥面临着与入京前的董卓同样的问题：朝中没有靠山，反倒有仇人。在这种情况下，韩馥只剩下一个选择：孤注一掷，带头造反，夺取最高权力，争取赢家通吃。因此，韩馥才会软硬兼施，逼袁绍回冀州来，与自己在漳水会盟，确定自己的新盟主地位，袁绍则降格为副手。

所谓的漳水会盟，名义上是重申讨伐董卓，实际上是一场韩馥逼袁绍让位的鸿门宴。

领导人换了，政治路线也要调整。眼看董卓兵败如山倒，身为新任反董卓盟主的韩馥新官上任三把火，在漳水会盟以后，提出一个更为激进的顶层设计方案：董卓的政权是非法的，董卓拥立的汉献帝当然也是非法的，合法的汉少帝又已经遇害，所以不如废黜汉献帝，在汉室宗亲中另选一位成熟稳重的当皇帝，例如太尉兼幽州牧刘虞。这样，韩馥和袁绍就都有了拥立之功。

这一招看似荒诞，却恰恰击中了袁绍在政治上的软肋：在辅佐何进期间，袁绍就没少说刘协（汉献帝）的坏话。由于何太后的亲生儿子是汉少帝刘辩，汉献帝和汉少帝同父异母，与何家毫无血缘关系，所以何太后在当皇后的时候，就一直想杀掉刘协，给亲生儿子除去这个竞争对手。刘协还在娘胎时，何皇后就逼刘协的母亲王美人堕胎，失败以后便毒死了王美人。为了保护新生的刘协，汉灵帝将这个婴儿托付给母亲董太后抚养，造成董太后与何皇后婆媳不和，在汉灵帝死后，两大外戚家族的关系完全破裂。辅佐何进期间，袁绍需要帮助何家消灭刘协这个威胁，所以经常诋毁刘协。为了消灭刘协，在袁绍的策划下，何进与何太后兄妹先下手为强，干掉了抚养刘协的董太后一家。就这样，年幼的刘协落入了何家之手，但是何家又不想落下杀害皇子的恶名，于是袁绍又给他们设计了一个方案。

汉少帝登基以后，刘协先是被封为勃海王，后来改封陈留王，而袁绍离开洛阳东奔以后，先是去了陈留安置家属，尔后自己北上勃海郡。显然，袁绍早已在勃海和陈留两地安置大批亲友（例如他的陈留籍外甥高干），布下天罗地网。等刘协一到封地，袁绍的这些爪牙就会代表何进与何太后兄妹下手弄死他。不料，刘协命大，袁绍迫于形势变化，在刘协出发之前临时改变了计划，让何进与宦官同归于尽。就这样，谋杀刘协的计划被搁置了，刘协在出发去陈留上任前夕，反而被杀母仇人何太后抚养了几天，随即与同父异母哥哥汉少帝一同被宦官带出洛阳城，最终又被对自己特别亲切的董卓带回了洛阳。然而，袁绍与刘协的关系依然很差，董卓在显阳苑提出废立问题时袁绍反应那么强烈，与此有直接关系。只要汉献帝坐在皇位上，袁绍就如芒刺在背，这是他长期辅佐何进带来的政治副作用。只有废黜刘协，他才能安心。

一言以蔽之，袁绍率领诸侯联军讨董卓，其实也是讨汉献帝。讨董卓联军最初的基本诉求不仅是消灭董卓，更要废黜董卓拥立的汉献帝，重新拥立被董卓废黜的汉少帝。但是，讨董卓联军刚刚取得阶段性战果，董卓就杀了汉少帝，使讨董卓联军失去了政治目标。袁绍如果消灭了董卓，必然无法与汉献帝和平相处，而袁绍在此前一直以汉室忠臣的面目示人，尚未做好直接推翻汉朝自立为帝的政治准备，所以肯定要在汉室宗亲里另选一位皇帝，这必定让袁绍非常头疼。袁绍的异母弟袁术同样野心勃勃，又素来与何进、何太后兄妹关系疏远，和汉献帝并没有很深的矛盾，因此在这个问题上另有打算。

韩馥另立皇帝的计划可能带来巨大的现实利益，也符合袁绍之前的政治路线，正投袁绍所好，双方一拍即合。于是，袁绍动员起他在党锢时代就建立起来的宣传机器，四处发文，声称汉献帝不是汉灵帝的亲生儿子，没有资格继承皇位，大司马兼幽州牧刘虞德高望重，理应当选新一届皇帝，同时派使者去幽州劝刘虞称帝。韩馥和袁绍制定这一“尊长”的拥立策略，显然意在与“废长立幼”的董卓唱反调，刘虞当时声望很高，各方都极力拉拢，董卓甚至在逮捕袁绍的叔叔袁隗时，要任命刘虞为太傅以取代袁隗，但是由于孙坚攻占洛阳，诏书未能到达刘虞手里。事实上，刘虞是个优柔寡断之人，政治和军事才能都很平庸，韩馥和袁绍之所以要拥立他当皇帝，正是看中了这一点。

可是袁绍刚开始给刘虞拉票，就遭遇了巨大的挫折：先是南匈奴王子于扶罗表示，自己是来讨奸臣安汉室的，不是帮你们换皇帝的，你们这么干，和董卓有什么区别？当场掀桌子走人。袁绍连忙派和于扶罗关系不错的假司马张杨去劝和，没想到张杨原本是丁原的部下，与吕布等董卓部下关系密切，这时便趁机联合于扶罗声讨袁绍。接下来，袁术也从南方来信，指责袁绍污蔑汉献帝不是汉灵帝的亲生儿子是恶毒的叛国行为，要和他断绝关系。刘虞看到无人响应，主动要求退出皇帝选举，结束这场闹剧。于是，袁绍在很短的时间内不仅失去了盟主的地位，而且臭名昭著，陷入众叛亲离的窘境，完全中了韩馥及其“颍川智囊团”的奸计，眼看就连河内这个最后的根据地都要守不住了。

当时谁也想不到，仅仅半年之后，机关算尽、手握重兵的韩馥却会放弃全部权力，拱手将富强的冀州送给袁绍，随即自杀身亡了。

分析

韩馥的败亡，自古都被评论家认定为是因为他个人的懦弱无能所致。可是，在此前的分析中，我们看到，韩馥这个人并不缺乏胆略，身边云集着才华横溢的“颍川智囊团”人物，再加上冀州强大的军事和经济力量，可谓满手好牌。至于袁绍，虽然四世三公，名满天下，手里却无兵无粮，仅有的几位将领要么战败溃逃，要么因为政见相左而另立山头，盟友也纷纷倒戈，还刚刚把讨董卓盟主的头衔让给了韩馥，等于已经被韩馥完全架空，眼看就要彻底崩盘。

是什么原因让心思缜密的韩馥如同流星一般从政坛顶峰陨落，最终竟然自杀身亡呢?

第一，董卓迁都长安以后，意外地受到了关中军民的一致拥戴，就连以往与董卓关系不和的老将皇甫嵩都主动率部归附，使得董卓的军队从撤离洛阳时的三万人迅速扩张到了十万人，声势大振。同时，袁绍与袁术交恶，孙坚停止西征，掉头去豫州与袁绍交战，董卓趁机派朱儁、杨懿、牛辅、李傕、郭汜等将领东征，夺回了洛阳。这个消息传到冀州，令韩馥无比尴尬：好不容易下定决心，与册封自己做冀州牧的恩主董卓决裂，又费尽心机从袁绍手中夺得反董卓联盟的盟主宝座，董卓却突然咸鱼翻身了！

第二，韩馥手下的凉州籍大将麹义（可能是董卓派来辅佐韩馥的）突然造反，并且击退了韩馥派来的讨伐军。无论是出于自身利益，还是受董卓的幕后指使，这支凉州军队都没有理由继续支持韩馥了。袁绍与麹义合兵一处，立即发生了良好的化学反应，迅速击溃了张杨、于扶罗、张燕等几支敌视袁绍的武装力量，在河内周边打出了一大片地盘。

第三，恰在此时，黄河南岸突然出现一支庞大的袁绍援军，为首的将领不是别人，正是曹操！尽管《三国志·武帝纪》和《魏书》等史书都记载，曹操这时多次发表反袁绍言论，甚至准备要讨伐袁绍，但是曹操的行军路线却很诚实地说出了真相：在酸枣联军溃散以后，曹操渡江前往扬州募兵，扬州刺史陈温是袁绍的汝南老乡，非常欢迎曹操，命令丹杨太守周昕帮助曹操。他们此前不久应当刚刚帮助毌丘毅、刘备为何进、袁绍招募过讨伐宦官的军队，富有经验。周昕竭尽所能，先是调给了曹操四千士兵，随后又陆续派弟弟周昂和周喁率领数千士兵北上援助袁绍。丹杨是秦汉时期华东乃至于全中国优秀军人的产地之一，因为当地人大多在矿山工作，身强体壮，团队协作精神好，而且熟悉金属冶炼。尽管曹操因为缺乏管理经验导致士兵哗变，四千士兵抵达河内时只剩下了一千余人，但是当周昂和周喁兄弟也率军抵达以后，袁绍便获得了近万名威名赫赫的丹杨精兵，真可谓雪中送炭，再加上麴义的凉州精锐，突然间就变得兵强马壮，很快就带着这支大军平定了黄河两岸的黑山军。袁绍于是论功行赏，表周昂为豫州刺史，曹操为东郡太守。可见，在此期间，曹操是非常忠于袁绍的，几乎可以算是袁绍最忠诚的将领了。

第四，在袁绍失去盟主地位，并遭到盟友声讨，众叛亲离之际，谋士逢纪向他献了一条毒计：利用此时韩馥和袁绍要拥立幽州牧刘虞当皇帝的时机，派使者秘密请求幽州兵南下攻韩馥，事成之后与之瓜分冀州。等到幽州铁骑兵临城下之际，再派说客逼韩馥向袁绍交出冀州。袁绍颇以为然，于是派使者前往幽州。刘虞对这一计划的态度史无明文，刘虞手下的奋武将军公孙瓒却积极响应，借口讨伐青州黄巾，大举进军冀州，收编黄巾军后又突袭冀州驻军。韩馥原本与刘虞关系和睦（否则他也不会提议拥立刘虞当皇帝），把主力部队都用来防备袁绍，在北方毫无准备，结果被公孙瓒打得大败。

就这样，仅仅两三个月的时间，韩馥手里所有的好牌都变成了臭牌：刚刚和恩主董卓决裂，董卓就满血复活；费尽心机弄到了反董卓盟主头衔，却号令不了任何诸侯；好不容易把袁绍的部队拆散，袁绍却在很短时间内又变得兵强马壮，猛将如云；与幽州牧刘虞长期交好，却被刘虞的部将公孙瓒突袭。现在，董卓大举东征，袁绍横行河朔，公孙瓒兵临城下，刘子惠、田丰、沮授等本地豪强相继倒向袁绍，军队也对韩馥丧失了信心。于是，在极短的时间内，韩馥精心构思、起初执行得也十分顺利的计划接二连三地遇到严重的挫折。作为一位以才智自居的知识分子，他的自信心迅速地垮掉了。

到了191年夏末，韩馥手里除了“颍川智囊团”，基本上就没有其他资源了：放眼天下，没有朋友，只有敌人；放眼部下，既无良将强兵，又无抵抗意志。此时，袁绍派来的四人使团，就成了压垮韩馥的最后一根稻草。

袁绍的四人使团自然口若悬河，但是他们说什么其实并不重要，重要的是他们的籍贯：荀谌，颍川名士；郭图，颍川名士；张超，冀州河间名士（一说是陈留太守张邈之弟，时任广陵太守）；高干，陈留名士，袁绍的外甥。也就是说，袁绍的四人使团中有两位是韩馥的颍川老乡，还有一位可能是冀州名士，一位是袁绍的亲戚。袁绍这样的人事部署显然煞费苦心：派自己的外甥参团，表示自己对谈判抱有善意，不怕韩馥对高干下毒手；派两位颍川名士来见韩馥，是告诉韩馥，连你的老乡都支持我了，你就从了吧；派一位冀州名士来见韩馥，是告诉韩馥，冀州土著已经放弃你了，抵抗没有出路。除此之外，荀谌和郭图很可能还给韩馥带来了一条令他如坐针毡的新闻：牛辅、李傕、郭汜已经率领董卓大军收复虎牢关，直逼颍川，即将对韩馥的家乡展开报复性扫荡。

时隔两千年，我们都能感受到韩馥当时那种刺骨的绝望：生逢乱世，风云际会，自己挣扎过，努力过，但是一切都毫无价值，花了几个月时间精心设计的方案，几天之内就被现实击得粉碎，到头来众叛亲离，四面楚歌。如果继续抵抗，不仅注定失败，而且会给家族亲友带来巨大的羞辱和伤害。既然事已至此，放弃抵抗无疑是最理智的选择。

韩馥就像是一位棋手，在发现自己陷入死局的时候，没有选择硬着头皮下到底，而是选择了中盘认负。

读者熟悉的文艺作品和电子游戏往往给人造成一种汉末三国时期南北方发展较为均衡的假象，其实，从正史记载的数据来看，韩馥交给袁绍的冀州，当时无论在人口、马匹还是粮食产量上，都要强于刘备后来建立的整个蜀汉帝国，甚至袁绍的一个勃海郡都足以同诸葛亮统治的整个益州相比。很明显，刘备从刘璋手里夺取益州的过程，正是借鉴了袁绍从韩馥手里夺取冀州的方案，而且还为此打了很久，损兵折将，吃相比袁绍更难看。一旦袁绍获取了冀州，再加上他的河内大本营，以及刘岱、张邈、曹操等亲友统治的兖州，立即就变成了货真价实的中国头号大军阀。

至于韩馥本人，虽然在和平交出冀州以后得到袁绍的礼遇，但是因为历史原因，与袁绍的许多部下都关系不和，很快就遭到其中一人的袭击，韩馥的长子被打断了双腿。由于袁绍的干预，肇事者被处死，韩馥父子保住了性命，但是不敢再在冀州居住，于是经袁绍许可，去兖州投奔以好客闻名的陈留太守张邈。不久，袁绍派使者找张邈，双方当着韩馥的面窃窃私语，韩馥怀疑袁绍想让张邈害死自己，于是绝望地在厕所里用小刀自杀，结束了自己看似懦弱无能的一生。其实，袁绍当时根本没有必要如此急迫地置韩馥于死地。

结论

韩馥自杀案并没有什么疑点，但是内情十分复杂，影响也极为深远。自从张让败亡以来，颍川人在整个中国政坛上都处于窘境，韩馥企图通过控制袁绍争霸天下，是颍川集团当时能够设计出的最强的一手棋，但是仍然归于失败。从此，在政治斗争中失去实权的颍川集团就无法再自立门户，而只能不大情愿地去辅佐其他诸侯了。韩馥尽管心思缜密，政治手腕也颇为高明，一度将袁绍完全压制，最终却躲不过迅速败亡的厄运，主要原因有如下几条：一、韩馥此前一直是中央文职官员，缺乏管理地方军政的经验，又没有自己的嫡系军队，与其他汉末诸侯相比，是个很大的劣势；二、韩馥是董卓派到冀州来的，不到一年就背叛董卓，董卓派来辅佐韩馥的官员士兵自然对其不满，直接导致了凉州名将麹义的反叛；三、韩馥先是被董卓“空降”到冀州，尔后讨伐董卓，先是软禁袁绍，尔后释放袁绍，进而软硬兼施地夺走袁绍的讨董卓盟主之位，让冀州军民感觉，韩馥在政治上过于滑头，朝秦暮楚，无法信赖，因此当形势变得对韩馥不利时，他便完全没有用于防御的群众基础。

韩馥最强的地方，是其老乡组成的“颍川智囊团”，这些人为韩馥设计过许多行之有效的计策。颍川这个地方约在今河南省许昌市和新郑市，自古盛产智囊。此地春秋时期归郑国，战国时期归韩国。郑国是春秋早期霸主，但是很快就被晋国和楚国压制，遭到两强的反复争夺；韩国在战国初年盛极一时，但是很快也被秦国、楚国和魏国压制，疆域日益萎缩。地处中原，四面都是强敌，没有战略纵深，迫使以韩非为代表的颍川人养成了能言善辩、“朝秦暮楚”的机灵鬼性格，否则便无法生存下去。所以，颍川盛产擅长谋划的知识分子，东汉末年是党人的重要根据地，党人领袖、袁绍的岳父（或岳祖父）李膺就是颍川人。情况与颍川类似的是袁绍的老家汝南，这里在春秋时期一直由蔡国、沈国和陈国等小国统治，同样面临晋国和楚国两强的争夺，春秋末期都被楚国吞并，韩非的同学、秦相李斯就是汝南人。汝南同样是党人的重要根据地，在袁绍之前的党人领袖陈蕃就是汝南人。

受史书和文艺作品对郭嘉、诸葛亮、周瑜等人大力推崇的影响，许多读者都以为，只要足智多谋，就能百战百胜。可是，韩馥坐拥老乡组成的“颍川智囊团”，再加上刘子惠、田丰、沮授等人组成的冀州智囊团，可谓当时中国最具实力的智库，理应设计出许多进可攻、退可守的高明方案，何以败亡得如此迅速？

因为这个世界并不完全是由聪明人主宰的。在现实中，智慧对个人的成功只能起到很小的作用。东汉帝国拥有健全的法制体系，而法制健全的一个重要标志，就是让智者“无所施其巧”，再聪明的人，也找不到法律漏洞可钻，既无法一夜暴富，更无法违规攫取政治权力。就本案来说，韩馥本来没有资格把冀州牧让给袁绍，因为冀州不是韩馥的私人领地，他能做的，最多就是帮袁绍向中央写封推荐信，等待皇帝批示而已。当袁绍屠灭宦官以后，东汉中央政府开始崩溃，难以正常运行，就连曹操这样杀害无辜平民吕伯奢一家的重案犯都可以被官府释放，法制体系开始出现漏洞，智者就有条件“施其巧”了。既然袁绍可以无须朝廷的委任状便夺取韩馥的冀州牧之位，那么其他州牧、刺史、太守等地方官的职位当然也就岌岌可危，成为各个野心家觊觎的财宝了。汉末三国谋士们提出的那些妙计，对应东汉法律，几乎全都是违法的。东汉帝国的法制体系之所以健全，是因为它不是几个聪明人在家里闭门造车空想出来的，而是通过无数社会实践摸索出来的。缺乏实践经验的聪明人往往提不出很完善的解决方案，他们的计划即便再巧妙，也会留下漏洞和后遗症。

计策就像是药品，任何药品都有副作用，正所谓“是药三分毒”，唯一没有副作用的治疗方法是人体自带的免疫系统。免疫系统是人体通过长期演化积累出来的，代表的不是智力，而是实力。在东汉政治舞台上，如果靠计谋夺权，就一定会留下后遗症，因为受害者迟早会发现你的计谋，即便受害者死了，他的亲友也迟早会发现真相，进而展开报复；如果靠实力夺权，反而没有什么后遗症，因为实力最强的人本来就是众望所归。这里的实力并不仅指兵多将广，更指籍贯、家族背景、学历、人脉、政绩、派别等各方面的综合实力。袁绍家族四世三公，门生故吏遍天下，在这些方面几乎没有短板，综合实力天下第一。在这样有实力的家族，孩子刚刚出生，乳母和教师就都已经安排妥当，日后的教育和职业规划也都筹备得井井有条。以袁绍本人为例，十几岁上太学，毕业后进宫当郎官，二十多岁当县令，三十多岁名满天下，四十多岁就历任朝廷文武要职，进入“二千石”政治精英集团，除了给已故的父母守丧六年以外，没有浪费任何时间，一步一个脚印，简历完美无缺，人事部门挑不出什么毛病，全国黑白两道都有人脉，中央各个部门的工作都熟悉，这就是三公级别的综合实力。韩馥连续用几个计谋，把袁绍打得节节败退，但是袁绍的综合实力太强，只要命还在，也可以施展计谋来对付韩馥。结果，袁绍清醒过来，将主要对手从董卓调整成韩馥，刚用了两个计谋，综合实力不足、运气又欠佳的韩馥就垮台了。

当然，由于在吞并韩馥势力期间用了计谋，袁绍也避免不了计谋后遗症：

第一，袁绍和颍川人的关系本来很不错，因为袁绍的岳父（或岳祖父）李膺就是颍川人，与许多颍川籍党人过从甚密。但是在连续逼杀张让和韩馥两位颍川籍政坛大佬以后，袁绍集团不可避免地与“颍川智囊团”产生了裂痕。后来，袁绍明显在控制集团内颍川人的数量，导致越来越多的颍川人对袁绍产生不满，以至于集体劝原本对袁绍最忠诚的将领曹操反叛，最终在官渡大战中打败了袁绍。

第二，麴义、曹操和周昂兄弟由于在袁绍最困难的众叛亲离之际雪中送炭，在此后受到袁绍的特殊优待，袁绍任命周昂为豫州刺史，因此和早已把豫州视为自己地盘的盟友袁术、孙坚反目成仇，导致讨董卓联盟分裂。同时，麴义、曹操从此尾大不掉，后来相继因功高震主而萌生异志，袁绍却迟迟下不了决心消灭这些功臣，最终酿成大祸。在这个问题上，袁绍犯下了和项羽一样的错误，项羽之所以迟迟下不了决心消灭刘邦，主要原因并不是刘邦有先入关灭秦的大功，而是当项羽的叔父（兼养父）项梁被秦军击杀，楚军主力溃散的绝望时刻，只有刘邦一位将领（不是范增，不是英布，也不是韩信）跟在项羽的身边，辅佐他从陈留突围，冲出秦军的重重封锁，撤到彭城与楚怀王会师。项羽和袁绍当年肯定觉得，在天下未定时就杀掉这些危急时刻帮过自己大忙的功臣，于心不忍，而且会造成恶劣的政治影响，因此在外人看来，显得优柔寡断。

第三，袁绍在逼韩馥让位时，采用逢纪的毒计，用力过猛，副作用太大，承诺分给公孙瓒的半个冀州无法兑现，只分给公孙瓒的堂弟公孙范一个勃海郡，满足不了公孙瓒的胃口，导致公孙瓒后来联合袁术、孙坚、吕布、张燕等袁绍的死敌，还任命部下严纲为冀州刺史，田楷为青州刺史，单经为兖州刺史，企图一举吞并包括曹操在内的整个袁绍集团，还因此葬送了袁绍本来想拥立的幽州牧刘虞，令袁绍集团白白消耗了大量实力。

第四，韩馥在张邈处的自杀，对袁绍的社会声誉产生了不利影响，进而动摇了袁绍与张邈的关系。据《三国志·吕布张邈臧洪传》记载，“袁绍既为盟主，有骄矜色，邈正议责绍，绍使太祖（曹操）杀邈，太祖不听……”如果此事属实，会发生在什么时候呢？肯定不是袁绍开始领导讨董卓联盟的 190 年，因为在当年，袁绍先在勃海，后在河内；曹操先在谯县老家，尔后率军西征，汴水之战失利以后，前往扬州募兵；张邈先在陈留，尔后随联军到了酸枣，汴水之战失利以后退回陈留。也就是说，在整个 190 年，袁绍一直在黄河以北，曹操和张邈一直在黄河以南，三个人没有相遇的机会。这三个人相遇，只能是在 190 年年底曹操从扬州北上河内，与袁绍会师以后，而且极有可能是在韩馥于 191 年七月向袁绍献冀州以后。此时，袁绍的身份是车骑将军领冀州牧，曹操的身份是东郡太守，张邈的身份是陈留太守。所以，至少在名义上，曹操和张邈此时都是兖州刺史刘岱的部下，而且平级。

袁绍命令曹操杀张邈，曹操虽然没答应，但是做了一件令张邈非常愤怒的事情：据《汉末英雄记》记载，袁绍军的先锋王匡在被董卓打败以后，回老家泰山募兵，随即前往陈留去与张邈会师。之前，董卓曾经派执金吾胡母班去劝王匡撤兵，袁绍命令王匡把胡母班杀了。胡母班既是王匡的妹夫，也是王匡的泰山老乡，因此王匡杀害胡母班得罪了许多亲友。得知王匡回老家泰山募兵，胡母班的家属就联合曹操，在半路上截击王匡，把他杀死。打开东汉地图可知，泰山郡西边是东郡，东郡南边是陈留郡，王匡想从泰山去陈留，必须经过东郡，而自从 191 年下半年开始，东郡太守就由曹操担任。所以，曹操极有可能就是在自己的领地上截杀了要去和张邈会师的王匡，时间应该是 191 年年底或 192 年年初，这对张邈无疑是沉重的打击。也就是说，曹操虽然没有按照袁绍的指示去杀张邈，但是他杀掉了要来与张邈会师的王匡。曹操和胡母班非亲非故，和王匡也没有宿怨，王匡为袁绍出生入死多年，曹操杀了他以后，却不仅没有遭到袁绍的责问，反而从此官运亨通，袁绍后来在讨伐曹操的檄文中，也没有指出曹操犯下的这一罪行。可见，曹操杀王匡，是经过袁绍同意的，目的很可能是为了打击王匡支持的张邈。曹操与张邈本来以亲友兄弟相称，刚刚当上东郡太守，却突然痛下杀手打击张邈，肯定不是为了自己。191 年年底，袁绍要曹操杀张邈，未必是因为“袁绍既为盟主，有骄矜色，邈正议责绍”，多半是出于更加急迫的现实理由：刚刚把冀州让给袁绍的韩馥自杀在张邈家中，社会上对袁绍议论纷纷，怀疑他是幕后黑手，袁绍肯定要对此案展开调查，准备杀掉张邈以塞众人之口。这个脏活再次被委托给袁绍多年的“死士”曹操，曹操于是首先杀掉了公开支持张邈、并且路过自己领地的王匡。不过，就在此时，黑山军、白波军和南匈奴等武装进攻东郡，曹操被迫回师去救老巢，而牛辅、李傕、郭汜的东征军在席卷韩馥的老家颍川之后，继续向东推进，将张邈包围在陈留。大敌当前，袁绍不能放弃陈留，只好饶了张邈一命。这样糊里糊涂地结案，表面上只牺牲了一个在关键时刻站错队的王匡，却在袁绍和张邈之间造成了巨大的裂痕，同时也使曹操与张邈之间原本亲密无间的关系开始出现裂痕。更糟的是，曹操的这一行动，使他在泰山地区声誉扫地，很快，曹操的全家老幼都将葬身于此。

就这样，在接管冀州期间，袁绍集团染上了严重的计谋后遗症。在此之前，从未有人对袁绍的领导能力和判断力产生过怀疑，但从此以后，这种怀疑便逐渐流行开来。更加糟糕的是，使用计谋就像毒品一样，会让人上瘾。袁绍入主冀州以后，收编了韩馥的庞大智囊团队，再加上董卓的东征军攻下颍川以后大肆屠杀报复，迫使荀彧、郭嘉等颍川知识分子相继北上冀州投奔韩馥（途中却得知冀州的主人已经换成了袁绍），袁绍自然不能任其闲置。袁绍最希望通过计谋消灭的对手，并不是韩馥，而是董卓。

不过，有人比袁绍更急于消灭董卓。

第六案

王允、吕布刺杀董卓案

（192年）

案情

讨董卓联军先锋孙坚占领洛阳以后，本来计划乘胜追击，打进关中，消灭董卓余部。没想到，反董卓联军盟主袁绍此时却突然任命周昂为豫州刺史，夺走了孙坚的豫州根据地，孙坚只得回师攻打周昂。袁绍则南下救周昂，将孙坚及其盟友袁术、公孙瓒击败。孙坚被迫撤往荆州，最终被刘表的部下射死。

趁着讨董卓联军自相残杀，董卓很快在关中站稳脚跟，随即发兵东征，很快收复洛阳，血洗颍川，将张邈包围在陈留。眼看中原就要落入董卓之手，就在此时，关中却突然传来一个大新闻：

董卓遇刺身亡了！

对于遇刺，董卓早有防备。自从董卓逼走袁氏兄弟，进洛阳，废少帝，杀何太后开始，就不断有人策划刺杀他。

不同于《三国演义》渲染的“谋董贼孟德献刀”，曹操年轻时虽然多次参与刺杀行动，但是并没有行刺过董卓。第一位行刺董卓的人是越骑校尉伍孚，结果因武功不如董卓，失败遇害，董卓随即又处死了城门校尉伍琼和侍中周毖。其中，伍琼和伍孚不仅同姓，而且都是袁绍的汝南老乡，应当是亲戚，故而参与了伍孚刺董卓案。

伍孚本来是大将军何进的幕僚，当时何进的幕僚大都与何进的头号助手袁绍沾亲带故。袁绍兄弟屠灭宦官以后，洛阳城里的官员几乎全都是袁家的门生故吏，尽管袁绍在同董卓争吵的当晚就带着袁术、卢植、曹操、刘备、许攸、逢纪等人跑了，但是他的多数亲友并未来得及离开。董卓入京以后，本着大事化小的原则，对这些人相当宽容，委以重任。袁绍的三大助手何颙、王允和刘表都得到高升：何颙本来担任司空幕僚，董卓出任司空以后，先委任他当长史，也就是自己的头号秘书，何颙推辞，董卓仍然信赖他，在迁都长安以后，任命何颙取代刘表出任北军中候，统领最大的一支禁卫军。王允本来是袁绍手下的河南尹，董卓入洛阳以后，立即将王允越级提拔为九卿之一的太仆，在迁都长安以后，更是升任三公之一的司徒。《三国演义》为了省事，并维护王允形象，说他在董卓进京时就已经官拜司徒，其实王允的官运亨通主要拜董卓所赐。刘表在何进晚年担任北军中候，此时则改任荆州刺史，南下夺袁术、孙坚的荆州，也算是高升。

尽管董卓对留在洛阳的袁绍老部下如此信任宽容，他们却并不领情。何颙和王允都是老资格的党人，曾经长期被阉党迫害，何颙在袁绍的汝南家中避难多年才得以保命，王允因为得罪了大宦官张让几度入狱，都被袁家动用政治资源救了出来，所以董卓无论给他们封多高的官职，也无法动摇他们对袁绍的忠诚。为了对付阉党，袁绍训练过包括曹操在内的大批“死士”，所以何颙、王允、伍孚都对刺杀政要十分熟悉。唯一能够动摇他们信仰的，是袁绍和袁术的兄弟内讧，所以在董卓迁都长安、袁绍和袁术集团争夺豫州期间，这些人一度停止了针对董卓的刺杀阴谋。但是，当袁绍在豫州击败袁术和孙坚，反董卓联盟崩溃，董卓趁机发兵东征，收复洛阳，血洗颍川之时，这些人又开始策划新一轮针对董卓的刺杀阴谋。

此时，董卓军由西向东，分为六个兵团：吕布兵团、何颙兵团、胡轸兵团、段煨兵团、董越兵团、牛辅兵团。其中，吕布兵团、何颙兵团负责守卫长安内外，胡轸兵团、段煨兵团、董越兵团、牛辅兵团分布在长安以东，负责攻略中原。董卓做出这样的部署颇费心思：吕布是并州人，何颙是荆州人，这两位大将都不是凉州人，与董卓非亲非故，董卓表面上虽然对他们关爱有加，但是内心深处仍然有所防范，担心如果派吕布、何颙东征，他们会联合袁绍、袁术，掉过头来打自己，所以留这两个兵团守卫关中；胡轸、段煨、董越、牛辅都是董卓的凉州老乡，其中董越是董卓的亲戚，牛辅是董卓的女婿，在政治上绝对可靠，不会背叛董卓。但是这样一来，随着四大凉州兵团逐渐向东推进，董卓身边的凉州老乡越来越少，留给政敌刺杀他的机会也就越来越多。

何颙利用自己担任禁卫军司令北军中候的职务之便，联合司空荀爽、尚书郑泰、侍中种辑、黄门侍郎荀攸、尚书郎华歆等党人背景的官员，计划企图趁牛辅等凉州兵团东征、长安空虚之机刺杀董卓，但在行动前不慎被发现。荀爽在案发前就已病逝，郑泰、华歆等人逃到南阳投奔袁术，何颙和荀攸则被逮捕。何颙不堪忍受刑辱，在狱中自杀，荀攸却泰然自若。据《魏书》说，这是因为荀攸知道有人会在董卓面前为自己说情，所以心中有底。其实，这中间另有隐情。

董卓进京以后，对何颙言听计从，出为大将，入为军师，待遇可谓不薄，但何颙还是身在董营心在袁。因此，在谋杀事件暴露以后，董卓恨何颙恩将仇报，必然要置他于死地而后快。荀攸则人微言轻，又从未受过董卓的提拔（黄门侍郎一官还是何进授予他的，等于多年没有升迁），所以董卓对荀攸的死活并不重视。如果真有人会在董卓面前为荀攸说情，多半是董卓此时的另一大红人——司徒王允，然而王允此时心中另有盘算。

王允虽然备受董卓信任，仕途像坐上了火箭，两年内就从河南尹升为司徒，但是他表面上逢迎董卓，内心却仍然忠于袁绍。迁都长安之初，王允就曾经与杨勋、皇甫嵩等官员策划刺杀董卓，但是由于董卓不肯授予杨勋、皇甫嵩实权，计划半途而废。几次暗杀行动的失败让王允知道，关中的大部分军人依然忠于董卓，而董卓本人武功高强，又因为多次遭到刺杀，铠甲终日不离身，刺杀他很困难。于是，何颙刺杀董卓案发以后，王允与司隶校尉黄琬、尚书郑泰等人联名推荐护羌校尉杨瓒为左将军，执金吾士孙瑞为南阳太守，打算以到南阳追捕郑泰、华歆等逃犯，进而讨伐袁术为名，分走关中的部分兵权。但是董卓没同意，还免去了士孙瑞的执金吾职务，让其改任没有兵权的文官尚书仆射。

王允见计划流产，只好另辟蹊径。当时的官场都讲究老乡情谊，而王允同董卓的养子、中郎将吕布是并州同乡。吕布因为长期与南匈奴交往，在男女关系上比较随便，与董卓的女仆（肯定不是王允的养女，也不叫貂蝉。貂蝉最早的文学形象是曹操献给董卓的舞女，后来被《三国演义》的前身《三国志平话》改为吕布的原配妻子，在内战中与吕布失散，辗转来到洛阳的王允府上打工，被王允送给董卓以后，吕布一怒之下将醉酒的董卓砍死在床上，《三国演义》将这些戏说故事和正史糅合在一起。）有染，所以做贼心虚。董卓虽然将吕布视为养子，但是他脾气暴躁，一次因小事用手戟掷向吕布，几乎击伤他。后来，吕布向老乡王允、李肃等人聊起这些事，发了些抱怨，王允、李肃便趁机劝吕布刺杀董卓。吕布原本对董卓相当忠诚，但是担心董卓脾气越来越暴躁，可能终将威胁自己的生命，又看到越来越多的官员开始反抗董卓，于是满口答应。

当王允、吕布、李肃等人密谋刺杀董卓之时，董卓本人的危机意识似乎并不强烈。董卓最担心的，首先是董家的死敌何家，但是何家已经在洛阳的一系列变乱中被摧毁，董卓入京以后，又将何家的其余成员处死（何进的儿媳尹氏带着何进的孙子何晏逃到民间，最后被曹操收留）；其次是袁氏家族及其故吏，但是袁氏家族在一年前就被集体处决，经过几次清洗，忠诚度有问题的袁氏故吏死的死，逃的逃，特别是何颙案发以后，有实力暗杀董卓的袁氏故吏集团在长安已经不复存在，王允、士孙瑞等少数几人久经考验，并没有谋反的迹象，又没有兵权；再次是皇甫嵩等同董卓有过矛盾的凉州军阀，但是他们的兵权早就被收缴了。所以，在何颙案告破之后，董卓觉得自己已经相当安全，这才放心大胆地派董越、牛辅、李傕、郭汜等将领东征中原，没想到问题会出在自己的爱将吕布身上。

四月辛巳日，汉献帝大病初愈，在未央殿召集群臣举办宴会庆贺。董卓作为百官之首，当然也要出席。半路上，董卓听到有民谣唱道："千里草，何青青，十日卜，犹不生。”“千里草”即“董”，“十日卜”即“卓”，指董卓将被暗杀。又有一名道士手举写有“吕”字的布招摇过市，提醒董卓要提防吕布。由此看来，当时董卓在民间有不少支持者。看到这些怪事，董卓并未立即领悟，但为他拉车的马见李肃带着十几名士兵站在城门前，踯躅不肯前进，董卓这才感到不对头，打算回府，但在吕布的劝说下，他还是继续入宫，只是像以往那样在外衣内穿上护身用的小铠，以防遇刺（汉末的铠甲根据大小的不同，分为防护整个上身及臂膀的“大铠”，和仅防护胸腹部的“小铠”）。

就在董卓的马车开入宫门时，李肃突然举起戟刺去。戟的穿透力有限，无法扎穿小铠，只是划伤了董卓没有小铠保护的臂膀，并把董卓从马车上拉了下来。董卓还以为这是李肃的个人刺杀行动，连忙大喊：“吕布何在？”没想到吕布拿出一份王允伪造的诏书，高喊：“有诏讨贼臣！”举起穿刺力更大的长矛，刺死了董卓。

分析

董卓死前听到的最后一句话是“有诏讨贼臣！”。在董卓听来，这话一定非常奇怪。所谓“诏”，只能是汉献帝的圣旨，而董卓一直把汉献帝当儿子看待，不惜得罪他本来想拉拢的袁绍等大臣，费了千辛万苦才拥立这位“董侯”当上皇帝。董卓执政时期，起初相当宽厚，后来不断遭到反叛和暗杀，才被迫以牙还牙，做了一些暴行，但是从未虐待过汉献帝。《三国演义》等文学作品说董卓企图废黜汉献帝自立，甚至是在接受汉献帝禅让的路上遇刺的，这并没有史料证据，只是反董卓文人的想象。当年，汉献帝没有任何理由下诏书讨伐董卓。一旦董卓垮台，汉献帝就丧失了全部权力基础，既无宦官协助，也无党派支持，从此彻底沦为光杆司令，只能永远充当傀儡。

董卓遇刺的本质，是以王允、吕布和李肃为代表的并州势力趁凉州兵团东征、长安防务空虚之机，伪造汉献帝诏书，暗杀执政大臣。

董卓遇刺案的过程和动机都很清楚，但是接下来发生的事情就很值得玩味了。

我们记得，董卓军原本分为六个兵团，其中何颙兵团在何颙兵变失败自杀以后，转交给幽州将领徐荣。所以，在董卓遇刺时，他的军队分为吕布兵团、徐荣兵团、胡轸兵团、段煨兵团、董越兵团、牛辅兵团。其中，吕布兵团、徐荣兵团负责守卫长安内外，胡轸兵团、段煨兵团、董越兵团、牛辅兵团分布在长安以东。刺杀董卓，主要是吕布兵团的功劳，徐荣兵团保持中立，没有出力，因此在事后没有得到封赏。

正常来讲，董卓这样的实权派遇刺以后，其党羽肯定会立即大举反击，索拿凶手，就像何进遇刺以后，袁绍等何进部下冲入宫中，大肆屠杀宦官一样。但是，在董卓遇刺以后，这件事却没有发生，王允、吕布很快就控制了长安局势，并且派征西将军皇甫嵩去攻打郿坞，将董卓的家属全部杀死。之所以会发生这种事，主要是董卓军中的凉州部队大多被派到关东，关中的凉州老乡较少，又刚刚平定何颙兵变，防备有些懈怠，皇甫嵩则代表了少数与董卓有矛盾的凉州军队。这样一来，在短短几天之内，“斩首行动”就迅速完成，而且长安内外的董卓嫡系势力都被肃清。王允利用伪造的汉献帝诏书，不仅控制了吕布兵团和徐荣兵团，而且让胡轸兵团和段煨兵团很快也表示归附。

结论

也许是进展过于顺利，王允被胜利冲昏了头脑。对于吕布和徐荣两大实权将领，王允都没有给予适当的封赏：吕布原本是中郎将，立下杀董卓头功以后，只是改任奋武将军这样一个杂号将军，不过封了东汉非皇室成员最高的爵位——县侯，即温侯；徐荣则官居原职。与此同时，王允又不肯赦免尚未归附自己的董越兵团和牛辅兵团，要让他们在关东就地解散。有人建议王允说："凉州人一向害怕袁家等关东豪强。如果命令他们立即解除武装，必定人人自危。可以派皇甫嵩为他们的将军，到陕县一带去安抚他们，再慢慢地与关东各势力交涉，以观其变。"允曰："不然。关东举义兵的人都是我们的朋友。如果派皇甫嵩到陕县这样的军事要地驻扎，虽然能让凉州兵马安定，却会引发关东义兵对我们的疑心，绝对不可以。"

消灭董卓党羽空出来的大量官职，王允宁肯任其闲置，也不封给立功的官员将士，又宁可得罪凉州人，也不愿意引发关东义兵的疑心，只能有一个解释：他在等，等关东的老领导袁绍来安排众人的工作。后来，与王允地位类似的曹操接受汉献帝送来的大将军职务，任命袁绍为太尉，袁绍因而大怒，曹操随后被迫让位给袁绍，就是明证。

王允这样的安排，在政治上没有太多毛病，但是在战术上却存在巨大漏洞。当时，袁绍正与公孙瓒打得不可开交，一时腾不出手来南下收编董越兵团和牛辅兵团，董越兵团和牛辅兵团都是董卓的嫡系部队，为了自身安全，既不肯归降附近的张邈、曹操等袁绍部下，又不敢就地解散，被迫孤注一掷。先是牛辅杀了董越，吞并其部队，击败了王允、吕布派来招降自己的李肃。随即董越的部队哗变，牛辅在逃亡途中被部下杀死。王允听说董越和牛辅都死了，更加不肯赦免凉州军队。没想到因为他拒绝下达赦免令，关东的凉州军队在面对同样的危险时，很快团结在牛辅手下的校尉李傕、郭汜麾下，向关中进军。王允派徐荣、胡轸率领董卓旧部去讨伐他们，可是这些凉州军人反而与老乡李傕、郭汜联合起来，攻杀忠于朝廷的幽州将领徐荣，共同扑向长安。形势突变，王允慌忙派吕布、皇甫嵩守城，不料一些凉州的羌族士兵打开城门，长安迅速陷落。吕布突围逃走，李傕、郭汜入城，王允、黄琬等官员被杀，皇甫嵩则被晋升为车骑将军。可见，以皇甫嵩、胡轸为代表的凉州军人集体叛变，是造成王允政权迅速覆亡的主要原因。

王允、吕布等一小批并州官员在侥幸刺杀了董卓以后，既没有实力，也没有策略长期控制朝廷，结果得罪了全体凉州人。凉州势力在关中本来占据绝对优势，虽然由于一时疏忽，被并州势力钻空子刺杀了董卓，但是很快就发动反扑，消灭了并州势力。这次兵变的教训是：少数政治精英沉迷于高层斗争，蔑视下层民意，最终会自食其果。

董卓和王允短期内相继垮台，不仅重创了凉州军阀，还给文士集团造成了深远的影响，而且其波及范围远不止关中。

第七、八案

王允杀蔡邕、曹操杀边让等名士案

（192—193 年）

案情

王允政权尽管短命，却判了一个极具争议性的案子。

左中郎将蔡邕在王允主持的群臣会议上，说起董卓遇刺，不知不觉地叹息，脸色都变了。王允发觉蔡邕居然还思念董卓，登时大怒，不顾众多官员说情，下令将蔡邕关入监狱。蔡邕在狱中上书说，希望能像司马迁那样，用肉刑代替死刑，以便能够完成自己正在创作的史书，结果反而更加激怒了王允。王允认为：“以前汉武帝不杀司马迁，结果司马迁写下诽谤武帝的反动书籍《史记》，流于后世，影响极坏。如今大汉国运中衰，事态多变，绝不可让佞臣在皇帝身边记录重大事件，否则将来一定会让我们遭到非议。”很快，蔡邕就死在监狱里，享年六十虚岁。

王允杀蔡邕案，历来被认为是王允一时气昏了头，举措失当。有些史籍还说王允随即感到后悔，想要释放蔡邕，但已经来不及了，等等。但是仔细研究史料，就会发现王允和蔡邕早就认识，是同学故交，早年一起追随号称“天下中庸”的著名老师胡广。二十年前胡广去世时，王允与蔡邕还共同为老师操办葬礼。如今两个学生自相残杀，胡广地下有知，不知还能否保持其“天下中庸”的良好心态。王允为什么会因为一句叹息，杀掉自己的老同事？而且王允并不是一怒之下“激情杀人”，而是把蔡邕囚禁了几十天，经过长期审讯以后才处决的。

更有意思的是，蔡邕死得并不孤独。大约与王允杀蔡邕同时，曹操也杀了蔡邕的朋友王匡和蔡邕的门生边让全家，后来又杀了边让的朋友孔融等人，曹丕称帝后还杀了边让的门生杨俊，这一连串针对蔡邕师徒亲友的惨案很难都归咎于当权者的心血来潮，更像是有计划、有组织的持续迫害。

分析

作为一位学者，蔡邕为什么必须死？他的亲友和徒子徒孙为什么也必须死？

蔡邕被逮捕的直接原因，看似是他不合时宜地当着王允的面为董卓之死叹息。如果仅仅是这样，那么蔡邕的亲友和徒子徒孙们不大可能在日后受到牵连，以至于直到董卓旧部全部覆灭以后，仍然难以幸免。他们遭到如此长期、凶残的政治迫害，其中一定另有隐情。

事实上，蔡邕被捕时不是没有实权的文官，而是指挥禁卫军的左中郎将，因此本案可能有军事上的原因。

蔡邕的老家在陈留，当董卓遇刺时，董卓的最后一支嫡系部队——牛辅、李傕、郭汜的兵团刚刚抵达此地。我们记得，陈留这个地方在汉末一直处于政坛焦点，爆炸性新闻层出不穷：先是汉少帝的异母弟刘协被改封为陈留王，还没上任就发生了何进遇刺案；袁绍在屠灭宦官以后，被董卓、吕布逼出洛阳，先跑到陈留，把家眷安置在这里，托付给陈留太守张邈照顾，自己北上冀州；

袁绍的亲友故吏随即在陈留建立了讨董卓同盟，推袁绍为盟主；把冀州让给袁绍的韩馥随即到陈留避难，不久便在这里自杀。当牛辅大军抵达陈留时，陈留有三大名士：陈留太守张邈、原九江太守边让（蔡邕的老乡兼学生）、袁绍的外甥高干（刚刚劝韩馥将冀州让给袁绍）。除了张邈、高干以外，讨董卓联军的早期骨干成员孔伷、卫兹等也都是陈留人。陈留本来是最主要的讨董卓联军根据地，所以如果董卓不是恰恰在此时遇刺，陈留肯定会发生激烈的攻防战。作为长期追随袁绍、积极参加讨董卓活动的骨干分子，张邈和高干这时必然会全力布置城池防御。大敌当前，抓内鬼往往也是布防措施的一部分。董卓大军兵临城下之时，谁会是陈留城里的内鬼呢？

最大的嫌疑人明摆着——边让。

边让是陈留本地人，文武双全，自幼知名。黄巾暴动开始以后，边让被何进召入大将军幕府，担任令史，负责参谋军事，袁绍、孔融等名士都与他结交，后来在老师兼老乡蔡邕的推荐下出任九江太守，而蔡邕正是董卓手下的大红人。袁绍等人组织联军讨董卓时，边让辞职返回陈留老家，但是并未参加讨董卓联军，可见他即便不像老师蔡邕那样支持董卓，也对讨董卓联盟持保留态度。而作为本地名士，边让在陈留又有巨大的社会影响力。所以，当牛辅、李傕、郭汜率领董卓大军兵临城下时，张邈和高干有充足的理由把边让控制起来，防止他乱说乱动，给董卓军队当“带路党”。不久后，新任兖州刺史曹操就下令处死了边让。关于边让之死，《后汉书·文苑传》的说法是，曹操接任兖州刺史后，听边让的陈留老乡说，边让曾经“讥议”并“轻侮”自己，勃然大怒，命陈留地方官将边让及其家属全部处死。陈琳写的《为袁绍檄豫州文》中也称：曹操出任兖州刺史以后，嚣张跋扈，肆意妄为，剥削百姓，残害忠良。原九江太守边让英才俊伟，天下知名，直言正色，拒绝发表讨好曹操的佞词，于是被在闹市上砍掉首级，妻子家人都蒙受灰飞烟灭的灾难。将边让全家遇害归咎于曹操的残暴，似乎边让不肯趋炎附势，冒犯了曹操。但是曹操当时刚刚接任兖州刺史，各方面压力都很大，实力也不足，只因为地方名人批评自己，就将其全家杀害，显得心胸过于狭窄，对其建立有效统治非常不利。很难想象曹操当时就因此对边让全家痛下杀手。此外，实际执行处决边让一家任务的，其实应是陈留太守张邈，而不是当时不在陈留的曹操。

袁绍所谓的边让“直言正色”，内容肯定不仅仅限于批评曹操。如上文分析的那样，边让一家极有可能早在牛辅、李傕、郭汜率领董卓大军兵临陈留城下时，就被陈留的实权人物张邈和高干逮捕了。边让对陈留张邈当局的批评早已有之，他的老师蔡邕更是多次与讨董卓联军唱反调。现存好几篇蔡邕给董卓写的贺表与劝进书，虽是官样文章，但是在董卓手下，蔡邕升官非常快是事实，可见他表现得特别活跃。

在牛辅、李傕、郭汜率领董卓大军围攻陈留时，张邈和高干必然要把边让一家控制起来。而当董卓的死讯传来，牛辅兵团撤退时，他们也不会轻易释放边让。

从军事角度考虑，蔡邕和边让之死就很容易理解了：

当李傕、郭汜率领董卓余部西征，逼近长安的时候，王允不能不杀蔡邕，因为蔡邕并不是一位单纯的学者，一旦出狱，绝不会甘心埋头写书，而完全有可能利用他在官场和军队中的影响力，与李傕、郭汜的叛军里应外合。

当牛辅、李傕、郭汜率领董卓大军兵临陈留城下时，陈留太守张邈和袁绍的外甥高干不能不逮捕边让，即便在董卓遇刺，牛辅撤兵以后，也不敢轻易将其释放。人身自由受到限制，边让当然不会说什么好话，肯定会激烈地批评张邈和高干，连带着批评袁绍和曹操等幕后大人物。但是仅仅是批判，不至于让边让被满门抄斩，直到王允处决了边让的同乡好友蔡邕，李傕、郭汜又攻陷长安，杀害王允，边让肯定会哀悼董卓、蔡邕之死，随后为王允之死击节叫好，这在袁绍、曹操、张邈和高干等讨董卓联军领袖看来，就“不杀不足以平民愤”了。

王允杀蔡邕、曹操杀边让的实际理由都很充分，但是蔡邕和边让为什么要支持董卓呢？

蔡邕和边让支持董卓，未必是因为他们多么爱戴董卓，更可能是因为他们厌恶董卓的敌人。

我们记得，王允曾经因为支持党人，多次被阉党逮捕，都被袁家从狱中救出。当何进遇刺、袁绍屠杀宦官、董卓进京时，袁绍担任司隶校尉，王允担任河南尹，袁绍是王允的顶头上司。何进遇刺以后，立即有诏书罢免袁绍和王允的职务，虽然诏书的真伪无法确定，但是足以见得朝廷公认袁绍和王允是亲密的政治伙伴。随后，袁绍、王允等人就带兵攻入皇宫，对宦官展开了大屠杀。董卓在与袁绍决裂以后，死于王允的阴谋，绝对不是偶然的。无论政治风云如何变幻，王允对老领导袁绍的忠诚从未改变。

那么，在董卓死后，王允为什么要杀蔡邕呢？

正史告诉我们，是因为董卓死时，蔡邕在王允主持的宴会上叹了一口气。

可是，对涉案人员之间人际关系的进一步考察，让人不得不怀疑，蔡邕叹气只是王允杀他的借口。自从董卓倒台以后，蔡邕就必须死，这是一场王允给老同学蔡邕办的鸿门宴，只等对方自投罗网。

蔡邕最熟悉的权臣，其实既不是他为之送命的董卓，也不是判他死刑的老同学王允。

大文豪蔡邕现存的第一篇文章，是为一位英年早逝的中郎将袁成写的墓志铭，文章里面有这么一句话："呱呱孤嗣，含哀长恸，仁孝之心，发于天性。"（那呱呱喊叫的孤儿啊，一直在悲痛地哭泣，仁爱和孝顺的品德，从天性中迸发。）

袁成只有一个儿子，还不是亲生的，而是他死后，在家族的安排下过继给他的本家侄子。

这个孤儿，名叫袁绍。

原来，袁绍刚出生，蔡邕就认识他了。

从蔡邕的文集来看，袁绍出生以后，蔡邕就一直与袁家来往甚密，经常和袁氏子弟一起吃饭喝酒，光给袁家写的墓志铭就有六篇传世至今。在袁绍成长的过程中，蔡邕与他肯定多次相见、相谈，眼看着这个小男孩成长为党人领袖、政治怪兽。蔡邕不仅是学者和政治人物，多半还是袁基、袁绍、袁术三兄弟的老师，因此袁氏三兄弟和边让可能是同学。边让在何进的大将军幕府工作时，肯定与何进的首席幕僚、老同学袁绍有过许多工作来往。所以，蔡邕和边让对袁绍的了解远远多于他人。作为师长和同学，他们清楚袁绍的性格和爱好，也了解袁绍的才华和野心。何进遇刺前，边让在此敏感时期突然被外放九江太守，名义上是出于老师蔡邕的推荐，更可能是因为他看出了袁绍执意劝何进召董卓进京屠宦官，是要害死何进兄妹，袁绍觉察到边让心怀异志，便将他排挤出大将军幕府。蔡邕、边让师徒虽然未必能完全测度袁绍的行事计划，但不难发现，袁绍长期致力于秘密颠覆东汉政权，为此才设计让何进家族与宦官同归于尽，而拥立汉献帝的董卓其实在致力于维护东汉政权。边让得知何进兄妹遇害，董卓进京，袁绍兄弟东奔，袁氏党羽随即开始以陈留为基地组织联军讨董卓时，立即辞职返回陈留老家，且拒不参与讨董卓联军，已经说明了他的政治态度——他很可能一直在陈留这个讨董卓联军根据地说袁绍兄弟的坏话，破坏讨董卓联军的士气。

对于政治强人来说，最致命的诋毁从来不会来自敌对阵营，而是来自亲友和熟人。

在别人面前，袁绍可以把自己包装成完美的大汉忠臣，但是在自小熟识的师长蔡邕和同学边让面前，他总会露出企图篡汉自立的马脚。蔡邕和边让坚定支持董卓，等于在袁绍心中插进了一把刀：如果放任蔡邕师徒公开爆料，自己就有可能身败名裂，只有让他们永远闭嘴，这把刀才能拔出来。

政治与学术的区别，在于政治直接涉及实际利益，而学术通常不直接涉及实际利益。很多政治人物都感叹，一旦进入政坛，人就像一颗棋子，通常只剩下两种选择：吃人，或是被吃。与政治相比，学术界看似“干净”得多，但是一旦涉及实际利益，也经常爆出各种丑闻。作为一位学者，蔡邕在艺术和历史两方面都有很深的造诣，其中艺术研究对现实社会影响不大，不会直接影响某些人的切身利益；作为一位政客，蔡邕则有可能在史书中提出实实在在的证据，对某些人和势力提出真切的刑事指控，这就涉及某些人的切身利益了。在这种情况下，政治与学术的界限变得模糊不清。

王允、曹操、张邈和高干这四位杀害蔡邕、边让师徒的凶手似乎没有多少共同点，但这四人肯定早就相识。能够将他们联系在一起的，只有袁绍。王允和曹操都曾经长期为袁绍效力，因此我们不能不怀疑，王允和曹操之所以几乎同时对蔡邕、边让师徒下毒手，是因为袁绍在幕后命令他们这样做。

如果《后汉书》真是由蔡邕写的话，汉末历史的情节肯定会很不一样。特别是从何进之死到董卓之死这段时间，发生的许多重大事件都会有全新的版本，董卓、袁绍等人物的善恶形象也将被完全颠覆。蔡邕很可能会直接宣称，袁绍、袁术、王允邀请董卓进京，密谋诱杀何进、何苗兄弟，尔后焚烧皇宫，屠灭宦官，都是忘恩负义的叛国行为，目的就在于篡夺东汉政权，而董卓进京以后，一直在努力恢复东汉原有的政治法律秩序。这就远远超出学术的范畴，而是赤裸裸的政治了。由于蔡邕之死，东汉后期的历史注定将会被描绘得面目全非，正如郑玄听到蔡邕的死讯后叹息的那样："汉世之事，谁与正之？"

结论

蔡邕必须死，主要不是因为他亲董卓，而是因为他反袁绍。正如王允亲口所言，阻止蔡邕等亲董派文人写史，就是他想要达到的目的，也是曹操、张邈和高干等袁绍部下想要达到的目的。如果蔡邕、边让、孔融等人不被杀掉的话，公众会知道，王允、曹操一伙究竟跟着袁绍干了些什么。同样，杀害边让弟子杨俊的曹丕热衷于搜集孔融的文章，绝不仅是因为个人爱好，而是像乾隆热衷于编纂《四库全书》一样，旨在寻找并清除对自己统治不利的文献。

蔡邕师徒用自己的惨死证明：失败者是没有资格撰写历史的，历史必须由胜利者撰写。

至此，蔡邕、边让师徒被杀案的来龙去脉已经基本清楚：

蔡邕、边让、袁绍师徒原本共同辅佐大将军何进，后来袁绍不断劝何进召董卓等外地将领进京来杀宦官，但何进与宦官并没有仇恨，董卓反而是何家的死敌，因此蔡邕和边让等人对袁绍的计划表示反对，甚至怀疑袁绍有可能要借董卓之手，干掉何进。袁绍察觉不妙，就开始排挤边让，最终蔡邕安排边让到九江当太守以避祸。边让刚上任，就听说何进在宫中遇刺身亡，凶手被宣布为宦官。袁绍、袁术兄弟以为何进报仇为名，火烧皇宫，屠杀宦官，何进的弟弟何苗等人也在战斗中被杀。几天后执金吾丁原遇刺，袁绍随即与董卓决裂，带着部下离京东奔，董卓进京，废黜汉少帝，处死何太后，拥立汉献帝。对朝廷内情有所了解的边让对这些新闻自然有独到的看法。不久后，又传来袁绍、袁术兄弟在陈留等地组织讨董卓联军的消息。看到家乡出了乱子，边让再也坐不住了，于是辞去九江太守职务，返回陈留老家。

在家乡，边让看到讨董卓联军炮制了大量的谎言，忍不住加以驳斥。由于边让是陈留本地名人，陈留人的骄傲蔡邕又时常给边让写信，相当于从洛阳传来的第一手新闻资料，所以边让的言论很快就成了备受社会重视的“自媒体”。在张邈和高干等陈留本地的袁绍死党看来，边让渐渐变成了讨厌的眼中钉，他的“反动言论”甚至可能推动了酸枣联军的瓦解。当后来局势逆转，牛辅、李傕、郭汜率领董卓大军兵临陈留城下时，张邈等人为了安全起见，逮捕了边让。不久，突然传来王允、吕布刺杀董卓的消息，牛辅兵团从陈留城下撤退。王允原本就对老同学蔡邕依附董卓的政治立场感到不满，蔡邕又时常爆料袁绍、袁术、王允以前的阴谋诡计，显然知道得太多了，王允于是设下鸿门宴，诱导蔡邕公开对董卓遇刺表示遗憾，以此为借口将蔡邕逮捕。很快，李傕、郭汜打着为董卓报仇的旗号包围长安，王允担心蔡邕出狱后会勾结李傕、郭汜叛军，就急忙下令处决蔡邕，以除后患。

蔡邕的死讯传到陈留，边让听说老师遇害，悲愤欲绝，痛骂王允，同时指责袁绍为幕后黑手。随即，又传来长安陷落，王允被杀的消息，边让在狱中大肆庆祝，遭到张邈等陈留官员的批评，边让于是与张邈对骂，顺带把袁绍、曹操都骂了个遍。袁绍闻讯，感觉不能再允许边让肆意传播负面新闻，于是通过新任兖州刺史曹操，命令张邈把边让杀了。

世界上没有无缘无故的恨，即便是在汉末三国的乱世，也没有名人会被无缘无故地杀害。政坛如棋，吃人或被吃，落子无悔。

与曹操决裂以后，袁绍为了政治上的需要，将曹操说成杀害边让的主要责任人。曹操之前就多次为袁绍背黑锅，在后文中，我们还能看到袁绍把他人的罪行栽赃给曹操的更多例子。

作为领导，袁绍可以随意把责任推卸给部下；作为部下，曹操必须忍辱负重，甘于为领导承揽脏活累活。在同袁绍决裂之后，曹操不得不宣称，自己从来都不是袁绍的附庸，而是独立势力，于是，他的早年历史就永远被迷雾笼罩。

为了追随袁绍，曹操甘背黑锅，导致自己名誉扫地，被视为知识分子屠夫。不仅如此，曹操家族接下来还将为此付出真实的血泪代价。

第九案

曹操全家遇害案

（193年或194年）

案情

在曹操的一生中，充斥着既突然又血腥的复杂案件，其中最令曹操刻骨铭心的，应当莫过于父亲曹嵩和弟弟曹德等全家老小在泰山被徐州士兵杀害一案。这一案件的时间、地点、行凶者和受害人都没有什么争议，但是案件的原委在当时却有好几种说法，《三国志·二公孙陶四张传》中的《陶谦传》正文竟对此事完全避而不提，看来，《三国志》作者陈寿对这些说法孰是孰非也拿不准。这些说法大致可以分为两类：

一、按照《三国志·武帝纪》《后汉书·应劭传》《后汉书·曹腾传》《世语》的说法，曹操出任兖州刺史以后，他的父亲曹嵩和小弟弟曹德带着全家老小离开隐居的徐州琅琊（今山东省青岛市黄岛区至日照市一带），去兖州投靠曹操。途经兖州泰山郡华县、费县时，遭到徐州刺史陶谦手下都尉张闿率领的骑兵袭击，全部遇害。事发后，泰山太守应劭惧怕自己保护曹家不力而被曹操处罚，逃奔袁绍请求庇护。《世语》还说，徐州刺史陶谦怨恨曹操多次攻打徐州，派骑兵去拦截曹嵩。曹家人以为是泰山太守应劭派来迎接自己的部队，没有防备，不料曹德出门迎接时被士兵杀害。曹嵩闻讯，急忙在后墙打出一个洞，让小妾先出去，可是小妾体肥，一时难以通过，曹嵩只好带着她躲入茅厕，结果仍被发现，全家遇害。据此，杀害曹操一家的主犯是陶谦，而且是蓄意谋杀，但起因是曹操先多次攻打陶谦的徐州。

二、韦曜《吴书》记载了曹嵩遇害的另一种说法：曹操迎接父亲全家来兖州，徐州刺史陶谦派都尉张闿率领骑兵护送。曹嵩一行有辎重百余辆，张闿见财起意，就在泰山郡华县、费县之间杀害了曹嵩，抢去财物，逃亡到淮南。后来，《三国演义》采用这一说法，还添加了当时天降大雨，徐州士兵抱怨，不愿意继续伺候曹家人的情节。据此，杀害曹操一家的主犯是张闿，而且是临时图财害命，与他的上司陶谦无关，张闿在案发以后还畏罪潜逃，可见曾经被陶谦通缉。所以，曹操后来以此为由进攻徐州，完全是误会，陶谦成了一位值得同情的倒霉蛋。

显然，这两种说法之间有根本性区别：曹操全家遇害的主谋到底是陶谦还是张闿？或者说，陶谦对此案是否有责任？

分析

为了破获这一千古谜案，我们需要了解涉及本案的四项要素：

一、曹嵩是何许人也，为什么会隐居在徐州琅琊，又为什么要去兖州？

二、陶谦是何许人也，早年是否与曹家有过恩怨？

三、案发前，身为徐州刺史的陶谦与身为兖州刺史的曹操是否有过来往？

四、案发后，陶谦是否曾经做出过与曹操和解的努力？

搞清楚了这四个问题，曹操全家遇害的千古谜案其实并不难破解。

曹操的父亲曹嵩并非平民百姓，而是《后汉书》《后汉纪》《三国志》等正史中都有记载的大人物。他是中常侍曹腾的养子，也是汉末著名的大贪官，187 年向汉灵帝的“西园”项目捐献一亿钱巨款，因此被封为太尉。次年爆发黄巾暴动，主管国防的太尉曹嵩在事先未能发觉，事后又镇压不力，因此遭到罢免，返回谯县老家。董卓入京、袁绍和曹操等人离开洛阳东奔并组织讨董卓联军时，曹嵩和小儿子曹德带着家眷在徐州刺史陶谦的辖地琅琊定居，此地位于海滨，名胜古迹众多，秦始皇、汉武帝东巡时都曾经多次造访，适于养老。即便是曹操于 191 年出任东郡太守、192 年出任兖州刺史以后，曹嵩一家都没有去投奔他，而是又在徐州待了一两年，可见他们对当地的生活条件感到满意，与陶谦等徐州官员的关系也比较融洽。看来，曹嵩并没有投奔儿子曹操的主观意愿：作为前太尉，曹嵩富可敌国，儿子曹操虽然刚刚开始统治兖州，能够提供的生活条件很可能还不如陶谦辖区的琅琊别墅，并不能对曹嵩产生多大吸引力。既然如此，曹嵩为什么在 193 年年底或 194 年年初决定离开琅琊，去兖州投奔曹操呢？

在《三国演义》里，陶谦的人设是一位儒雅的老绅士，爱民如子。可是，在《后汉书》《后汉纪》《三国志》等正史里，陶谦却完全是另外一副形象。

陶谦是丹杨（今安徽东南部及江苏西南部）人，这个地方在先秦和秦汉时期民风剽悍，以出产精兵闻名。陶谦虽然以文官身份进入官场，但很快就转型为武将。与黄巾暴动同时，西北羌族发动了大规模暴动，史称“中平羌乱”，羌军一度席卷凉州，攻到长安城下，对东汉政权形成了致命的威胁。汉灵帝在镇压黄巾军以后，立即派出名将皇甫嵩和司空张温去迎战羌军。张温手下有三员名将，就是董卓、孙坚和陶谦，其中数陶谦的年纪最老，脾气也最大，曾经在酒席上当面辱骂张温，事后还拒不道歉。战后，陶谦被提拔为徐州刺史，他嫉贤妒能，在辖区起用了很多会拍马屁的小人，陷害忠良。董卓入京、袁绍和曹操等人东奔并组织联军讨董卓时，陶谦并未参加，可能是因为他与老同事董卓和孙坚关系都不错，所以陶谦选择观望，使徐州保持中立。直到董卓被孙坚打败，放弃洛阳逃往长安，张温帐下三巨头的平衡被打破，陶谦的立场才开始转变，派了三千精兵给叛变董卓的洛阳守将朱儁，但朱儁不久后就被董卓部将李傕、郭汜打败，洛阳失守。董卓遇刺后，陶谦开始积极介入内战，试图拥戴朱儁为太师，讨伐李傕、郭汜，从此走上了独立自主的政治道路。

知道了曹嵩和陶谦的背景，我们就能明白，曹嵩为什么会在诸侯讨董卓期间去徐州隐居：

作为中常侍曹腾的养子，曹嵩是阉党的重要成员，可是其长子曹操一直在和阉党过不去，先是试图刺杀中常侍张让，接着又打死小黄门蹇硕的叔父蹇图，进而在济南没收阉党财产，还和阉党的死敌袁绍等人过从甚密，可见他不仅没有利用父亲的政治资源，反而与父亲所属的政治集团敌对。究其原因，曹操认为党人是正义的一方，阉党是邪恶的一方，父亲不仅给宦官当干儿子，还是个可耻的大贪官，实在是曹家的耻辱，曹操希望通过自己的行为，挽回家族的声誉，为此不惜父子决裂；曹嵩被革除太尉职务，名义上是他镇压黄巾暴动不力，实际原因是曹嵩身为阉党骨干，被以袁绍为首的党人集团排斥。袁绍和袁术屠灭宦官，意味着阉党崩盘，身为阉党成员的曹嵩在朝廷彻底失势，只能继续隐居。曹操追随袁绍东奔回老家组织讨董卓联军时，曹嵩虽然不是董卓的朋友，却是袁绍、袁术的政敌，曹嵩老家谯县作为反董卓联军的根据地之一，经常有袁绍、袁术的爪牙带兵光顾，对于曹嵩已经不再安全，所以他才被迫离开家乡；在陶谦治理下保持中立的徐州，就成为曹嵩隐居观望事态的最佳选择。

然而，陶谦虽然暂时保持中立，不参与内战，其实却和董卓、孙坚同样志在逐鹿中原，而且他在汉末群雄之中，年纪最大，军事政治经验最丰富，徐州又没有参与讨董卓战争，还在战时接纳了很多难民，实力雄厚。董卓死后，陶谦决定亲自参与中原逐鹿，而此时的中原诸侯已经分裂成相互敌对的袁绍和袁术两大阵营，其中公孙瓒属于袁术阵营，曹操属于袁绍阵营。陶谦主动选择参与了实力较弱的袁术阵营，以谋求更大的政治利益。结果，就发生了《三国志·武帝纪》中记载的“袁术与绍有隙，术求援于公孙瓒，瓒使刘备屯高唐，单经屯平原，陶谦屯发干，以逼绍”。此事发生在 192 年年底，也就是曹操刚刚出任兖州刺史的那一年。也就是说，陶谦是作为与刘备、单经并列的公孙瓒部将来攻打袁绍的。

可是，这段记载里有一个问题：陶谦的徐州与袁绍的冀州并不接壤，而陶谦随公孙瓒讨袁绍时驻军的发干却位于毗邻冀州的黄河北岸，属于兖州东北部。

对此只能有一个解释：在陶谦进军发干，与刘备、单经等公孙瓒部将夹击袁绍之前，他首先攻入了新任兖州刺史曹操的领地，并且打下了曹操的大片领土。也就是说，陶谦并不像《后汉书·应劭传》《后汉书·曹腾传》《世语》等史料说的那样，是一直遭到曹操攻击的受害者，反而是陶谦先动手打曹操的。而且此事就发生在曹操刚刚出任兖州刺史，曹嵩父子在陶谦辖地徐州琅琊隐居的时候。

曹操在 192 年打不过陶谦并不奇怪，因为他这时还没有多少军事经验（之前曹操只在禁卫军中当过一段时间的校尉，但是极少参与实战，参加讨董卓联军的首战遭到惨败，后来也只是打败过黑山和青徐黄巾等一些乌合之众），陶谦则久经沙场，先下手为强，徐州的人口又比兖州多得多，所以一开始，陶谦的军队肯定比曹操强。这时，曹操在兖州立足未稳，只是袁绍势力单方面承认的兖州刺史。董卓得知刘岱的死讯后，立即派遣金尚为兖州刺史，率军来夺兖州。曹操刚刚出任兖州刺史，就面临青徐黄巾军和董卓军的夹击，幸而此时传来董卓遇刺的消息，金尚连忙随同正在围攻陈留的牛辅、李傕、郭汜一同撤兵，后来被袁术收编，曹操才得以集中兵力，勉强将青徐黄巾军击败。所以，发干之战爆发时，曹操的军事实力肯定远逊于已经统治徐州多年的陶谦。

按照《三国志·武帝纪》的记载，发干之战的结果是“太祖（曹操）与绍会击，皆破之”。好像是曹操帮袁绍击退了陶谦。但是从地图上看，发干在曹操的兖州地盘上，所以无疑是袁绍从冀州带来援军，才帮助曹操把陶谦赶出兖州的，也就是陈琳《为袁绍檄豫州文》里说的：“（曹操）故躬破于徐方（陶谦）……幕府（袁绍）惟强干弱枝之义……故复援旌擐甲，席卷起征……拯其死亡之患，复其方伯之位：则幕府无德于兖土之民，而有大造于操也。”当时，陶谦对曹操造成的威胁，是可以与后来袭击兖州的吕布相提并论的。

第二年，袁绍的援军一撤，收编了金尚部队的袁术也开始进攻疲弱的曹操了。这时，陶谦再度向曹操出手。按照《三国志·武帝纪》的记载，下邳人阙宣自称天子，陶谦与阙宣联军攻取了泰山郡的华、费两个县（这正是几个月后曹嵩一家遇害的地方），一直打到任城。泰山和任城都属于兖州，是曹操的辖区。换句话说，陶谦在发干之战的第二年又派兵攻打曹操，占领了兖州东部的大片土地。阙宣已经自称天子，就是背叛汉朝，陶谦与阙宣联军，也就是公开背叛汉朝。无论怎么看，曹操这两年对陶谦的战争都是正义的自卫反击战。

现在，我们不难理解，为什么在 193 年年底或 194 年年初，曹嵩会急于离开隐居多年的徐州琅琊，去兖州投奔一直与他政见相左的儿子曹操了。曹操

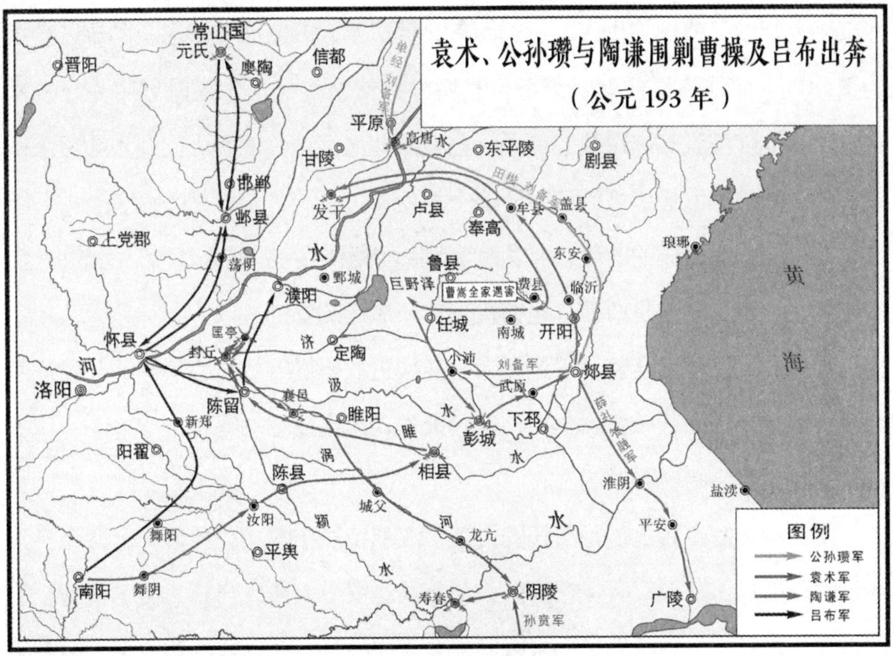

地图③ 袁术、公孙瓒与陶谦围剿曹操及吕布出奔（王晓明 罗三洋 / 作）

无论怎样都是他的亲儿子，而陶谦自从加入袁术阵营以后，就成了曹操最凶恶的敌人。陶谦连续两年进攻曹操，蹂躏了发干、泰山、任城等大半个兖州，吃了败仗以后便迁怒于隐居在自己辖区的曹嵩一家。离开徐州逃往兖州，是曹嵩无可奈何的选择；而杀掉曹嵩一家以打击曹操，是陶谦及其部下都乐于做的事情。曹嵩一家遇害的泰山郡华、费两县地区，在案发前几个月就曾经被陶谦和阙宣的联军攻占，案发时可能仍然有徐州军队驻扎，张闿所部骑兵更像是伏击作案，而不是追杀。

另外，曹嵩全家之所以会在泰山郡遇害，还有一段隐情。正如前文所述，在191年年底或192年年初，曹操截击了从泰山故乡募兵归来，要去陈留同张邈会师的王匡，并将其杀死。《汉末英雄记》说，曹操是在被王匡杀害的泰山名士胡母班亲属协助下进行的。但是，胡母班有亲属，王匡就没有亲属吗？更何况，王匡死时正指挥着好几千泰山籍士兵，曹操杀死王匡时，肯定也杀死了不少泰山籍士兵，这些人在泰山都是有家属的。所以，王匡死后，数以千计的泰山人都成了曹操的仇人。没过两年，曹操本人的家属突然送上门来，曹操的泰山仇人们能不抓住这一天赐良机吗？即便曹嵩父子本来做好了充足的准备，原本能够摆脱陶谦军队的追杀，与曹操有血海深仇的泰山民众也会设法诱使他们误入歧途，最终被陶谦军队追上杀死。

在法制体系崩坏的时代，别以为就可以随便杀人了：冤冤相报，血债血还，一切都很公平。即便是曹操，也得接受这一命运的安排。

原来，袭杀曹嵩全家，不过是陶谦连续进攻曹操的漫长战争中的一段插曲而已。但是，张闿袭杀曹嵩全家，是陶谦本人亲自授意的吗？

让我们用原始资料说话。

就在本案发生后不久，从长安传来了汉献帝颁布的《罢兵诏》，命令各路诸侯停止交战，解散军队。宣诏的太仆赵岐是汉末大儒，名著《孟子章句》的作者，还是袁绍、袁术兄弟的亲戚，社会声望极高。在赵岐的劝说下，诏书所到之处，就连袁绍、公孙瓒这对宿敌都同意暂时停战。但是按照《吴书》的记载，陶谦接到诏书以后，却上了一道这样的奏折：臣以前因为黄巾作乱，奉旨镇压，忙碌不堪。虽然奉圣上的威灵，大军每战必胜，但是妖寇实在太多，不畏死亡，父兄已经被消灭，子弟却依然蜂拥而起，至今都是祸患。如果现在奉命解除武装，国家的实力就会空虚，官府的威望就会减弱，贼寇的气焰必然嚣张。今日罢兵，明日必然就要发生变乱，对上辜负朝廷对我的信任，对下任由群凶肆意滋蔓，不是安邦定国的好策略。臣虽然愚蠢，毕竟怀有忠心，为了报答君父的恩情，不忍遵奉旨意。

在这份不大可能是伪造的奏折里（《吴书》的政治立场是反曹操的），陶谦公然将袁绍、曹操等政敌斥为与黄巾并列的“妖寇”“群凶”，拒绝汉献帝的罢兵停战诏命，而且还颇为恶毒地提到“父兄歼殪，子弟群起”，很像是在暗指当时刚刚被徐州军队杀害的曹嵩、曹德一家和依然幸存的曹操。

可想而知，当曹操读到这份文件时，会是多么愤怒。

结论

综上所述，陶谦就是曹操全家遇害的主要指使者，并且他还公然为此自吹自擂。

曹操全家遇害，是因为他们原本定居在陶谦的辖区，而在案发前至少一年，陶谦就至少两次派军队进攻新任兖州刺史曹操，双方的敌对关系日益升级，最终迫使曹嵩一家逃离琅琊去兖州投奔曹操。而在被曹操杀害的泰山名士王匡的亲友协助下，陶谦的追兵在泰山赶上了曹嵩一家，将他们全部屠杀。之后，曹操多次与陶谦交战，逐渐占据优势。倒不是曹操用兵比陶谦高明，而是因为陶谦阵营中爆发了严重的内乱，特别是笮融、薛礼袭杀广陵太守赵昱，投奔扬州刺史刘繇，陶谦多次亲征笮融、薛礼，还准备渡江攻取老家扬州，兵力严重分散，这才被曹操屡次击败。正在此时，袁术部将孙策乘虚而入，击败刘繇和笮融、薛礼，占有了江东。年事已高的陶谦逐渐在两线作战中陷入困境，最终一病不起。

除了曹嵩以外，陶谦与袁绍、曹操集团开战，还制造了另一位受害者——曾经评价曹操为"治世之能臣，乱世之奸雄"的著名人物评论家许劭（许子将）。当许劭得知自己的老乡袁绍在屠灭宦官、杀死自己的堂兄许相以后，又被董卓逼出洛阳，预感中原将大乱，于是带家人移居广陵（今江苏省扬州市），这里正是陶谦的地盘。在天下大乱之初，曹嵩和许劭这对政敌几乎同时做出了相同的选择——到保持政治中立的陶谦辖区去隐居保平安。不久后，陶谦开始放弃中立，与袁术、公孙瓒结盟，主动进攻袁绍和曹操，并杀害了曹嵩一家。大致与此同时（194 年年初），许劭对门客学生们说："陶谦对外仰慕名士，内心却不真诚。现在他给我的待遇虽然丰厚，以后肯定会减少，我们不如离开这里。"就这样，许劭这位著名人物评论家在陶谦杀害曹嵩一家后不久，便逃离了陶谦的辖区，跑到江东去投奔老乡袁绍指派的新任扬州刺史刘繇，陶谦随即逮捕了留在徐州的许劭亲友。许劭抵达江东后不久，江东又遭到孙策的进攻，刘繇和许劭向西逃到豫章，去寻求袁绍集团的另一位重要成员刘表的援助，但是很快就在流亡途中相继病逝了。 曹嵩和许劭这些知识分子尽管智虑深远，设计出各种看似精妙万全的防灾避祸途径，选择政治派别投靠，但由于自身缺乏实力，稍有不慎，仍然无法在乱世中幸存。

曹操全家遇害的案情虽然已经清楚，却带出了其他的疑问：既然在本案中，曹操完全是受害者，陶谦蓄谋作案，罪行清楚，那么为什么曹操及其御用文人后来不把这件事讲清楚，弄得陈寿等史学家都糊里糊涂，导致部分史籍为凶手陶谦开脱罪行？

因为曹操本人就不愿意把这件事讲清楚。

陶谦与曹操本来无冤无仇，之所以攻打曹操的兖州，实际上是协助公孙瓒去攻打冀州的袁绍，顺路把袁绍的小弟曹操收拾了一把。也就是说，陶谦起初根本没把曹操放在眼里，他打曹操的唯一原因，是当时曹操附属于袁绍。曹操在担任兖州刺史初期仍是袁绍的附庸，这正是曹操与袁绍决裂以后要竭力掩饰的，他从此处处标榜自己一直是独立势力，能够独立于袁绍思考，独立于袁绍行动。为了这个目的，曹操就得掩饰他与陶谦交战的真正原因。其实，未能保护曹嵩一家安全的泰山太守应劭在案发后投奔袁绍，曹操根本不敢去向袁绍要人。甚至在曹操迎汉献帝到许昌以后，袁绍专门派应劭去许昌，指导曹操政权的礼仪文化工作，曹操也都忍了，可见他这时依然多么依赖和惧怕袁绍。更何况，在曹操和陶谦交战之初，曹操被动挨打，大半个兖州都被陶谦蹂躏，直到两年后，曹操才趁着徐州内乱，有了对陶谦的还手之力。如果照实写，实在影响曹操的军事天才形象。为了塑造军事天才形象，就要对打胜的仗大书特书，对打败的仗一笔带过，或者干脆隐而不宣，古今中外的宣传伎俩莫不如此。

这就是真实的曹操：为了支持正义、反对贪腐，他不惜父子决裂，成为阉党的叛徒；为了支持盟主袁绍，他招来了袁术、陶谦等可怕的敌人，一再遭到袭击，落得兵败地丧，家破人亡。在当时，曹操几乎是人见人欺，谁也想不到他最终能够成就霸业。

为了干掉曹操，对自己的胜利充满信心的陶谦甚至不惜抗旨，把来宣诏的太仆赵岐置于难堪的窘境，赵岐因此于 193 年滞留在曹操的领地陈留，结果引出了曹魏集团的另几件大案。

第十案

兖州官员叛曹操降吕布案

（194 年）

案情

父亲和弟弟一家遇害以后，曹操在袁绍的支持下，趁着陶谦集团发生内乱，陶谦本人又生了重病，逐渐攻入徐州，开始为被陶谦军杀害的家人和兖州军民报仇雪恨了。

194 年夏季，曹操亲征陶谦，并向袁绍借调来朱灵等将领助战，留荀彧、程昱守鄄城，夏侯惇、陈宫守东武阳，张邈、张超兄弟守陈留，枣祗守东阿，靳允守范城，魏种等人守其他城市。这些人之中，荀彧、夏侯惇、枣祗、靳允是曹操的豫州老乡，程昱、陈宫、张邈、张超、魏种则都是兖州本地人。起初，战争进展得很顺利，曹军很快就打下了半个徐州。诸葛瑾、诸葛亮、诸葛均三兄弟就在此时随叔父诸葛玄离开琅琊郡老家，南下到扬州投奔袁术，显然属于对陶谦不抱希望的战争难民。

连战连胜的曹操万万没想到，明明已经看到了胜利复仇的曙光，自己却即将遭遇和仇敌陶谦同样的命运：被部下集体背叛。

突然，徐州前线的曹操得到了晴天霹雳般的坏消息：兖州八郡七十七县多数抛弃自己，迎吕布为兖州刺史了！在曹操一直重用的兖州豪强中，曾经率先迎曹操当兖州刺史的陈宫、与曹操亲如手足的张邈兄弟、曹操亲自提拔的孝廉魏种等，全部在短时间内倒向吕布一方，只有兖州北部的鄄城、范城、东阿三个县还忠于曹操。夏侯惇试图从吕布军手中收复濮阳，反而被俘，幸好被副将韩浩救出。曹操闻报以后无心恋战，急忙从徐州退兵，要不是陶谦此时病情危急，前有狼后有虎的曹军可能在敌军的夹击下彻底覆灭。

为了解开这个把曹操逼上悬崖边的大案，我们需要了解涉案的三项要素：

第一，陈宫、张邈、张超、魏种等兖州豪强为什么要背叛曹操？

第二，吕布为什么会来兖州？以前他是否认识兖州豪强？

第三，兖州豪强为什么不自立或找别人，而要迎吕布当领导？

对于兖州豪强为什么要背叛曹操，史籍里有三种解释：

一、按照《三国志·吕布臧洪传》与《后汉书·刘焉袁术吕布列传》的记载，吕布之前在冀州，因为被袁绍追杀，逃到陈留，得到陈留太守张邈的热情接待，袁绍知道以后，让曹操处死张邈，曹操没答应，但是张邈很担忧，于是想造反。这样看来，张邈明知吕布已经与袁绍决裂，还热情接待他，在当时曹操高度依赖袁绍支援的背景下，等于是主动引火上身，十分不明智。事发后，张邈不直接给袁绍写信请求谅解，或是请曹操帮自己向袁绍解释，反而怀疑曹操要听从袁绍的命令杀害自己，于是勾结吕布背叛曹操，行为似乎太过荒唐。

二、按照《三国志·吕布臧洪传》的记载，陈宫见曹操东征徐州，便趁机对张邈进言说，现在豪杰并起，以陈留的实力，不必受制于人，可以迎勇猛善战的吕布来合作，张邈欣然同意，于是派张超、陈宫等人去迎吕布入兖州。按照这个说法，陈宫是兖州豪强迎吕布的主谋。不过，陈宫原本是第一个拥立曹操当兖州刺史的人，曹操对他一直极为信任，二人情同父子，直到陈宫死后，曹操还继续照顾他的母亲和儿子。陈宫带头劝说张邈等人背叛曹操，事出无因。陈宫说张邈在曹操手下“反制于人”，但是曹操与张邈是多年故交，难道说，张邈迎接与自己非亲非故的吕布入主兖州以后，就不受制于人了？罗贯中肯定发现这个故事不合乎逻辑，为了解释这个谜题，在《三国演义》里说陈宫本是中牟县令，见曹操杀吕伯奢一家，愤而离开曹操，投奔陶谦，还曾经代表陶谦来与曹操谈判，谈判失败后转而说服张邈叛曹迎吕。故事编得挺好，可惜不符合史实：陈宫一直是举足轻重的兖州豪强，他在刘岱战死后迎曹操当兖州刺史，在曹操东征时迎吕布当兖州刺史，可见在地方上有巨大的影响力。他和张邈、张超、魏种等兖州豪强一同叛曹迎吕，恐怕不是偶然事件，更像是经过深思熟虑的集体决策，似乎是因为曹操触及了兖州豪强的底线。也只有这样，兖州八郡七十七县纷纷叛曹迎吕的现象才说得通。

三、按照陈琳《为袁绍檄豫州文》的说法，张邈对曹操起反心，导火索是前九江太守边让被杀案。上文已经分析过本案的大致情况，不在此详述。边让是兖州陈留土著，一些学者据此推测说，陈宫与边让都是兖州人，可能是朋友，因为曹操杀害边让，所以陈宫劝张邈等人叛曹迎吕。这个理论听上去倒还合理，但是存在一个尴尬的缺点：在边让遇害前后，担任陈留太守的官员一直都是张邈！也就是说，那位奉曹操之命处死边让全家老小的陈留太守，不可能是别人，只能是张邈！按照这个说法，曹操派张邈杀了边让，所以边让的朋友陈宫鼓动张邈造曹操的反，剧情太不合理。《三国演义》说，边让率兵来救陶谦，曹操派夏侯惇在半路上伏击杀死边让，故事非常平淡，却证明罗贯中已经看出来，“曹操杀边让逼反张邈、陈宫”的理论很难说得通，还不如让陈宫、边让去投奔陶谦。

看来，史籍中的这三种兖州豪强叛曹迎吕理论都存在重大缺陷。既然这个问题一时不容易解决，那么我们就先来探讨本案中第二个至关重要的因素：

吕布为什么会来兖州？是否以前认识兖州豪强？

参考《三国志》和《后汉书》等史籍中的相关史料，吕布之前与兖州豪强并没有交集。他自从被李傕、郭汜赶出长安以后，先是去南阳一带投奔袁术，后来北上河内，被老乡张杨拘禁，所幸吕布设法脱身，跑到冀州投奔袁绍。吕布自以为刺杀董卓，对袁绍有恩，会受到袁绍的欢迎，但是正如前文分析的那样，吕布刺丁原，率领禁卫军投奔董卓，迫使袁绍逃离洛阳，原本通过火烧皇宫并屠杀宦官的夺权计划因此严重受挫，所以袁绍永远不会原谅吕布。因此，袁绍虽然勉强接纳了吕布，却并不肯给他实权，而是让吕布去常山攻打张燕，以便让这两个死敌自相残杀（前文分析过，如果不是张燕突然接受朝廷招安，袁绍、王芬等人早就绑架并废黜汉灵帝了）。吕布取胜以后，向袁绍索要军队去讨伐李傕、郭汜。袁绍表面上同意，任命吕布为司隶校尉。吕布仗着屡立战功，又是汉献帝正式册封的侯爵，自视甚高，看不起袁绍的部下，这加速了双方的决裂。出征前，袁绍的士兵试图刺杀吕布，吕布匆忙南逃，但并没有直接去兖州。李傕、郭汜这时正在让汉献帝下达《罢兵诏》，听说死敌吕布正在二袁之间漂泊，没有立足之地，就摆出高姿态，让汉献帝专门下诏，任命吕布为颍川太守，

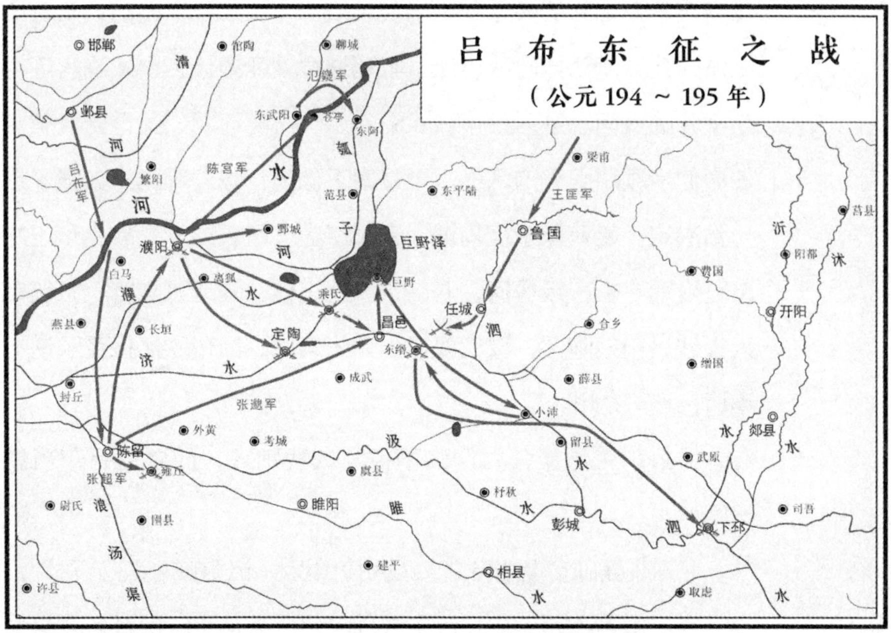

地图④ 吕布东征之战（罗三洋 王晓明 / 作）

表明自己不计前嫌。吕布接旨以后，立即南下颍川，但是中途向东折往了兖州。如果吕布真的到了颍川，就可能得到戏志才、荀攸、郭嘉等颍川谋士的辅佐。但是，吕布选择中途放弃合法的颍川太守职务，转而去了东方的兖州，对此只能有一种解释：吕布去兖州，不是偶然路过，而是陈留太守张邈主动派人说服他来兖州，驱逐曹操的。

分析

现在，再让我们梳理一下已经确定的事件经过：

曹操和张邈是讨董卓联军的战友，本来亲如骨肉兄弟。但是，后来张邈因为韩馥自杀案等事件得罪了袁绍，袁绍多次命令曹操杀张邈。曹操虽然没有执行袁绍的这一命令，却在出任东郡太守期间，伏击并杀害了来援助张邈的王匡，与张邈兄弟和王匡等兖州老乡之间的关系开始出现裂痕。曹操东征徐州前，奉袁绍之命，让张邈杀掉政敌边让。张邈遵命处死边让，引发陈宫等兖州豪强的责问。这时吕布被袁绍追杀，逃离河北，又得到汉献帝任命他当颍川太守的诏书，于是南下豫州。陈宫等兖州豪强于是一致决定，趁曹操东征陶谦，兖州空虚，而袁绍的死敌吕布正好路过附近之机，叛曹操，迎吕布。就这样，张邈派陈宫、张超等人去迎吕布来陈留，取代曹操当兖州刺史。吕布欣然接受了这一邀请，进军兖州。

那么，兖州豪强为什么不自立或找别人，而要迎吕布当领导呢？

兖州豪强确实没法自立，因为按照汉桓帝颁布的“三互法”，本州人不能当本州刺史。汉末政局虽然乱象丛生，但是各方势力都严格遵守“三互法”，本州豪强即便控制了本州的军政大权（如董卓控制了凉州、公孙瓒控制了幽州、孙策控制了扬州、曹操控制了豫州），也都不敢亲自担任本州刺史或州牧，而要找个外州人代理。另外，与其他各州相比，兖州并不具备自立的本钱：兖州是先秦的鲁卫之地，自古积贫积弱，人口稀少，虽然号称有黄河、泰山天险，但是如果不与邻州联合起来，就没有战略纵深。

兖州有四个邻居：青州、冀州、徐州、豫州。当时的青州有两位刺史，一位是袁绍任命的臧洪，一位是公孙瓒任命的田楷，两人相互争斗，不时还要应付黄巾军的骚扰，辽东的公孙度又跨海来袭，压力巨大，肯定都来不了兖州。青州的另一位主要官员孔融则是个不懂军事的文人，连黄巾军都打不过。正在援助曹操打陶谦的冀州牧袁绍自不用说，肯定反对兖州叛曹。徐州牧陶谦病重不起，而且快被曹操打垮了，豫州则有陶谦任命的刘备和袁术任命的郭贡两位刺史，都刚刚到任，立足未稳，相互对峙。看来看去，兖州的邻居们全都自顾不暇，无力干涉兖州内政，只有袁绍足够强，当时却与曹操亲密无间。所以，兖州豪强即便对曹操再不满，也只能忍气吞声。直到他们听说，名将吕布因为被袁绍追杀，逃到黄河边，又被汉献帝任命为颍川太守，正在南下赴任，于是抓住这个机会，迎吕布来兖州。

现在，本案的过程已经真相大白，就剩下当事人的动机问题了：张邈、陈宫等兖州豪强到底为什么叛变以前与他们亲如一家的曹操？吕布为什么放着到手的颍川太守不做，而接受他们的邀请，进入兖州这个四战之地，从此与曹操连年苦战？

有意思的是，曹操后来刚刚把吕布驱逐出兖州，兖州就又发生了一次大叛乱，而在《三国志》《后汉书》等正史中，这次叛乱与时任兖州刺史的曹操好像没有半点关系。简单地讲，在曹操驱逐吕布的过程中，袁绍派原青州刺史臧洪取代夏侯惇，担任兖州北部的东郡太守，驻扎在东武阳。与此同时，曹操在攻下陈留，杀死张邈、张超兄弟以后，前往豫州的颍川，驱逐吕布、袁术在当地的残余势力。臧洪到兖州上任以后，多次向袁绍借兵去打曹操，救他的好友张邈、张超兄弟，都遭到拒绝。得知张邈、张超兄弟遇害以后，臧洪就联合公孙瓒、袁术、吕布等势力，共同反袁绍。袁绍亲征兖州，在东武阳包围臧洪，围攻持续一年之久。与此同时，汉献帝君臣离开长安东奔，最后落入正在颍川驻军的曹操之手。按照陈琳《为袁绍檄豫州文》的说法，曹操迎汉献帝，是袁绍因为自己当时没空，才派曹操去的。无论此事是否属实，曹操在臧洪之变中的表现都极为怪异：他身为兖州刺史，竟然让邻居袁绍任命自己的下级官员东郡太守；臧洪作为曹操的下级太守，因为上司曹操杀害他的朋友张邈、张超兄弟，在曹操的领土上起兵，反抗的对象却不是凶手曹操，而是袁绍；来兖州镇压臧洪的，也是袁绍，而不是曹操；曹操放着兖州大本营的叛乱不管，委托邻居袁绍全权镇压，自己跑到豫州去攻打不成气候的次要敌人。这段情节肯定曾经令古往今来的无数读者抓狂，难怪《三国演义》根本不写这一段。

作为反董卓联军的第一位组织者、汉末一言九鼎的社会名流，臧洪绝对不是傻瓜。当然，袁绍和曹操更不傻。那么，这三人怎么会做出如此荒唐的事情？

如果我们把这两次怪异的兖州大叛乱联系起来，一条汉末历史中的暗线就隐隐浮现出来：

曹操杀边让，袁绍逐吕布，张邈、陈宫叛曹迎吕，袁绍助曹讨吕；

曹操杀张邈，臧洪向袁绍求援被拒，臧洪联吕抗袁，袁绍南征臧洪，曹操西征颍川。

真正能够改变兖州命运的，并不是边让、张邈、陈宫、臧洪这些地方豪强，而是袁绍、曹操、吕布这三大外来户，因为兖州本身实力有限。表面上看，曹操和吕布争兖州；实际上，造成这场战乱的幕后责任人是袁绍。

现在，再让我们来审视之前无法破解的本案动机难题：张邈、陈宫等兖州豪强到底为什么叛变曹操？吕布为什么进入兖州，从此与曹操连年苦战？

看来，兖州豪强叛曹迎吕的根本原因不可能在曹操身上，更像是吕布、张邈等人出于对袁绍的不满，而临时组成了一个反袁绍联盟。作为袁绍当时最忠实的部下，曹操就成了他们的第一个打击目标。

结论

把兖州想象成一座房子，它的产权不属于曹操，而属于袁绍。身为兖州刺史，曹操不是袁绍的平等盟友，而只是袁绍的一个租户。袁绍不亲自当兖州刺史，是因为兖州积贫积弱，比冀州差太多，袁绍看不上——实际上，袁绍年轻时就在兖州当过濮阳县令，对兖州的情况很了解。所以，袁绍选了自己最信任的一个部下，也就是在多次事变中都对自己不离不弃的曹操，来代表自己统治兖州。无独有偶，曹操的前任刘岱也是袁绍的密友，甚至可能是袁绍的姻亲——袁绍的续弦妻子也姓刘，袁绍离开洛阳东奔时，安排刘氏带着孩子在刘岱处居住了很久。

陈宫等兖州豪强在刘岱战死后支持曹操接任兖州刺史，不是因为他们多么欣赏曹操，而是因为他们忠于袁绍，而曹操当时是袁绍最忠诚的将领之一。等到曹操下令杀害了他们中的成员王匡和边让，双方的关系性质就开始起变化。曹操杀王匡和边让，就等于袁绍杀王匡和边让；袁绍逐吕布，就等于曹操逐吕布。陈宫等兖州豪强知道，杀害王匡和边让的首犯，不是张邈，也不是曹操，而是他们的幕后大佬袁绍。本案的关键人物张邈原本是袁绍忠诚的追随者，也是讨董卓联军的早期组织者之一，素来以热情好客闻名，但是这个特点恰恰导致了原冀州牧韩馥在他的家中自杀，急于消除负面影响的袁绍命令曹操杀张邈。结果，曹操杀了来援助张邈的王匡，又逼着张邈杀了边让，使得张邈的社会声望一落千丈，有身败名裂的危险。在这种情况下，张邈决心背叛袁绍和曹操，以便挽救自己的性命和名誉，实在不意外。

所以，兖州豪强集团叛曹迎吕，其实是在叛袁迎吕；吕布入兖州攻曹操，其实是在报复前不久试图杀害自己的袁绍。同样，曹操杀张邈，就等于袁绍杀张邈。臧洪知道，只有袁绍本人的亲自干涉，才能阻止曹操攻击张邈兄弟。袁绍拒绝干涉，就等于支持曹操杀掉张邈兄弟。张邈兄弟之死的首犯，不是凶手曹操，而是曹操的幕后大佬袁绍。所以，臧洪得知张邈兄弟死后，决定联吕抗袁。臧洪联吕抗袁，就等于联吕抗曹。当袁绍亲征臧洪时，就像董事长亲临市场第一线指导工作时，部门经理得靠边站一样，曹操就只能离开兖州，乖乖地跑到境外的豫州去攻打次要敌人了。

所以，曹操被吕布偷袭，和之前被陶谦、袁术攻击的原因完全一样：陶谦、袁术、吕布、陈宫都是袁绍的敌人，而曹操是袁绍的部下。在暂时无力直接挑战袁绍本人的情况下，陶谦、袁术、吕布、陈宫一致选择了进攻曹操。

又一次，曹操为自己效忠于袁绍付出了惨痛的代价。

不过，本案恐怕另有隐情，因为我们还忽略了另一位重要人物。

陈留是兖州豪强叛曹操迎吕布的主要策源地，而在他们起兵的时候，陈留城里还有一位大名士——奉汉献帝之命，来关东宣读《罢兵诏》的太仆赵岐。自从徐州刺史陶谦拒绝《罢兵诏》以后，赵岐就一直待在陈留，名义上是养病（这似乎合情合理，因为赵岐当时已经年近九旬）。可是值得注意的是，在吕布和曹操争夺兖州的整个过程中，赵岐仍然住在陈留，直到曹操夺回陈留前后，赵岐才迅速离开了陈留，辗转去洛阳迎接汉献帝。曹操迎汉献帝前夕，赵岐又南下荆州找刘表，最终在那里去世。赵岐既然临终前还在长途跋涉，看来他的身体并不差。

作为一位学者型官员，赵岐的晚年履历显得极不平常。很明显，赵岐一到陈留，陈留就开始策划叛曹操迎吕布；眼看曹操要夺回陈留，赵岐就离开陈留；赵岐先到洛阳迎接汉献帝，随即就南下荆州，尔后曹操也来到洛阳迎接汉献帝；曹操被汉献帝封为司空时，推辞说赵岐更合适，可是赵岐说自己老迈多病，不肯回朝廷就任。

看来，曹操有很多话想跟赵岐说，怎奈赵岐一直躲着他。

曹来赵无影，赵来曹无踪；可怜赵与曹，何日得相逢？

更加奇怪的是，徐州刺史陶谦此时派使者去长安进贡，被汉献帝加封为徐州牧、镇东将军、溧阳侯。按理说，陶谦之前主动联合公孙瓒袭击袁绍和曹操领地，残杀曹操全家老幼，还拒绝接受朝廷调解的《罢兵诏》，甚至与自称天子的叛匪阙宣联合作战，罪大恶极，汉献帝不号召诸侯组织讨陶谦联军就罢了，怎么还接待陶谦的使团，给陶谦加官晋爵？身为负责传旨的钦差大臣，赵岐在其中一定起到过某种作用。

赵岐不仅给袁绍、曹操和陶谦传过旨，从时间判断，吕布的颍川太守任命状很可能也是赵岐交给他的。

看来，赵岐并不满足于仅仅给汉献帝传旨，他抵达中原以后，开始从事一些秘密活动。陈留之所以成为汉末政治舞台的亮点，绝不是偶然的：这里既是汉献帝登基前的封地，也是袁绍的亲友大本营，还是四通八达的交通枢纽，因此一直都是极为重要的情报中心。陈宫劝张邈造反时，曾经说吕布是张邈的朋友，问题是，吕布和张邈两人以往的人生履历没有交集。所以，他们怎么会成为朋友呢？在当时只有一个可能——赵岐介绍他们认识的。

至此，兖州豪强叛曹操迎吕布案的幕后指使者已经呼之欲出：太仆赵岐，或是赵岐背后的势力。赵岐和当时的几大势力都关系密切：他是汉献帝的钦差大臣，也是李傕、郭汜的外交特使，还是袁绍和袁术的亲戚。所以，赵岐的想法及其背后的势力一时还很难确定。

就在吕布偷袭兖州的同时，吕布的宿敌李傕、郭汜遇到了大麻烦：汉献帝跑了。

身处长安，汉献帝周围全都是凉州军阀的势力范围，汉献帝本人是董卓拥立的，与凉州军阀们关系本来并不太坏，倒是和关东头号军阀袁绍是死敌，宦官又都已经被袁绍屠灭了，无法协助汉献帝。在这种情况下，汉献帝为什么会跑，又打算跑到哪里去呢？

因为凉州军阀发生了一连串内讧，导致关中大乱。

在东汉，关中的军事战略价值极大，但是人口稀少，而且粮食从来都不能自给。诸侯讨董卓战争爆发以后，随着董卓迁都长安，雍州人口剧增，而且迁来的大都是贵族、官员、商人及其家属，很少有劳动人民。随着战争的延续，关东诸侯遵照袁绍在给袁术的信中的指示：“现在西方立了一位名义上的小皇帝，与先帝其实没有血缘关系，公卿以下大臣都媚事董卓，怎么能再相信？我们不如派兵守住关卡，让他们都饿死在西方！”因此，关中地区与中原的经济供应被贸易战争长期切断，坐吃山空，久而久之，就爆发了经济危机。由于没有足够的食物，凉州军阀各派系即便有心和平相处，也不得不自相残杀。

为了停止贸易战争，结束经济危机，凉州军阀不得不尝试与关东诸侯和解。于是，他们一面派太傅马日磾、太仆赵岐等与袁绍、袁术有亲戚关系的官员去东方，劝各诸侯停战，一面赦免吕布等仇人，任命吕布为颍川太守。然而，凉州军阀的外交努力并不顺利：徐州牧陶谦拒绝接受停战协议，继续进攻兖州刺史曹操，吕布则在去颍川上任的过程中，被张邈、陈宫等人迎接去了兖州，从背后袭击曹操。后来，曹操在袁绍的支持下把吕布赶出兖州，吕布没有选择撤往颍川，而是去了徐州，这里的主人刚刚从已故的陶谦换成了公孙瓒的部将刘备。

吕布从兖州撤往徐州之初，肯定觉得这是一个比撤往颍川更好的选择，因为颍川刚刚被牛辅、李傕、郭汜蹂躏过，土地贫困，人口稀少，而且夹在李傕、郭汜、袁绍、曹操等敌对势力的地盘之中。而原先统治徐州的陶谦是曹操的死敌，新的统治者刘备是袁术的盟友公孙瓒的部下，公孙瓒在北方势力庞大，足以依赖。袁术正在江淮地区大肆扩张，击杀扬州刺史陈温，其部将孙策又渡过长江，击败了袁绍任命的扬州刺史刘繇（已故兖州刺史刘岱的弟弟）。以当时的情况看，吕布如果去徐州，战略空间会比颍川大很多。

当兴平二年（195）七月关中大乱，汉献帝出发东奔时，第一目标本来是洛阳，而毗邻洛阳的颍川、陈留等地那时都在吕布势力的控制之下。这期间，汉献帝曾经给吕布加官晋爵，催促吕布立即来迎驾，而吕布后来也曾经上表，为自己未能及时来迎驾辩解，这些都是可以相互印证的材料，说明汉献帝君臣东迁的首要投奔对象确实是吕布。但是没想到，汉献帝一边走，吕布一边打败仗，等到汉献帝一行半年后抵达洛阳时，曹操的军队已经攻入颍川，吕布被彻底逐出了兖州，永远失去了迎接汉献帝的机会。这样，汉献帝君臣就在逃离凉州军阀的势力范围之后，不可避免地落入了袁绍、曹操、刘表集团的控制中，这完全违背了他们出发时的本意。

回到之前留下的问题，在赵岐奉旨东巡时，吕布已经与袁绍决裂。汉献帝任命吕布为颍川太守，就有将来东返洛阳时寻求吕布帮助的潜台词。赵岐向各地诸侯宣读《罢兵诏》，遭到不肯与曹操停战的徐州刺史陶谦拒绝，赵岐本来应该为此生气，但是他从中发现了机遇：和陶谦交战的曹操统治基础薄弱，统治区兖州又毗邻洛阳和颍川。为了让汉献帝东迁更加安全，需要帮吕布势力在洛阳以东做大，趁曹操和陶谦交战之机袭取兖州，显然是一着妙棋。于是，赵岐介绍吕布来陈留，和张邈、张超、臧洪、陈宫等对袁绍、曹操心存不满的兖州地方官员和豪强认识，双方基于共同的利益，一拍即合。同时，赵岐上书朝廷，为陶谦辩护，于是汉献帝不仅没有因为抗旨等罪行谴责陶谦，反而接待了陶谦的使团，并且给陶谦加官晋爵，让他更好地牵制住曹操。

所以，汉献帝东迁的真正计划是：支持袁术和吕布势力做大，将袁绍、曹操彻底逐出中原和华东，借口返回洛阳，摆脱凉州军阀的控制，尔后迁都陈留。别忘了，汉献帝本来就是陈留王。在袁术和吕布的支持下，汉献帝君臣可以真正获得政治、军事上的自主权，再联合公孙瓒、刘备等势力，讨伐一直在质疑汉献帝统治合法性的袁绍集团，最终重新统一中国。张邈、张超、臧洪、陈宫等兖州地方官员和豪强之所以能够一致下定决心背叛袁绍和曹操，迎接吕布，不仅是因为他们对袁绍和曹操早就心存不满，更是因为钦差大臣赵岐向他们开出了无法拒绝的条件：只要你们赶走曹操，迎接吕布，我就把汉献帝带到兖州来，迁都陈留。

在汉献帝君臣的策划下，陶谦继续与曹操交战，兖州官员则趁机集体背叛曹操，迎吕布入兖州。汉献帝君臣得知兖州已经落入吕布之手，便开始了东迁。但是，他们低估了李傕、郭汜和袁绍集团，等到汉献帝君臣一行在曹阳被李傕、郭汜军队追上击溃时，吕布也被袁绍和曹操赶出了兖州，兖州的吕布部下都被逐个消灭。于是，汉献帝君臣被迫躲到河东，陷入绝境。以袁绍和曹操的聪明，不会猜不出兖州之乱的幕后黑手是谁，所以在曹操攻占陈留时，赵岐便逃离了陈留，去洛阳投奔汉献帝，从此一直在躲避曹操，拒绝与他见面。

随着汉献帝东迁，几件惊天动地的大案接踵而来。

第十一案

袁术称帝案

（197 年）

案情

几经周折，曹操在把吕布赶出兖州以后不久，把汉献帝君臣带到了颍川郡许昌，在此安顿下来，建立了临时的中央政府，从此开始“挟天子以令诸侯”。此事历来都被当作曹操政治生涯中最英明也最重大的转机。可是，如果挟天子就能令诸侯，那么李傕、郭汜、张杨、韩暹等军阀就不会轻易放汉献帝东奔了。现实是，刚刚挟天子的曹操发现，诸侯并不怎么听自己的话。没过多久，一件震惊朝野的超级大案就递到了曹操的面前：

左将军领扬州牧袁术在寿春称尊。

袁术称的“尊号”究竟是什么，史籍中的说法并不统一。《后汉纪·孝献帝纪》与《后汉书·孝献帝纪》都说袁术称“天子”，《三国志·董二袁刘传》说袁术称“仲氏”，《后汉书·刘焉袁术吕布列传》说袁术称“仲家”，《汉末英雄记》说群臣尊袁术称“明上”。

分析

在这件疑案上，我们其实应该以权威的第一手资料为准。按照汉献帝给孙策的讨伐袁术诏书，袁术“擅自修建王宫，私拜三公九卿，郊祀天地”等罪状都是吕布在与袁术决裂以后向朝廷报告的，其中未必没有捏造夸大的情况。袁术的死对头曹操在其《述志令》（相当于曹操自传）一文中说：“袁术僭号于九江，下皆称臣，名门曰建号门，衣被皆为天子之制，两妇预争为皇后。志计已定，人有劝术使遂即帝位，露布天下，答言‘曹公尚在，未可也’。”这就证明袁术只是行为僭越，实际上未尝称皇帝，其妻也不曾称皇后。《后汉纪》与《后汉书》说袁术称帝或称天子，看来并不符合事实，而只是一种敌对势力的战争宣传。

看来，袁术自称的“尊号”，并不是“皇帝”或“天子”，而是“仲氏”，或称“仲家”。“氏”与“家”是一回事，“仲”的意思则是“第二”。袁术如果要称帝，那么又为何自称“老二”呢？如果他是老二，那么“老大”或“伯氏”又是谁呢？

只能是袁绍。

袁绍早在辅佐何进时期，就一直在迫害刘协（未来的汉献帝），刘协被董卓拥立为帝以后，袁绍组织讨董卓联军，又四处宣传刘协不是汉灵帝的亲生儿子，没有称帝合法性，因此袁绍和汉献帝的关系一直都非常敌对。汉献帝东奔洛阳，原本是为了投靠吕布和袁术，联合他们对抗袁绍，但是没想到，在他们东迁期间，吕布和袁术被袁绍集团逐出了兖州和豫州西部，导致汉献帝君臣被凉州军阀和袁绍集团包围，陷入粮荒，进退维谷。与袁绍相反，袁术一直是承认汉献帝地位的合法性的，他早早就派先锋苌奴率军去河东接驾，与此同时，肯定也在自己的首府寿春做好了接待汉献帝君臣的准备，例如修建皇宫、祭坛等等，并且举行过仪式彩排。可是随着战局失利，这些都用不上了。汉献帝落入曹操手中以后，袁术肯定估计汉献帝将被废黜并杀害，但毕竟尚未得到其死讯。在没有证实献帝死亡的前提下，袁术无论如何都不肯明目张胆地称帝。袁术对于自己将来能否战胜袁绍集团也没有把握，所以先称“仲氏”，万一将来战败了，就尊袁绍为“伯氏”，以求自保。曹操在《上言破袁绍》一文中也提到，袁绍的从弟、济阴太守袁叙给袁绍写信说："南兄（袁术）臣下欲使即位，南兄言：'以年则北兄（袁绍）长，以位则北兄重。'"更可见袁术根本没有称帝或称天子。

结论

从曹操等当事人撰写的第一手材料来看，袁术原本要迎接汉献帝来寿春，所以修建了皇宫祭坛，举行了仪式彩排。但随着战局失利，汉献帝落入袁绍集团手里，在197年春季，袁术预计献帝即将被袁绍和曹操废黜并杀害，于是放弃了这个计划。他肯定在新落成的皇宫里住过一段时间，也在仪式彩排上过了几次皇帝瘾，但是绝没有正式称帝，那些本来都是为迎接汉献帝准备的。如果袁绍和曹操真的废黜并杀害了汉献帝，袁绍自称皇帝，袁术就准备自己称帝，与之继续对抗；如果汉献帝没有被废黜，袁术就再做其他打算。袁绍和袁术这对都有篡位野心的兄弟无论谁先称帝，谁就会在社会舆论中处于不利地位，汉献帝因此得以保命。不过，袁绍和曹操控制住汉献帝以后，并不会放过袁术，而是操纵社会舆论批判袁术，无中生有地炮制出了"袁术称帝"这样一个冤案。

就在袁术筹备迎接汉献帝来寿春期间，李傕、郭汜派来向他宣读《罢兵诏》的太傅马日磾去世了。袁术本来想把马日磾的灵柩送回长安，但是送丧车队行动速度太慢，等到他们到达颍川时，曹操已经把汉献帝迎到了许昌。朝廷本打算按照老规矩，给位居上公的马日磾举办高规格葬礼，将作大匠孔融却上表反对，于是，朝廷取消了给马日磾举办葬礼的计划。

孔融如此积极地批判袁术和马日磾，并不是偶然的。我们知道，孔融本是著名党人，与袁绍、王允、蔡邕、边让等人都有交情，自幼与边让齐名，号称两神童。时人评论说，边让比孔融有条理，孔融比边让有文采。王允杀蔡邕、袁绍指使曹操和张邈杀边让，对孔融肯定是重大的打击，他闻讯以后，必然说过很多袁绍、曹操、王允的坏话。报复随之而来：袁绍立即派长子袁谭率军攻入孔融的领地青州，孔融被打得大败，妻子儿女都被袁谭俘虏。十二年后，孔融被曹操处决时，他的儿子年方九岁，女儿七岁，都是在他从青州逃至许昌之后出生的，可见他的妻子儿女很可能都被袁谭处死了。就当时的局势而言，孔融本应当去徐州投靠袁术、吕布、刘备，但是孔融一直看不起袁术，曾经对刘备说袁术是“冢中枯骨”，吕布和刘备这对欢喜冤家又刚刚反目成仇，正在激烈交战，导致孔融无路可走，不得不单骑逃到许昌，寻求汉献帝朝廷的庇护。袁绍闻讯以后，几次命令曹操处死孔融及其朋友杨彪、梁绍等大臣，曹操并未照做，但是也把杨彪当作袁术党羽逮捕下狱，严刑拷打以后才释放。孔融为了乞求曹操帮着他向袁绍求情保命，非常积极地批判袁绍、曹操的敌人，甚至还自告奋勇担任钦差大臣，去冀州封袁绍为大将军、邺侯，加九锡。

在孔融等人的大力宣传之下，袁术篡位称帝的假新闻像野火一样蔓延，很快就造成了严重的影响。吕布、孙策等将领纷纷表示与袁术划清界限，袁术原本虎踞东南三州的势力范围登时土崩瓦解。

第十二案

刘表祭天案

（197 年）

案情

袁术称帝案还在调查期间，从南方又传来一个几乎同样劲爆的大案：

镇南将军领荆州牧刘表在襄阳郊祀天地。

诸侯郊祀天地，在汉朝是十恶不赦的顶级罪行。明朝以后，中国老百姓都可以在家里摆个“天地君亲师”牌位祭祀，但是在宋朝以前，这样做是大逆不道，等同篡位造反。《礼记·曲礼下》明确记载：“天子祭天地，祭四方，祭山川，祭五祀，岁遍。诸侯方祀，祭山川，祭五祀，岁遍。大夫祭五祀，岁遍。士祭其先。凡祭，有其废之莫敢举也，有其举之莫敢废也。非其所祭而祭之，名曰淫祀。淫祀无福。”也就是说，只有皇帝本人才可以祭祀天地，作为地方诸侯，刘表只能祭祀荆州的地区性山川和户神、灶神、土神、门神、行神。如果诸侯祭祀天地，就意味着他要争夺天下的统治权了。

既然袁术称帝是冤案，那么刘表郊祀天地案的真实性又如何呢？

据裴松之引《零陵先贤传》记载，汉献帝东迁到许昌以后，刘表派别驾刘先前去觐见，曹操当面质问刘先：“刘牧如何郊天也？”刘先回答：“刘牧托汉室肺腑，处牧伯之位，而遭王道未平，群凶塞路，抱玉帛而无所聘俯，修章表而不获达御，是以郊天祀地，昭告赤诚。”等于承认了刘表郊祀天地的事实。

分析

在汉献帝东迁、频繁陷入粮荒的关键时刻，刘表坐拥中国最多的粮食储备，本来可以北上迎驾，却在此时干出郊祀天地的怪事，他究竟想干什么？

汉献帝东迁之前，对刘表非常尊崇，给予极高的待遇。李傕、郭汜执政以后，可能是觉得刘表曾经有将洛阳禁卫军指挥权交给董卓、杀孙坚、逐袁术等大功，对董卓集团算是忠诚，将他视为重要的盟友，封刘表为假节、镇南将军、荆州牧、成武侯。按照刘表的墓碑铭《刘镇南碑》记载，汉献帝当时还尊刘表为“伯父”，“并督交、扬、益三州”，允许开府，还授予他和三公平等的仪仗，“锡鼓吹大车”。

“锡鼓吹大车”不是一般的礼遇，它很容易让人想到汉朝大臣的最高荣誉——“九锡”。“九锡”来自《礼记·王制》中的“上公九命”，即九种赏赐，其中最重要的便是鼓吹等乐器和大车，其余还有衣服、兵器等。东汉末年，袁绍、曹操等权臣都曾经被授予九锡。汉献帝赐予刘表的，是完整的九锡，还是打折的“半九锡”，现在已经不得而知。但是，刘表当时在汉献帝朝廷眼中的地位之高，是毋庸置疑的。因此，汉献帝东迁，图谋投奔吕布和袁术未果，在洛阳、河内一带陷入粮荒之时，很自然地想到了南下荆州去投奔刘表。

于是，刘表此时接待了一位奇人——被汉献帝和董承派到荆州来的赵岐。

我们还记得，赵岐在陈留待了两年，在此期间当地便发生了叛曹操迎吕布的大案。曹操收复陈留时，赵岐立即离开陈留逃往洛阳，很明显是这场阴谋的重要参与者。在洛阳，赵岐觐见汉献帝后，看到粮荒十分严重，就自愿前往荆州，向刘表要粮。但是刘表的粮食还没运到洛阳，汉献帝就被曹操接到了许昌。

作为汉献帝坚定的支持者和曹操的死敌，赵岐肯定不愿意看到汉献帝落入曹操之手，然而由于原定来接驾的袁术和吕布势力纷纷战败，这已成既定事实。在这种局势下，赵岐只能另做打算。身为在世党人中年纪最大的一位（当时已经年近九十高龄），赵岐与阉党斗争了半个多世纪，绝不是个缺乏实践经验的书呆子。

赵岐积极策划兖州官员叛曹操迎吕布，即便有为汉献帝顺利东迁考虑的政治策略背景，也显得过于积极，其中似乎还掺着私人恩怨。

回顾历史，赵岐是资格最老的一位党人，也是被阉党迫害得最惨的一位党人，全家数十口亲属都被京兆尹唐玹、中常侍唐衡、司空唐珍兄弟杀害，赵岐长期遭到官府通缉，被迫隐姓埋名，四处流亡，直到唐家三兄弟都死了，才敢公开自己的身份。

然而，赵岐的死敌唐家还有亲属活在世间。可想而知，赵岐永远不会原谅他们。

和秦汉时期的大部分宦官一样，中常侍唐衡在净身入宫之前生育过子女。和另一位大宦官张让一样，唐衡也是颍川人，给他女儿当乘龙快婿的同样是一位颍川老乡。唐衡的这位女婿不是别人，正是曹操的头号助手荀彧。

原来，赵岐与荀彧是不共戴天的死对头。

儒家素来信奉“虽百世之仇可复”的“大复仇”信条，党人更是如此，荀彧要想求得赵岐的宽恕，就必须把妻子儿女都杀掉才行。荀彧下不了这个毒手，赵岐就要处心积虑地杀掉荀彧，但是这需要曹操配合。曹操只要不肯杀荀彧，就会变成赵岐的敌人。

所以，赵岐策划兖州官员叛曹操迎吕布，其实是公报私仇。难怪在吕布来袭时，兖州官员里除了曹操的亲戚，只有荀彧等少数几位官员为曹操死守城池。荀彧肯定很清楚，自己投降也没用，吕布一定会杀掉荀氏全家，替赵岐被唐衡杀害的赵家老幼报仇雪恨。

这样一来，情况就很清楚了：由于赵岐与荀彧家族不可调解的私仇，赵岐晚年一直在谋划如何毁掉荀彧，因为荀彧是曹操的军师，于是赵岐就策划了兖州官员叛曹操迎吕布的大阴谋。吕布败逃以后，赵岐也被迫离开陈留，以躲避曹操和荀彧的报复，他去荆州的本意，肯定是催刘表来迎汉献帝，不料被原本和汉献帝关系恶劣的曹操占了先。迎得汉献帝，对曹操既是机遇，也是挑战，因为曹操那时显然没有足够的粮食来供养汉献帝君臣，他的领地兖州和豫州北部在之前的战乱中都遭到极为严重的破坏，农业生产几乎停滞，粮食库存也濒临枯竭。当时粮食产量最大的地区，一是袁绍的冀州，二是刘表的荆州。所以，为了维持汉献帝朝廷的运转，曹操需要向袁绍、刘表等友好势力求助。但是，与其把粮食送给曹操来供养汉献帝，不如把汉献帝迎到自己身边来更为主动。袁绍与汉献帝关系向来紧张，不愿意把汉献帝接到自己身边来，而刘表就没有这方面的顾虑。利用经济手段，争取汉献帝离开曹操，南迁荆州投靠刘表，就成为赵岐唯一的选择。在赵岐的劝说下，刘表也和袁术一样，建造皇宫和祭坛，举办郊祀天地等仪式的彩排活动，准备迎接汉献帝君臣。这肯定会被政敌利用，来离间曹操和刘表这对盟友。

既然刘表郊祀天地罪行确凿，汉献帝于是命令百官讨论惩办刘表的方案，没想到这时孔融又跳出来，上书反对。

结论

袁术与刘表都被指控犯下僭越谋反的大罪，孔融批判袁术与马日磾，而不批判刘表，显然是双重标准，无以服人，更难以达到"巩固国防”的效果。如果说批判逆臣需要“投鼠忌器”，那么朝廷当初就不应该公开批判袁术与马日磾。时人评论孔融有文采而缺条理，不如边让的文章逻辑性强，看来一点都没说错。

孔融的前后两封奏章之所以会标准迥异，原因只有一个：马日磾是袁术的军师，袁术是袁绍的敌人，所以朝廷必须批判袁术与马日磾；刘表是袁绍的党羽，和曹操的关系原本也很好，曹操接纳汉献帝君臣以后，严重缺乏粮草，高度依赖刘表从荆州运输的物资补给，所以朝廷不能批判刘表。总之，凡是与袁绍为敌的，朝廷就必须批判；凡是与袁绍为友的，朝廷就绝不能批判。说到底，当时的许昌朝廷名义上由曹操领导，却在袁绍的实际控制之下。袁绍担任大将军，曹操担任司空的职务安排，也反映了两人的实际地位和权势。

然而，曹操在迎得汉献帝以后，自主权越来越大了。他和荀彧很清楚，许昌朝廷的经济命脉把握在刘表手里，而只要死敌赵岐还在刘表身边一天，就一天不会停止针对他们策划各种阴谋诡计。为了让朝廷过上安稳日子，他们这次不再听取孔融的意见，为了一劳永逸地除掉赵岐这个心腹大患，远征荆州势在必行。

不过，曹操想必知道，身为资深党人的刘表虽然经常以知识分子的面目示人，但是也当过很长时间的禁卫军司令，绝不是个软柿子。

即便是知识分子，被逼急了，也不一定好惹。

第十三案

祢衡击鼓骂曹案

（197 年）

案情

将汉献帝君臣迎到许昌以后，曹操立即发现，自己挟着天子，却连哪个诸侯都令不动，反而惹来一身的麻烦：

汉献帝先是封曹操为百官之首大将军，曹操则安排老领导袁绍当太尉，成全袁家“五世三公”的伟业。但是袁绍不接受，公开声称自己的地位不能在曹操之下。汉献帝为此专门下旨，批评袁绍傲慢自大，拥兵自重，目无朝廷，袁绍竟然反唇相讥。最后，曹操只好把大将军职务让给袁绍，自己改当没有兵权的司空。于是，曹操在原则上只能以兖州牧的身份指挥兖州老部下，无权直接指挥首都的禁卫军，为日后许昌几次爆发反曹操兵变埋下了隐患。

稳住了袁绍，曹操开始发动朝廷舆论批判袁术和刘表这两个有僭越行为的诸侯。袁术此时早已被曹操赶到了淮南，但刘表的地盘却离许昌很近，而且许昌朝廷仍然依赖荆州的粮食援助。更糟的是，荀彧的死对头赵岐在策划兖州官员叛曹操迎吕布以后，逃到了刘表身边，此人不除，曹操的统治永无宁日。于是，在征召赵岐来许昌的圣旨遭到拒绝以后，曹操调集兵力，扑向荆州。

出于战略考虑，他并没有直接宣布讨伐刘表，而是首先以阻拦进贡车队、图谋不轨为借口，打击刘表在荆州北部南阳郡的附庸势力张绣。这次出征本来挺顺利，197 年年初，张绣不战而降，但是很快发动兵变，夜袭曹营，曹操的战马被射杀，本人受伤，长子曹昂、侄子曹安民和卫队司令典韦都战死了。

曹操刚刚逃回许昌不久，许昌就发生了一件震惊朝野的事件，这就是著名的祢衡“击鼓骂曹”案。

祢衡是青州平原郡人，可能因为青徐黄巾暴动，逃到当时相对安定的荆州。汉献帝君臣定都许昌后不久，祢衡从荆州来到许昌，因为携带的名刺（名片）损毁，一度无人收留，但他对曹操手下的官员都非常蔑视，说陈群和司马朗都是“屠沽儿”，荀彧可以“借面吊丧”，赵融可以“监厨请客”。就这样，祢衡在许昌流浪了好几个月，直到孔融被袁谭赶出青州，逃到许昌，和祢衡结为好友，这才向曹操推荐了他。曹操起初非常重视祢衡，几度邀请他来家中赴宴，但祢衡一看见曹操就出言不逊，后来便发生了“裸身击鼓”和“举杖骂曹”两件事，令曹操备受屈辱（文学作品中的“击鼓骂曹”其实是把两件事合而为一了）。即便如此，曹操也不愿惩罚祢衡，只是将他送回荆州。回到荆州以后，祢衡一度还颇受重视，刘表委托他起草公文，但是祢衡很快又对刘表出言不逊，刘表无法忍受，就派他去辅佐江夏太守黄祖。当祢衡再度在酒席上辱骂黄祖时，被黄祖一怒之下处斩，时为 198 年，即汉献帝君臣抵达许昌的两年之后。

分析

祢衡是个令人困惑的人物：他击鼓骂曹时，曹操刚刚把汉献帝君臣迎到许昌，百废待兴，生活艰难，禁卫军还在卫将军董承的控制之下，随时可能反抗曹操。曹操迎汉献帝时，因为汉献帝君臣本意要投奔吕布和袁术，发生过几次小冲突，但是之后与汉献帝君臣基本上和睦相处，算不上大权独揽，官职仅仅是司空，居于大将军袁绍之下。原泰山太守应劭对曹操的父亲曹嵩全家在泰山被陶谦军队袭杀负有责任，事发后害怕曹操报复而投奔袁绍，曹操并未向袁绍要人，而袁绍竟然主动派应劭来许昌，指导曹操政府的礼仪制度改革，面对这样的羞辱，曹操也忍气吞声。为了给祢衡"击鼓骂曹"寻找合适的理由，《三国演义》等文艺作品不惜修改了"击鼓骂曹"事件发生的时间。事实上，祢衡"击鼓骂曹"时，曹操并无什么跋扈行为，经常在老领导袁绍的淫威之下委曲求全，根本没有骄傲无礼的本钱；《三国演义》中被祢衡羞辱的张辽等人当时也不是曹操的手下，反倒是曹操的敌人，等到张辽在 199 年投降曹操时，祢衡已经死了。

祢衡"击鼓骂曹"时，正值曹操的事业低谷，祢衡在文艺作品中攻击曹操的那些理由全都不存在。那么，祢衡为什么要一而再、再而三地辱骂曹操及其部下呢？

祢衡早年离开家乡，前往荆州，肯定是投奔了刘表。所以，祢衡离开荆州来许昌，应当并不是他的个人行为，而是刘表派他来的。作为刘表的使者，祢衡有充足的本钱来违抗曹操的命令，因为曹操当局此时粮食不能自给，高度依赖刘表的经济援助。这样看来，祢衡更像是一位贸易谈判代表，每天的工作就是与曹操及其部下谈判并核查荆州运往许昌的粮食援助数额，这肯定不是一个轻松的工作，必然伴随着不断的争吵，曹操想多要一点，祢衡想少给一点。既然是贸易谈判，大家都是为了公事，无论怎么争吵，曹操也不会惩罚祢衡。作为孔融的朋友，祢衡的政治立场肯定接近蔡邕、孔融、边让，所以才会有"大儿孔文举（孔融），小儿杨德祖（杨修），余子碌碌，莫足数也"的言论。蔡邕和边让被杀以后，祢衡肯定和孔融一样，对袁绍和曹操有负面看法，但是他仍然从荆州来许昌，并且在此滞留达一年左右，可见祢衡并不像文学作品描写的那样，是一个意气用事、心直口快的书呆子。如果祢衡真是这种性格，刘表不可能重用他。

但是，当曹操奉袁绍之命，对祢衡的朋友孔融、杨彪、梁绍等人下黑手时，双方的关系就恶化了。曹操最终没有处死孔融、杨彪、梁绍等人，很可能与祢衡的干涉有关。随后，曹操借口刘表的附庸张绣阻断粮食运输，率军进攻荆州北部，作为刘表的使者，祢衡必然要阻止此事，而此时的曹操完全有理由将祢衡作为敌对势力代表控制起来。更糟的是，曹操的这次出征遭到惨败，搭上了长子曹昂和猛将典韦的性命，“挟天子以令诸侯”变成了一个笑话。毫无疑问，张绣和祢衡的上司刘表对此负有责任，曹操回到许昌以后，肯定要质问和调查祢衡，祢衡也不会对曹操说什么客气话。鉴于“两国交兵，不杀来使”的古训，曹操将祢衡送回刘表处，等于现代国家驱逐对方大使，从此双方断绝友好关系。按照外交标准衡量，祢衡这次出使许昌之行虽然没有取得完全的胜利，却也堪称不辱使命，因此在返回荆州以后，刘表继续让他主持外交工作，但是曹操无法原谅刘表，几次交涉之后，谈判破裂，曹操再度起兵攻打荆州，为曹昂和典韦报仇。于是，刘表把外交的重点从曹操转移到孙策。

据《三国志·张顾诸葛步传》裴松之注引《典略》记载，刘表曾经亲自给孙策写信，把草稿给祢衡看，祢衡看后嘲笑说：“如是为欲使孙策帐下儿读之邪，将使张子布（张昭）见乎？”可见，祢衡一直在负责刘表集团的外交事务。随后，刘表将祢衡派到江夏太守黄祖处，显然是委派他与当时正在席卷江东、威胁江夏的孙策谈判，或是联合江东的反孙策势力，结果一无所获，祢衡因此失去了黄祖的信赖，最终被处死。祢衡刚死一年，孙策军就于 199 年扑向荆州，首先击破黄祖的长子黄射（祢衡生前的好友），随即围攻江夏。

结论

由此看来，祢衡“击鼓骂曹”，并非因为他疾恶如仇，也算不上有前瞻性，被他辱骂的曹操当时尚未独揽大权、觊觎皇位，最多就是奉上司袁绍之命，以司空的身份，偶尔“陷害忠良”而已，但是程度并不严重，怎么看都够不上“奸臣”的标准。所以，“击鼓骂曹”只不过是祢衡作为外交使节，与谈判对象展开的“坦诚深入的交流”。

从宛城败退回许昌的曹操不仅要忍受祢衡的辱骂，还要遭受妻子丁夫人的抱怨。战死的长子曹昂是曹操原配刘夫人所生，刘夫人早逝以后，由曹操的续弦丁夫人抚养。丁夫人没有孩子，与已故的刘夫人又没有矛盾，所以拿曹昂当亲生儿子养。此外，曹昂有个同母弟曹铄，情况与曹昂类似，同样在建安初年突然死去，可能与兄长一样战死，此人可能也是丁夫人抚养的。得知曹昂战死，连尸体都找不回来，而曹操无法为曹昂报仇，丁夫人极为愤怒，与曹操多次大闹，最后回了娘家。过了一阵，曹操亲自去丁家请丁夫人回来，丁夫人却一直低头织布，丝毫不搭理曹操，曹操反复劝说无效，最终同意与丁夫人离婚，并让丁家把丁夫人嫁给别人，但丁家不敢。

上述曹操离婚的事情经过出自《魏略》的记载，这本书的作者是魏国的郎中鱼豢，其政治立场比魏国的官方史书《魏书》公正一些，但是内容不够全面。对于曹操离婚，《魏书》等史料都避而不提，《三国志》也只说了一句“建安中，丁夫人废”，唯独《魏略》比较详细地讲了事情的来龙去脉。综观事件前后双方的言行，《魏略》所谓“太祖忿之，遣归家……遂与绝”，恐怕有替曹操“为尊者讳”的掩饰成分。从事件细节来看，首先提出离婚的不像是曹操，而更像是丁夫人在得知养子曹昂战死以后，与曹操长期争吵，最终主动回了娘家，并且拒绝了曹操的复婚请求。对于曹操来说，这次离婚应该是巨大的羞辱，但他心中却一直感到愧疚，临终前曾经叹息说：“我前后行意，于心未曾有所负也。假令死而有灵，子脩若问‘我母所在’，我将何辞以答？”

换句话说，曹操在出任国家领导人级别的“三公”司空，开始“挟天子以令诸侯”以后，居然被自己的妻子休了，而且争取复婚的努力也失败了。这对曹操是极为丢脸的人生经历，因此曹魏正史才会对此避而不提。然而，这次离婚有着深远的影响，如果没有这次离婚，曹丕、曹彰、曹植、曹熊四兄弟无论有多大本事，都未必能走到历史舞台的聚光灯下，因为他们的母亲卞氏本来只是曹操的小妾，所以他们的身份原本是没有身份和财产继承权的庶子，直到曹操与丁夫人复婚失败，违背“勿以妾为妻”的古代礼法，立小妾卞氏为正妻，卞氏的四个儿子曹丕、曹彰、曹植、曹熊才获得嫡子的名分。

197 年春的曹操祸不单行：从宛城撤回许昌时，袁绍给曹操来信，让他把汉献帝带到兖州北部的鄄城来。鄄城曾是曹操的大本营，也是吕布来袭时仍忠于曹操的三个县之一，但此时袁绍刚刚在鄄城附近打下叛变袁绍的东郡太守臧洪，鄄城显然在袁绍的直接控制之下。袁绍此信的意思是，你曹操挟天子也令不了诸侯，还差点赔上全家性命，不如把天子交给我，我将对汉献帝另行发落。曹操不肯，与荀彧商量对付袁绍，袁曹双方关系开始恶化。此时，曹操对内被妻子休弃，对外被祢衡当众辱骂，成为全社会的大笑柄，反倒让袁绍暂时对曹操放松戒心，转而去对付一位当时看上去比曹操更危险的部下。

第十四案

袁绍杀鞠义案

（198年或199年）

案情

派老部下曹操把汉献帝迎到许昌以后，袁绍已经基本上统一了华北。此时，袁术、吕布、刘备等几个袁绍的老对手都被赶到华东，随即陷入严重的内讧，凉州军阀又全面瓦解，但是袁绍集团内部却不断发生张邈、臧洪等叛乱，曹操又拒绝将汉献帝送到鄄城来。因此，袁绍将工作重心从打击董卓、公孙瓒和袁术等敌对势力，转到防止部下叛乱上去。看到几个儿子和外甥都已经逐渐成年，袁绍决定授予他们较大的权力，到地方上去取代那些已经没有太多利用价值，而且政治立场不坚定的老部下们。

曹昂在宛城战死时，曹操连一个成年的儿子都没有，年纪最大的次子曹丕只有十虚岁。而袁绍此时已经有了三个成年的儿子，其中，长子袁谭被誉为德才兼备，次子袁熙较为平庸（可能是小妾生的庶子，没有什么竞争力），三子袁尚则被公认为容貌俊美。由于袁绍年轻时极为罕见地服了六年之丧（名义上是在为母亲服丧三年以后，再为袁绍刚出生就去世的继父袁成服丧三年，实际上可能是借此躲避党锢之祸），服丧期间不允许生育，袁谭和袁熙比三弟袁尚的年龄大许多，自然无法与小弟“拼颜值”。前文说过，袁绍的原配妻子来自李膺家族，李氏死后袁绍又续弦刘氏，袁谭、袁熙与袁尚属于同父异母。袁绍和刘氏生下袁尚以后，自然偏爱袁尚，袁谭和袁熙逐渐失宠，袁绍最终决定立袁尚为自己的继承人。

然而，废长立幼严重违反儒家宗法，让袁绍和刘氏非常头疼。后来，他们想出了一个妙招：袁绍仿效亲生父亲袁逢把自己过继给已故兄长袁成的做法，别有用心地将长子袁谭过继给被董卓杀害的兄长袁基为继承人，这样袁尚就成了第一顺位的嫡子（东汉的正常做法是过继次子，长子被过继的情况非常罕见）。袁谭出继伯父，公开称袁绍为“叔父”，自此丧失了袁绍继承人的资格。正巧青州刺史李整去世，袁绍便以“孤欲令四儿各据一州，以观其能”的理由，委托曹操拜时任青州都督的袁谭为青州刺史，后来又拜袁熙为幽州刺史，外甥高干为并州刺史，独留袁尚在冀州身边培养。

198 年左右，袁绍突然改变了以往“用人唯贤”的人事原则，赤裸裸地搞起了“用人唯亲”的家族政治。究其原因，一是当时形势大好，袁绍无须过多顾忌他人的看法；二是袁绍年事已高。如果袁绍生于本初元年（146），那么在 198 年，他已经五十三虚岁。袁绍积极筹备继承人事宜，说明他对于自己的身体状况已经有了担忧，而不完全是因为后妻刘氏的枕头风。此外，在袁绍的老部下中，张邈、臧洪等人公开造反，曹操、刘表等人也逐渐开始各行其是，周边的吕布、刘备、张杨、孙策等势力更是叛服无常，迫使袁绍搞起了“用人唯亲”的家族政治。但是这样一来，袁绍的很多老部下不免就有意见了。

尽管在民间文艺作品里，颜良、文丑、张郃、高览被誉为“河北四庭柱”，但是直到 198 年，史书上都未曾出现过这四位将领的姓名，显然属于袁绍军中的“小字辈”。这以前，袁绍军中的名将包括王匡、张杨、臧洪、曹操、周昂、吕布、麴义、刘和、李整、陶升、淳于琼、崔巨业等等，但是到了 198 年，他们中有的死，有的叛，袁绍此时能够直接指挥的老资格将领，只剩下麴义、刘和、淳于琼三人。在这种情况下，袁绍大量起用颜良、文丑、张郃、高览等新生代武将。于是，袁军老资格将领的地位遭到冲击，向上晋升的空间被袁谭、袁熙、高干等“关系户”堵住，新生代武将又不断晋升，与其形成竞争，他们不免怨气冲天。

在麹义、刘和、淳于琼三位老将之中，淳于琼的地位最稳固，因为他早在汉灵帝晚年组建“西园八校尉”时就是袁绍的老同事了，此后长期跟随袁绍，又是“颍川帮”的领袖，树大根深，无须为自己的地位忧虑。麹义与刘和的情况则不同，他们两人在袁绍阵营中的地位起伏不定，这种关系最终酿成了严重的内讧。

据《汉末英雄记》记载，198 年或 199 年，麹义因居功自傲被袁绍所杀，麹义的部下也被袁绍收编。另据《汉晋春秋》转录的袁绍致公孙瓒的劝降书所说，“前以西山陆梁，出兵平讨，会麹义余残畏诛逃命，故遂住大军分兵扑荡，此兵孤之前行，乃界桥搴旗拔垒，先登制敌者也。始闻足下镌金纡紫，命以元帅，谓当因兹奋发，以报孟明之耻，是故战夫引领，竦望旌旆，怪遂含光匿影，寂尔无闻，卒臻屠灭，相为惜之”。可见，麹义被杀以后，他的许多部下逃入太行山，投奔张燕、张杨等袁绍的宿敌，公孙瓒也派出使节去联络他们。但是由于袁绍势力太大，这几支势力未能及时救援，最终麹义残部被袁绍全部歼灭。

分析

对比《三国志》《后汉书》等正史和《三国演义》，麹义可能是被《三国演义》矮化得最严重的两位武将之一（另一位是徐荣）。在《三国演义》里，麹义刚刚在界桥打败公孙瓒，就被赶来救公孙瓒的赵云刺死，从此黯然谢幕。事实上，麹义一直都是袁绍集团的头号大将，地位不仅远高于颜良、文丑、张郃、高览等小字辈，甚至长期高于曹操等人。赵云在界桥之战等历次战斗中都属于麹义的手下败将之一，后来干脆借口回老家奔丧，离开公孙瓒到邺城投降袁绍。可是，就在公孙瓒、袁术、吕布和张燕等宿敌即将败亡之时，袁绍突然把自己的这位首席名将杀了。究其原因，肯定不只是因为麴义“居功自傲”。

据《汉末英雄记》记载，在193年年初，袁绍军中曾经发生过一起比吕布袭兖州更加严重的叛乱，起因是麴义因屡立战功却未得重赏，对袁绍有意见，转而勾结黑山军领袖张燕。当袁绍出征公孙瓒时，麴义的部下打开邺城的城门，放黑山军进入，杀害太守栗成，占据了袁绍的大本营。所幸黑山军将领陶升临阵反叛，将袁绍等人的家眷送到斥丘，这样刘氏、袁谭、袁熙、袁尚等人才得以保住性命。在新加盟的吕布军协助下，袁绍很快打败了黑山军，收复邺城，并质问麴义，麴义解释说是部下擅自哗变，自己并没有参与。袁绍本想当场清算麴义，后来考虑到天下未定，顾全大局起见，便赦免了麴义，但是从此对他处处提防。

那么，麴义及其部下真的是因为“自恃功高，未得重赏，且出于凉州，心不自安”，才策划背叛袁绍的吗？

首先，麴义的功劳之大，在袁绍阵营中无出其右。当袁绍在河内被韩馥所困，众叛亲离，粮食断绝，几乎崩溃的危急时刻，是麴义的加入，才让袁绍坚持下来，等到曹操和周昂兄弟的援军抵达以后，迅速反败为胜，逼韩馥让出冀州，此后麴义更是直接指挥了界桥、内黄、鲍丘等一系列大捷，战功远远超过袁绍集团的其他将领。如果拿袁绍比作刘邦、刘秀，那么麴义完全可比韩信、吴汉。可是，袁绍将王匡、张杨、臧洪、曹操、周昂、吕布、李整等其他麾下将领都封了刺史或太守，唯独麴义仍然只是个将军，没有自己的地盘，处处受制于人。如果论功劳，周昂刚到河内几个月，就被袁绍封为豫州刺史，袁绍还为了帮周昂抢地盘，与孙坚、袁术、公孙瓒大打出手；李整只是打败过吕布一次，协助曹操收复了几座县城，也被封为青州刺史。这些人的功劳显然远不及麴义。反观公孙瓒，刚刚与袁绍决裂，就任命严纲为冀州刺史，田楷为青州刺史，单经为兖州刺史，对前来投奔自己的袁绍部下不吝奖赏。

其次，麴义及其部下都是凉州人，而自从袁绍组织讨董卓联军，特别是袁绍的家属被董卓杀害以后，袁绍与凉州人关系恶劣是众所周知的事实。李傕、郭汜之所以拒绝接受王允的劝降，也不肯投靠袁绍和袁术，而是孤注一掷地从陈留向长安反扑，主要原因就在于此。作为袁绍阵营中仅有的一支凉州部队，麴义及其部下肯定会经常感觉不自在。

那么，袁绍为什么要对麴义功高不赏呢？难道仅仅因为麴义及其部下是凉州人吗？

原因肯定不这么简单。

首先，汉末刺史或太守都属于拥有行政和财政权的地方官，本人必须识字，而麴义出自凉州，当地人大多是汉武帝以来迁居凉州的军人后裔，受教育水平远比内地低，多数人都不怎么识字，所以麴义大概率是文盲。同样，董卓军名将胡轸、牛辅、李傕、郭汜等人虽然一直很受领导欣赏，却始终只是担任将军或校尉，与刺史、太守等地方官无缘。这就是刘邦当年面对的问题：你可以依赖文盲打天下，但是没法依赖文盲治天下。所以，袁绍可以名正言顺地拒绝麴义担任地方官的诉求，而把这些肥差交给功劳远不如麴义的臧洪、周昂、李整等人。毕竟，汉朝的文盲率相当高，像董卓、曹操、孙坚、吕布这样的文武全才并不多见。

其次，袁绍对麴义并不太放心，因为麴义既没有“政治正确”的党人背景，又是从韩馥手下叛逃过来的势力，他既然能够背叛韩馥，也可以背叛袁绍，而且还是凉州人，极可能本是董卓派来辅佐韩馥对付袁绍的，所以袁绍一直不太信任麴义，邺城兵变以后更是如此。

麴义的部下发动邺城兵变，既有对袁绍给他们的待遇不满的内因，也有重要的外因。

据《汉末英雄记》记载，邺城兵变之后，袁绍在反击黑山军的过程中，不仅杀死了于毒等黑山军领袖，更是引人注目地杀死了“长安所署冀州牧壶寿”。当时的长安正由李傕、郭汜统治，壶寿可能是他们任命的，也可能是董卓临死前任命的，代表着凉州军阀的利益，在韩馥让位以后，来与袁绍争夺冀州。既然如此，壶寿怎么会跑到黑山军那里去了呢？黑山军难道不是反政府武装吗？

我们时刻不能忘记，汉末三国的正史，大多是由曹操、刘备、孙权这三个最终的胜利者集团撰写的，代表着他们的利益。而直到 198 年之前，曹操一直追随袁绍行动，因此多次攻击袁绍的死敌黑山军（曹操的东郡太守职务正是因此而来）。黑山军的反政府武装性质，是袁绍、曹操集团设定的，不代表当时东汉政府的态度。事实上，在当时的汉献帝朝廷看来，袁绍、曹操集团才是非法割据的伪政权。至于黑山军，前文说过，早在 188 年，黑山军领袖张燕就被朝廷招安，张燕本人还被汉灵帝任命为平难中郎将，其部下也随之被改组为禁卫军的一部分，甚至还有资格像其他地方官一样，每年向中央推荐孝廉人选。到 193 年的邺城兵变为止，黑山军已经被正式改组为东汉禁卫军达五年之久，原黑山军领袖张燕等人也当了五年的禁卫军军官，而且他们的职务是汉灵帝任命的，合法性毋庸置疑。以五年前的老名称“黑山军”称呼他们，纯属袁绍、曹操等敌人的污蔑。

既然所谓的“黑山军”其实是正规的东汉禁卫军，那么冀州牧壶寿在离开长安之后，首先带着圣旨去与“黑山军”会合，就合情合理了。在张燕、于毒等并州禁卫军将领看来，他们当然要服从皇帝，而当时中国只有一位合法的皇帝，即长安的汉献帝。所以，他们袭击冀州，其实是奉汉献帝圣旨，辅佐合法的冀州牧壶寿，驱逐非法割据的伪冀州牧袁绍。袁绍一旦垮台，袁绍任命的曹操、李整等伪刺史、伪太守们自然将土崩瓦解。所以，袁绍、曹操宁可先放过宿敌公孙瓒、袁术，也要竭尽全力反击“黑山军”，而刚刚逃离长安的吕布也将破天荒地跟随袁绍讨伐“黑山军”——吕布和张燕、于毒并没有私仇，但是他知道，打击“黑山军”，就是打击死敌李傕、郭汜的长安政府。

当代表凉州军阀利益的壶寿率领并州禁卫军逼近冀州时，他们当然希望在冀州寻找内援，而这支内援是明摆着的——麴义。麴义及其凉州部下在袁绍集团内部过得不尽如人意，再加上思乡之情，自然乐得同壶寿合作。作为凉州军人，跟随李傕、郭汜显然是更有前途的选择。于是，便爆发了趁袁绍外出，引“黑山军”进邺城的惊世兵变。

作为东汉禁卫军，“黑山军”显然纪律严明，并没有对邺城造成严重的破坏，甚至主动释放了袁绍等人的家属。但是，袁绍并不会因此就对敌人手下留情。凭借压倒性的人力和经济优势，袁绍很快扭转了局面，将敌军包围并歼灭在峡谷中，壶寿、于毒等朝廷命官都被杀害。就这样，李傕、郭汜反攻袁绍的计划彻底破产，最终导致了关中经济崩溃，汉献帝东迁，试图投奔吕布和袁术。

邺城兵变以后，袁绍本来想立即除掉麴义这颗定时炸弹，但是顾全大局，暂时放过了他。不过，从此以后，麴义及其部下的权利待遇无疑遭到削减，而且经常被派去干脏活累活。为了给自己和部下争取利益，麴义不得不公开列举一些以往的功劳，因此很容易被袁绍指责为“居功自傲”。袁绍有理由认为，即便麴义几次在战场上救过自己，自己也拯救过麴义的政治生命，在这么多次的争吵和宽恕之后，双方已经两不相欠。

敲响麴义丧钟的，是袁绍的死对头公孙瓒。袁绍留着麴义，是因为公孙瓒、袁术、吕布等宿敌的军事力量还强，而麴义军在战场上所向披靡。但是，当公孙瓒放弃野战，龟缩进易京，袁术众叛亲离，与吕布、刘备打得三败俱伤以后，特别是在麴义与刘和长期围攻易京失利之后，对于袁绍来说，这支擅长野战而非攻坚的精锐之师就没有太多利用价值了。

刘和，这位在幽州广受欢迎的将领，成了袁绍对麴义痛下杀手的导火索。

刘和的父亲是太尉领幽州牧刘虞，袁绍和韩馥曾经试图拥立刘虞做皇帝，后来刘虞被公孙瓒所杀。刘和起初在长安当官，汉献帝东奔时曾秘密派刘和返回幽州，请刘虞来接驾。可是，刘和的行动过于引人注目，在途中先后被袁术和袁绍当作人质扣留，直到从幽州传来了刘虞的死讯（刘虞起兵攻打公孙瓒，可能就是因为袁绍控制了他的爱子刘和，逼他与公孙瓒决裂）。此后，袁绍释放了刘和，让他招揽并统率幽州的刘虞旧部。从此，刘和多次与麴义联手，在鲍丘等地歼灭了公孙瓒的野战军，将其包围在易京，但是由于缺乏对付这种新型防御工程体系的攻坚经验，失利撤兵。

袁绍既然长期否定汉献帝的合法性，曾经策划拥立刘和的父亲刘虞做皇帝，当刘虞被公孙瓒杀害以后，让刘和当皇帝就成了下一个选项。197年，袁绍让曹操把汉献帝从许昌转移到鄄城，“当有所立”时，刘和肯定跃跃欲试。但是，刘和能力太强，在军队中影响太大，一旦当了皇帝，肯定不甘心只做袁绍的傀儡。而一旦刘和当了皇帝，他的老战友麹义必然获得重用，不会像曹操那样，连续多年甘居袁绍之下。

对于198年的袁绍而言，比起汉献帝、曹操这对组合，麹义、刘和组合显然更加危险，它与袁绍本人的利益冲突更加严重。毕竟，袁绍多年来策划屠杀宦官、消灭外戚、火烧洛阳皇宫、讨伐董卓等决策的“本初”目的，就是要自己当皇帝。

至此，袁绍别无选择。他以“居功自傲”的罪名杀了头号名将麹义，并屠杀了麹义的凉州部下，刘和也同时从史书中消失了。从此，刘和的部将阎柔、鲜于辅等人怀着对袁绍的刻骨仇恨默默隐忍，在未来的官渡战场上，他们将突然从背后给予袁绍致命的一击。

刘和这位皇位竞争者的死亡，意味着汉献帝不再可有可无，而是终于修炼成了举世公认的汉朝皇帝。从袁绍的角度来看，刘和死后，许昌的小朝廷突然变得举足轻重，有必要亲自加以控制。但是，有一个人不同意，并且敢于公开和袁绍唱反调。

曹操，袁绍二十多年来最忠诚的部下，为袁绍奉献了大部分亲友的生命，却最终发现，袁绍正在把自己逼向死角。汉献帝更是长期遭到袁绍的污蔑和攻击，多次险些被袁绍颠覆，绝对不愿意落入袁绍之手。所以，曹操此时只有两个选择：

如果曹操不做抵抗，把汉献帝君臣交给袁绍，而汉献帝遭遇不测，曹操必然会被袁绍当作替罪羊抛出，身败名裂，在史书中作为弑君者遗臭万年，亲友和部属恐怕也会惨遭屠灭；

如果曹操抵抗，不把汉献帝君臣交给袁绍，必然遭到袁绍的讨伐，而且几乎没有胜算，因为曹操的大多数部下是袁绍任命的，随时可能反叛，而此时曹操周围又全是死对头——袁术、吕布、刘备、刘表、张绣，他们中的一些势力虽然与袁绍为敌，但是与曹操同样有仇，完全无法信任。这样看来，曹操无论怎样都已经注定了败亡的结局。

或者，曹操还可以奋力一搏，迅速消灭这些讨厌的对手，然后汇集各方面力量，来迎接和旧主袁绍的大决战。毕竟，他还有一点时间。和正史中曹操谋士们言之凿凿的“四胜”和“十胜”理论不同，曹操此时真正的机会在于：麹义死了，袁术、公孙瓒和吕布还活着。趁着袁绍镇压麹义余部、围攻公孙瓒的机会，曹操可以继续向袁绍借兵，去讨伐袁绍的老对手袁术和吕布，壮大自身势力。如果曹操的动作足够快，甚至可能趁着袁绍围攻公孙瓒之机，效法壶寿，北渡黄河，联合黑山军袭击邺城，一举摧毁袁绍的老巢。

结论

如果袁绍没有杀掉麹义与刘和，严重削弱了自身实力，曹操未必有信心立即与袁绍公开对抗。

创造奇迹的人，都是被局势逼出来的，曹操也不例外。

至于被袁绍处死的麹义，此时虽然已经盖棺，却难以定论。他的历史地位，并不完全由他生前的功业决定，而要由袁绍未来的成就决定。如果袁绍最终统一了中国，并建立了新的皇朝，麹义的历史地位必然会被拔高，但是形象可能会被丑化。由于袁绍集团最终失败了，集团的大部分成员都遭到史书的矮化甚至忽视，在文学作品里更是如此。同样的情况也发生在董卓麾下大将徐荣身上，先后把曹操和孙坚打得惨败的他，却并未获得史书的青睐。

在《三国演义》里，麹义和徐荣都是刚打完胜仗，就被敌军中一位广受欢迎的将军刺杀（麹义被赵云刺杀，徐荣被夏侯惇刺杀），而事实上，麹义和徐荣还要再活上好几年，打上许多场胜仗，最终死于非军事原因。麹义和徐荣败亡后又遭到文艺作品矮化的主要原因，是他们跟错了人。麹义是凉州人，本应跟随董卓，却在被派去辅佐韩馥打压董卓的死敌袁绍时，背叛韩馥跟随袁绍；徐荣是幽州人，本应跟随刘虞和公孙瓒，却跟随董卓。结果，这两位职业军人长年身处一个敌视自己老乡的集团内部，天长日久，必然成为众矢之的，最终与同事矛盾激化，尚未完全施展自己绝世的军事才华，便抱恨而死。

生逢乱世，政治嗅觉往往比军事才华重要得多。麹义尸骨未寒，另一位汉末名将也因为在政治上做出了错误的选择，将自己逼上了绝路。

第十五案

曹操杀吕布案

（199 年）

案情

袁绍和袁术兄弟一直都在汉末中国历史舞台上唱主角，但是到了 199 年，情况发生了根本性的改变——曾经称霸中原多年的袁术集团突然彻底崩溃了。袁术集团的几大势力之中，公孙瓒被袁绍包围在易京，吕布被曹操和刘备包围在下邳，孙策、陈兰等背叛了袁术，袁术本人在淮河边徘徊，连粮食供给都无法保证，部下每天都在逃亡。

199 年 2 月，袁术集团的第一块多米诺骨牌终于倒下了：曹操军终于攻破下邳，吕布军并未进行坚决的抵抗，所有将领官员无一阵亡或自杀，全部被俘。对于之后发生的事件，《三国志·吕布张邈臧洪传》是这样记载的：

吕布被俘以后，说："捆得太紧了，请松一点。"曹操回答："捆老虎，不能不紧一点。"吕布恳求说："明公担心的不过是吕布，现在吕布已经臣服了，天下没什么可担忧的。明公带步兵，吕布带骑兵，天下很容易安定。"曹操面露犹豫之色。刘备发言说："明公没见过吕布是怎么侍奉丁原和董太师的吗？"

曹操点头。吕布于是指着刘备骂道："这小子是最没有信用的！"于是曹操下令绞死吕布，吕布与陈宫、高顺等人的首级都被砍下来送到许昌，然后安葬。

《献帝春秋》对此的记载更为详细一些：

吕布问曹操："明公怎么瘦了？"曹操说："您怎么认识我？"吕布回答："以前在洛阳温氏园聚会时见过。"曹操说："是啊，我忘了。之所以现在瘦，是因为一直没抓到您啊。"吕布说："齐桓公不记射钩之仇，任命管仲当相国，所以称霸；现在让我吕布竭股肱之力，给明公当前锋，可以吗？"吕布被捆得很紧，对刘备说："玄德，您是座上客，我是阶下囚，不能说句话让人给我松绑吗？"曹操笑道："为什么不直接跟我说，却去求玄德啊？"想要宽恕吕布，让左右松绑。主簿王必发言说："吕布是强悍的敌人，他的旧部近在营外，不能宽恕。"曹操于是对吕布说："本来想宽恕您，主簿不同意，怎么办？"于是处死了吕布。

综合两种史料，吕布被俘以后，和曹操进行了亲切友好的对话，表达了自己投降曹操，为曹操带兵打仗的愿望，曹操也有意释放吕布。但是，刘备和王必等人都表示反对，曹操最终下令将吕布处死。

但是，吕布之死恐怕不这么简单，因为吕布的部下陈宫、高顺等人也都同时被杀，而且此前被曹操俘虏的成廉，以及抓捕吕布投降曹操的魏续、侯成、宋宪等将领从此全部在史料中失踪（《三国演义》安排魏续与宋宪在白马之战中被颜良斩杀，并不符合史实）。除陈宫以外，其余人员甚至没有经过正式审讯和劝降的程序，就喋血刑场了。得到赦免的吕布部下，除了陈纪、陈群、袁涣、毕谌等没有兵权的文官以外，只有吕布被俘之前就投降曹操的陈登、张辽，顶多再加上臧霸等曾经一度效忠于吕布，但是在决战时袖手旁观的泰山土匪。除这几人以外，吕布的其他部下再也没有在史料中出现过。可见，这场审判其实是一场对吕布集团的毁灭性大屠杀。刘备和王必等人即便出于因私或因公的各种理由，意图阻止曹操赦免吕布本人，也不至于建议曹操将吕布的全体部下将领都处死。

分析

以常理而言，屠杀整个吕布集团显然不符合曹操的利益。即便吕布本人反复无常，过于危险，难以宽恕，更加合适的做法也是“诛其首恶，其余不问”。可是，曹操犹豫再三，最后还是下达了冷酷的斩草除根屠杀令，消灭了整个吕布集团。原始史料声称，这是刘备和王必劝谏的结果。可是，在此前后，刘备和王必都不曾对曹操有过这么大的影响力。那么，曹操为什么要做出这一既违背自己的现实利益，又违背自己的感情判断的命令呢？

在前文中，我们一再看到，只要曹操的人生中出现难以理解的怪事，总是离不开一个人——他的老上司袁绍。为了执行袁绍的指示，曹操已经多次做出过违背本人、本家族、本集团利益的怪事。曹操在 199 年初屠杀整个吕布集团，还与袁绍有关吗？

让我们来回顾一下之前的几桩历史悬案：189 年，袁绍、袁术兄弟在屠灭宦官、火烧洛阳皇宫之后，本来已经把朝廷牢牢地控制在了自己手里，即便董卓一度在北邙山迎得汉少帝兄弟，但是几个小时后就乖乖地把他们送回洛阳城，交给袁氏家族，自己撤到西郊的显阳苑休养。可是就在此时，吕布刺杀执金吾丁原，与董旻一同投靠董卓，导致洛阳禁卫军集体哗变，背袁奔董，迫使袁绍连夜带领袁术、卢植、曹操、刘备、关羽、张飞、逢纪、许攸等部下逃离洛阳。所以，袁绍永远都不会原谅吕布。

君子报仇，十年不晚。从 189 年年底吕布刺丁原投董卓，到 199 年初吕布被曹操和刘备包围在下邳城，整整过去了十个年头。这期间，吕布曾经努力争取过袁绍的谅解：他刺杀了董卓，来投奔袁绍，还帮助后院失火的袁绍打败了壶寿、于毒，收复了邺城大本营。然而，在大局安定之后，袁绍仍然向吕布下了黑手。据《汉末英雄记》记载，吕布后来因此对刘备感叹：“吕布看到关东诸侯起兵讨董卓，就杀掉董卓东行，没想到关东诸侯没有感谢吕布的，都想杀吕布。”在摆脱袁绍的追杀以后，为了报复袁绍，吕布袭击了袁绍部下曹操的兖州领地，并且几乎消灭曹操。但是事与愿违，吕布很快被袁绍和曹操逐出兖州，逃往徐州，与东迁的汉献帝君臣擦肩而过，错过了挟天子以令诸侯的天赐良机。在与临时盟友刘备反目成仇以后，吕布发现自己被逼入了绝境。

袁绍、曹操、刘备都和吕布有仇，其中最不记仇的是曹操，曾经多次宽恕过得罪自己的人。所以，在下邳白门楼上，唯一想要赦免吕布的正是曹操本人。曹操杀吕布，可以解释为局势所迫，而且要给刘备等在场的吕布仇人一个交代；那么，杀陈宫、高顺、侯成等人，又做何解释呢？

曹操以往同吕布的交战都是互有攻守，但是下邳之战却截然不同，吕布集团一开始就表现得士气低落，吕布向来倚重的广陵太守陈登和先锋张辽居然都主动投降。吕布本人以擅长野战闻名，却不敢出城救援部下，只是为了向袁术求援，才亲自背着袁术索要的女儿，率领一千多骑兵出城突围，很快便被击退，从此一蹶不振。袁术尽管随后派来了援军，却也只是远远观望，根本不敢参战。汉末第一勇将吕布及其训练有素的部下在这场生死之战中，何以表现得如此被动呢？

原来，这次出动的曹军数量异乎寻常的庞大。须知，曹操当时的官职仅仅是司空领兖州牧，兵权还比较有限，即便加上豫州牧刘备，也不过两个州的兵力，不大可能把吕布和袁术都吓成这样。（名义上，曹操此时还能控制长安、洛阳所属的司隶校尉部，但是他任命的司隶校尉钟繇此时刚刚上任，正忙着与马腾、韩遂等凉州军阀交涉，没有派军队支援曹操东征吕布的条件，也没有这方面的记载。）要调动更多的兵力，他们必须求助于大将军袁绍。只有袁绍派来援军，曹操和刘备才能拥有彻底压倒吕布、袁术的军事实力。作为曹操长期的宗主，袁绍曾经屡次对曹操提供类似的军事援助。正如《三国志·张乐于张徐传》记载的那样：清河人朱灵本是袁绍部将。曹操讨伐陶谦时，袁绍派朱灵带了三个营去帮助曹操，立下战功。之后，袁绍派来的其他将领都返回了，只有朱灵感慨曹操的能力，于是留下……之后，曹操遭到兖州官员集体背叛，回师讨伐吕布又中计战败，按照谢承《后汉书》的记载，曹操在濮阳围攻吕布，被吕布打败，投奔袁绍。袁绍可怜曹操，借给他五千兵马，夺回兖州……在随后的战斗中，曹操甚至一度拥有了“十万之众”，以至于为军粮发愁，远远超过了兖州当时能够征募的总兵力，显然主要是袁绍派来援军的结果。

由此看来，曹操每次与吕布交战都离不开袁绍的援军，最后的下邳之战恐怕也不例外。当曹操和刘备在白门楼上审问吕布集团时，一些袁绍的部将也在场。他们此行不仅要帮助曹操和刘备取胜，更要忠实地执行袁绍的大将军令，内容不言而喻：把屡次给袁绍制造大麻烦的吕布集团斩草除根。没有袁绍援军的支持，曹操无法战胜吕布集团；而在这些袁绍部将的监督下，曹操无论多么想宽恕吕布集团成员，都没有机会，否则他就是违抗大将军令，后果必然是与袁绍直接翻脸。

然而，曹操不是在处决吕布之后仅仅两个月，就北上袭击袁绍领地了吗？

问题就出在这两个月里。“煮酒论英雄”“许田打围”，以至于“衣带诏案”的策划，都发生在这短短的两个月里。

当曹操和刘备东征吕布时，袁绍在干什么？

袁绍此时在镇压麴义余部以后，尚未离开邺城附近，正准备北上易京，围攻自己的宿敌公孙瓒。

曹操和刘备东征吕布是在冬季（吕布及其部将被处死于阴历十二月底，没能活过春节），这个季节的易京天气显然过于寒冷，不适合大规模军事行动。所以，袁绍此时把机动兵力派到气候较为温暖的徐州，协助曹操和刘备去围剿吕布。不过，这是有条件的：曹操战胜吕布集团之后，不能收编他们，而必须全部处死。这有悖于曹操自身的利益，但是曹操几经权衡之后，决定接受。虽然曹操此时已经基本下定决心将对抗袁绍，但是如果吕布不灭，曹操就没有战胜袁绍的机会，而没有袁绍的支持，曹操和刘备联军难以一举击败吕布和袁术联军。如果俘虏吕布集团以后赦免他们，曹操就等于向袁绍宣战，袁绍本人也必然会放弃围攻易京的计划，直接南下攻许昌，使曹操陷入绝境。两害相权取其轻，曹操忠实地履行了袁绍的命令，处死了整个吕布集团。袁绍这才对曹操完全放心，在春节后将军队从徐州调回幽州，毫无顾忌地向公孙瓒发动总攻，没想到曹操在吃下徐州以后，趁着袁军主力都在易京攻打公孙瓒之机，渡过黄河，偷袭袁绍的大本营。

结论

当曹操处死吕布之后在“煮酒论英雄”宴席上对刘备说“今天下英雄，唯使君与操耳，本初之徒，不足数也”，其实就是对刘备透露了北上袭击袁绍的计划。刘备闻讯大吃一惊，他曾经追随过袁绍，也跟随公孙瓒对抗过袁绍，如果想救出正在被袁绍包围在易京的老同学、老领导公孙瓒，这是刘备唯一的机会。但是，刘备已经被袁绍打败过太多次了，早已没有了同袁绍对抗的勇气，所以他认为曹操是疯了，必败无疑。此时的刘备和同时代的许多人一样，都以为在袁术、公孙瓒、吕布相继覆灭以后，十年浩劫能够就此结束，没想到曹操要主动挑战袁绍，掀起规模更大的新一轮内战。接下来，就发生了关羽劝刘备在“许田打围”中刺杀曹操的事件，刘备拒绝了，是因为当时曹操还没有正式与袁绍为敌。如果在此时杀死曹操，刘备无法向社会公众，特别是向汉献帝和袁绍交代。曹操就这样躲过一劫，随即渡河北上，趁着袁军主力在幽州攻坚之机，扑向邺城。

可是，曹操刚刚渡过黄河，就传来袁绍攻陷易京，斩杀公孙瓒的消息，宣告曹操的战略计划彻底破产。统一河北的袁绍被老部下曹操的背叛彻底激怒，掉头南下，准备大举讨伐曹操。据《魏略》记载，一年后，曹操在官渡战场回忆说，当他看到公孙瓒的人头时，精神恍惚，觉得自己命不久矣。连曹操都这么想，在刘备看来，曹操集团更像一艘即将沉没的破船，自己必须设法脱身，要么干掉曹操这个船长，要么赶紧跳船逃命。于是，接下来许昌就发生了疑点重重的“衣带诏案”。

由于刺客在官渡军营行刺曹操失败，“衣带诏案”早早东窗事发。曹操东征叛变者刘备，将其赶出徐州，去投奔袁绍。在检查刘备留在徐州的物品时，曹操发现了“衣带诏案”密谋，于是在返回许昌之后，于次年正月处死了涉案的车骑将军董承等人。

当曹操与袁绍开战时，自作聪明的政治投机客远不止董承、刘备等“衣带诏案”的几位参与者。在长江流域，同样有野心家想要乘虚而入，向曹操背后插上一刀。

第十六案

孙策遇刺案

（200 年）

案情

袁术在被袁绍和曹操赶出中原以后，一直大力向东南方发展，其中一项重要举措，就是派遣年轻的部将孙策打败袁绍任命的扬州刺史刘繇，控制了江东。本来，袁术这样安排没有问题，因为孙策是江东本地人，按照汉桓帝的“三互法”，没有资格在江东任职，无须担心他会长期割据江东。但是，随着曹操把汉献帝君臣迎到了许昌，并制造了“袁术称帝”的疑案，情况起了变化。

曹操在许昌安定下来以后，极力拉拢孙策，专门让汉献帝下旨，授予孙策合法地位，委托他联合徐州牧吕布、吴郡太守陈瑀，共同讨伐袁术。很快，双方的关系就亲密起来，曹操甚至让三儿子曹彰娶了孙策堂兄孙贲的女儿，使得曹孙两家结为儿女亲家。不久后，孙策与陈瑀反目，陈瑀联合江东反孙策势力，企图独占江东，被孙策击败以后投奔袁绍，反复无常的吕布又倒向袁术，这场围剿袁术的战争于是虎头蛇尾，草草收场。孙策随即继续攻打刘繇，最终刘繇病死，部下豫章太守华歆、丹杨太守太史慈等人都被孙策俘虏。等到吕布和袁术集团崩溃，孙策又趁机袭

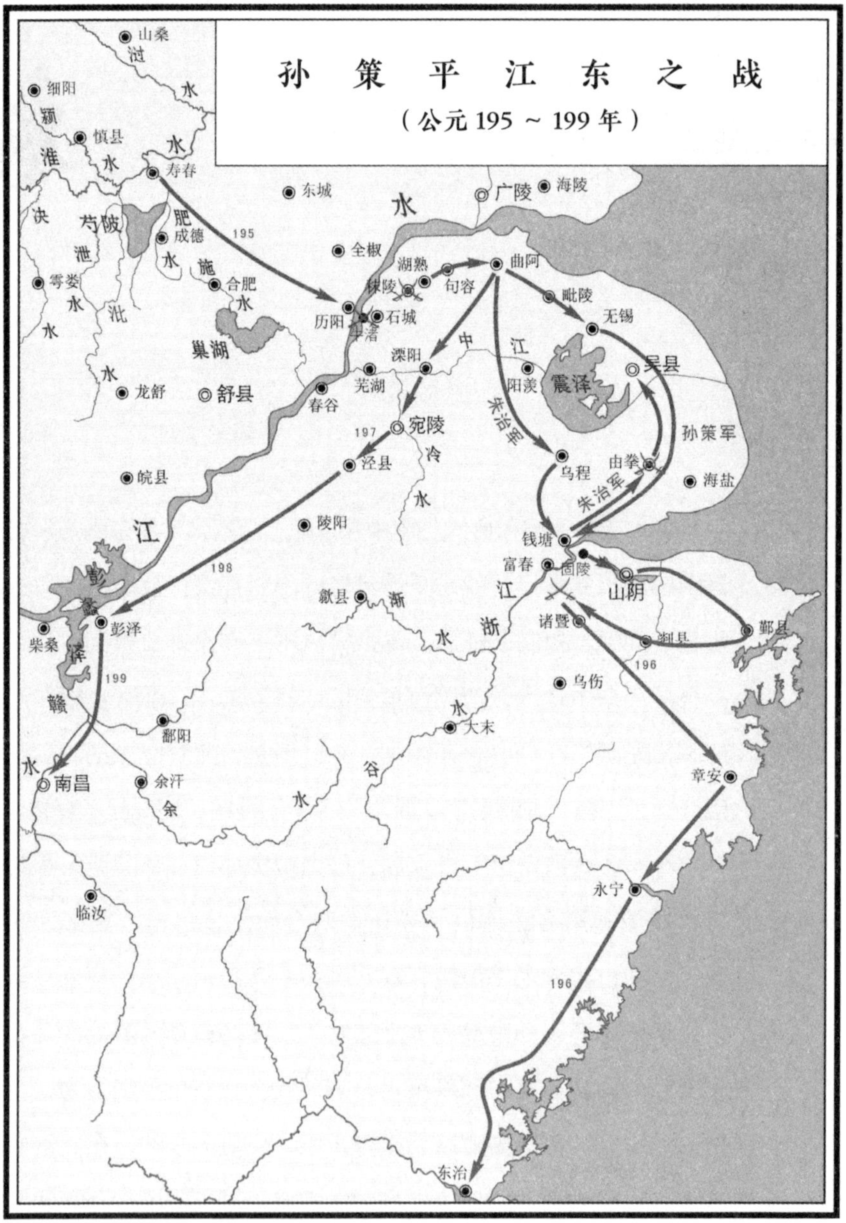

地图⑤ 孙策平江东之战（王晓明 罗三洋／作）

击袁术的部将刘勋，进而击败前来援助华歆、刘勋等人的刘表大军，将整个扬州都纳入自己的统治之下，随后派使者向许昌报捷。当时已经“煮酒论英雄”，准备和袁绍翻脸开战的曹操对孙策能够取得这样的战果颇感意外，大呼：“狮儿难与争锋也！”

听说袁绍即将南下讨曹操，不满足于割据江东的孙策决定配合袁绍的攻势，停止与刘表的敌对行动，集中兵力渡江北上，准备从东南方袭击许昌。作为孙策集团驻扎在江北的先锋，庐江太守李术很快就开始北伐，杀死了曹操任命的扬州刺史严象，然后兵临淮河，围攻当涂县的匡琦城（今安徽蚌埠市西），但被广陵太守陈登击退。孙策派弟弟孙权增兵攻打匡琦，陈登不是孙权的对手，屡战屡败，向曹操求救。曹操虽然派去少量援军，一度为匡琦城解围，但很快就再次被孙权击败，陈登被迫撤回广陵（今江苏省扬州市）。孙权迅速追来，将陈登包围在广陵，陈登几次突围，虽有战果，却无法解围，而孙策本人也开始准备亲自率军渡江北伐。在巨大的军事压力下，陈登一病不起，虽然曹操派去名医华佗诊治，依然没能挽回他的生命。陈登病死后，群龙无首的广陵郡便被孙权攻破。至此，徐州南部也落入孙策之手。同时，曹操险些在官渡军营遇刺，派到徐州东征袁术的大将刘备不仅不南下迎战孙权，反而袭杀徐州刺史车胄，投靠了袁绍。（《三国演义》把陈登说成刘备袭杀车胄的内应，完全违背史实。车胄遇害时，极有可能正在督促刘备南下广陵迎战孙权，为陈登解围，刘备在此时不去救援广陵，反而袭杀车胄，对随后的陈登之死和广陵陷落负有重大责任。）

袁绍大兵压境，东南战事吃紧，刘备又在徐州造反，许昌人心惶惶。唯独司空军师祭酒郭嘉劝慰众人说：“孙策刚刚兼并江东，杀害了许多英雄豪杰，因为他善于让部下为自己卖命。但是孙策行动轻率，虽有百万之众，和独行中原没什么区别。如果遇到刺客，他就会遇到麻烦。以我看来，此人必死于匹夫之手。”历来，这都被认为是郭嘉神机妙算的铁证。不过，如果孙策直到攻取许昌之后才被刺杀，那么郭嘉的预言对曹操又有什么意义呢？

事实上，据《三国志·程郭董刘蒋刘传》等史料记载，曹操把刘备赶出徐州、俘虏关羽以后，并没有立即赶回战事吃紧的黄河前线，而是先前往东海郡平定了支持刘备的军阀昌豨，随即南渡淮河，进入扬州，抵达寿春，与北上流亡的刘勋会师，又招揽了扬州名士刘晔、蒋济、胡质等人充任幕僚，并拜心腹董昭为徐州牧。在刘晔的建议下，曹操从寿春南下，在庐江郡（今安徽省合肥市一带）击败了地方武装头目陈策。曹操这时的下一步棋很明显，就是东进广陵，去帮助陈登解围。至此，曹操和孙策军的先锋孙权差不多已经在今安徽省与江苏省边界直接对垒了。看来，曹操根本就没有听信荀彧、郭嘉等军师为他打气的那些话，而是准备拿刘备和孙策这两个软柿子捏，也就是放弃中原给袁绍，自己先收复徐州，进而占领扬州，割据东南。不料正在此时，陈登病逝，孙权随即攻克广陵，孙策也即将渡江，曹操在江淮之间进退失据，眼看赤壁之战就要提前八年上演，而此时双方的兵力旗鼓相当，袁绍的大军还随时可能渡河南下，直捣曹操的老巢许昌。

偏偏就在这个节骨眼上，正如郭嘉预言的那样，孙策被暗杀了！

孙策的遇刺过程有三个版本，都说刺客是原吴郡太守许贡的门客和家奴。据《三国志·孙破虏讨逆传》和《江表传》记载，孙策占据江东后，许贡秘密上奏朝廷说："孙策骁勇雄壮，和项籍相似，朝廷应该授予他更显赫的官职，召回中央任职。孙策接到诏书，不得不上路。如果仍旧让他在外地活动，必然成为朝廷的长期灾祸源头。"不料孙策手下截获了此信，许贡因而被处死，他的小儿子与门客则潜藏于民间，图谋报仇。而当孙策在丹徒县（今江苏镇江市东）集中兵力，准备渡江北伐曹操时，他们便展开了行动。孙策狩猎时，遇见三名许贡门客，自称韩当部下。孙策不认识这三人，怀疑他们是伪装的，便举弓射倒一人，另两人回击，射伤孙策面颊，随后被赶来的孙策卫兵杀死，但孙策很快也死于伤口感染，享年二十六虚岁。按《后汉纪·孝献帝纪》记载，许贡的小儿子与门客故意在长江岸边的路上杀人，孙策闻报大怒，单骑冲去调查，被许贡门客伏击刺伤。此外，唐代学者许嵩编纂的《建康实录》记载了刺杀孙策的一位许贡门客姓名，叫许昭。以上便是本案的几乎全部证据，似乎案情并不复杂，没有多少可以推敲的地方。

分析

然而，在汉末三国这个法制崩塌的乱世，像一方诸侯遇刺这样的大案，案情从来都不会简单。只要对几位涉案人员稍做仔细研究，就能发现不少疑点。

必须澄清，许贡其实并不是真正的吴郡太守。

许贡本是王朗和许劭、许靖兄弟的好友（或许还是许氏兄弟的亲戚），被许靖推荐给吴郡太守盛宪，担任吴郡都尉，共同辅佐袁绍派来的扬州刺史刘繇。孙策渡江时，许劭随刘繇逃走，后病死于豫章，许靖逃往交州，王朗战败被俘，而盛宪正好生病（也许是装病），暂时让许贡代理吴郡太守。也就是说，从来没有任何势力任命过许贡为吴郡太守，他只是以吴郡都尉的身份在太守生病期间临时代理吴郡太守。许贡代理吴郡太守不久，孙策就派部将朱治来攻打吴郡，在由拳（今浙江嘉兴市南）把许贡打败，许贡投奔吴郡地方豪强严白虎，朱治从此接管了许贡留下的吴郡都尉代理吴郡太守一职（202 年转正）。与此同时，孙策战胜了会稽太守王朗，随后西征大破严白虎，严白虎和许贡率残兵败将逃往余杭（今杭州市西），投奔当地的许昭、周昕、周昂等反孙策联军。孙吴史书总是将这些反孙策联军称为“山贼”或“山越”，其实他们和张燕的“黑山军”一样，是标准的东汉正规军，只是因为与后来的内战胜利者交战，而被史书作者抹黑。

按照《吴录》记载，许贡上任以后，要杀老上司盛宪，吴郡名士高岱帮助盛宪逃走，躲到许贡部下许昭的家里。许贡抓不到盛宪，就把高岱的母亲抓起来，高岱幸运逃脱，到余姚隐居。这个故事很奇怪，盛宪主动让位给许贡，许贡却要杀盛宪；盛宪躲到许贡部下许昭家里，许贡却不去许昭家抓人，后来还与许昭来往密切；许贡抓了高岱的母亲，高岱身为名士，却不搭救母亲，只顾自己逃命——几位当事人的行为都不符合常理。《吴录》接下来讲的故事就更奇怪了，说高岱逃脱许贡追捕以后，孙策得知高岱是吴郡名士，邀请他来会面，有人告诉孙策，高岱一向嫌您没文化，您向他提问，他要是说不知道，就证明他瞧不起您；随后又告诉高岱，孙策这人没什么学问，又讨厌别人的学问比自己强，所以他问你学术问题，你最好说不知道。高岱见了孙策，孙策向他请教《左传》的问题，高岱一律说不知道，孙策很生气，就把高岱抓起来。吴郡名士闻讯以后，纷纷去为高岱求情，孙策看到高岱的支持者众多，更加嫉恨，就把高岱杀害了。在这个故事里，孙策和高岱都显得太傻了，被人当作木偶耍，而且也没说清楚这个人为什么要离间孙策和高岱。

我们知道，《吴录》是孙吴官员张勃在投降西晋以后撰写的史书，其史料依据主要来自孙吴的官方档案，具有一定的权威性。但是，这些孙吴的官方档案代表的是孙权在位后期和更晚时期的意识形态，完全有可能蓄意拔高孙权，矮化孙策，让人觉得孙策不是一位合格的统治者。就这样，许多孙策经过深思熟虑做出的决定，都被描写成了莫名其妙的意气用事。就孙策杀高岱案来看，孙策和高岱本是吴郡老乡，虽然孙策因为父亲孙坚做官的原因，很小就离开了家乡，但是对家乡的名士肯定时常耳闻，在与家乡名士交往时，不可能轻易被他人误导。无论高岱之前有没有发表过反孙策的言论，单就他把盛宪送到许贡部下许昭处来说，就是对孙策政权的严重背叛，因为盛宪身为孙策家乡的吴郡太守，对孙策明显不友好，而许昭是江东反孙策武装的主要领导人之一。由此看来，孙策杀高岱绝不是一时冲动。

许贡追杀老上司盛宪看来并不是出于他的本心，而是在孙策大兵压境之际，保护盛宪的举动，整个缉拿过程都是演给孙策看的。要知道，许昭后来在余杭长期抵抗孙策，而且接纳孙策的死敌严白虎，盛宪随即去了许昭的余杭山寨，尔后许贡、周昂等孙策的对手都陆续云集余杭，这不能不引起孙策的警觉。有趣的是，汉灵帝初年，会稽、余杭一带也出过一位名叫许昭（或许昌）的反政府武装首领，最后被时任吴郡司马的孙坚击杀。这两位许昭之间未必有关系，但是都曾经在钱塘江流域与孙坚父子交战，最后孙坚杀了老许昭，而根据《建康实录》记载，孙策最终就被小许昭亲手刺杀！

在余杭负隅顽抗一年多以后，许贡决定投靠孙策，他知道袁术和孙策因为周昂袭取孙坚的豫州之事，特别恨周昂，于是将他斩首，然后拿着周昂的首级向孙策投降，因此得到孙策的赦免。

许贡之所以突然决定投靠孙策，孙策又之所以会赦免许贡，与时代背景是分不开的。孙策占领会稽郡是在196年，次年（197年），朱治出任代理吴郡太守，推荐孙策之弟孙权为当年的吴郡孝廉。由此可以确定，许贡投降孙策是在197年。这时，正逢汉献帝东迁，最终被曹操迎到许昌，而随后便爆发了“袁术称帝”疑案。案发以后，孙策公开表明与袁术断绝关系，袁绍和曹操于是让汉献帝给孙策下诏，让他与吕布、陈瑀共同讨伐袁术。许贡身为许劭、许靖兄弟和王朗的好友，又是刘繇的部下，政治立场无疑属于袁绍集团。所以，当孙策以袁术部将的身份渡江攻刘繇时，许贡及其友人竭力抵抗他；而当孙策与袁术断绝关系，投靠袁绍集团（也包括曹操领导的汉献帝朝廷）时，许贡就主动向他投降了，而孙策对许贡等人的态度也有了一百八十度的大转弯。

但是，被许贡杀害的周昂既是孙策家族的死敌，也是袁绍和曹操的密友，曾经在讨董卓联军最困难的时期为他们雪中送炭。许贡杀周昂，固然讨好了孙策，却得罪了袁绍和曹操，随时可能引来袁绍和曹操的问责，等于在孙策集团内部埋下了一颗随时可能引爆的地雷。

无论许贡如何积极表现，他在孙策麾下的好日子都没过多久。究其原因，不仅是因为他给许昌朝廷写了那封建议召孙策进京的信。孙策与袁术断绝关系以后，汉献帝给孙策下诏，让他与徐州牧吕布、吴郡太守陈瑀共同讨伐袁术。

没想到，陈瑀却秘密联合祖郎、严白虎等反孙策联军，准备联手袭击孙策。在许贡和陈瑀的共同劝说下，严白虎投降了孙策。可是孙策也早有准备，一面派大将吕范渡江北上，在海西（今江苏省连云港市东海县）大破陈瑀，一面亲自攻打江东各反叛势力，同时逮捕了与陈瑀关系密切的许贡。陈瑀战败以后，单骑逃走，却没有去许昌，而是去了冀州投奔袁绍，这也是当时袁绍控制许昌汉献帝朝廷的证据之一。从此，孙策与袁绍集团翻脸，不再服从许昌的汉献帝朝廷，随即便处死了许贡和严白虎等人，软禁了盛宪，祖郎等人投降，许昭则在社会上暂时消失了。

在 196 年至 197 年的短时间内，孙策就处死了许贡、高岱、严白虎等相互沾亲带故的诸多江东名士，盛宪则被孙策长期拘留。只有在此期间，许贡才在孙策手下工作，而且还能与许昌朝廷保持书信联系，因为在 196 年之前，汉献帝还没有被曹操迎到许昌，孙策也没有占据吴郡；而在 197 年之后，孙策击败了许昌朝廷派来统治吴郡的陈瑀，因此与曹操翻脸，许贡建议曹操召孙策去许昌完全不现实。由此看来，孙策处死许贡，绝不仅仅是许贡给曹操写信这么简单，而是一连串政治清算活动中的一幕，原因是孙策奉旨与吕布、陈瑀共同讨伐袁术，而陈瑀却秘密联合祖郎、严白虎等人袭击孙策，意在颠覆孙策刚刚建立的江东政权，这背后的主使者显然正是陈瑀战败以后投靠的袁绍，以及直接派陈瑀来江淮的曹操。

综上所述，孙策遇刺案的根源在于孙策杀许贡案，而孙策杀许贡案的根源在于许贡涉及陈瑀联合祖郎、严白虎等人袭击孙策案。这些案件的源头恐怕并不仅在许贡，更在陈瑀。那么，许贡和陈瑀之间，又有什么关系呢？

他们都干过吴郡太守这个工作！

前文中说过，许贡是临时替生病的盛宪代理吴郡太守的，而孙策把许贡击败以后，任命部将朱治当代理吴郡太守，随即倒向汉献帝的许昌朝廷，许昌朝廷则派来了陈瑀当吴郡太守。可想而知，陈瑀一旦抵达吴郡，朱治就得下台。这位朱治可不是政坛新人，他本来在老家丹杨故鄣县（今浙江省湖州市安吉县）

当县吏，从基层公务员做起，后来被举为孝廉，升任扬州从事，随即跟随孙坚前往长沙，历任司马、都尉等职，一直掌握着军政实权，最终弄到吴郡太守这样的超级肥缺，肯定不乐意放弃。陈瑀和孙策都曾经是袁术的部下，陈瑀还曾经被袁术任命为扬州刺史，后来两人先后都背叛了袁术。陈瑀的资历比孙策老得多，陈瑀的堂哥陈珪和堂侄陈登又是徐州豪强，一旦陈瑀入主吴郡，与陈珪和陈登父子隔江呼应，孙策的江东基业就将岌岌可危。当时的徐州统治者是名将吕布，武功盖世，野心勃勃，威震天下，原本就曾经与孙策父亲孙坚交战，如今又有陈珪和陈登父子辅佐，一旦在陈瑀的内应下突袭江东，孙策恐怕无法抵挡。

很明显，孙策家族和朱治等官员都非常不希望陈瑀来当吴郡太守。孙策及其部下有理由怀疑，如果让陈瑀协助自己和吕布攻打袁术，就应该给陈瑀安排一个江北的职务，比如庐江太守或九江太守，现在由袁绍和曹操控制的许昌朝廷却任命陈瑀当吴郡太守，统治孙策集团的核心区域，是包藏祸心之举。于是，孙策发兵袭击了南下的陈瑀，袭击的地点是在如今江苏省北部的连云港市，这里离陈瑀要上任接管的吴郡还相当远，属于吕布统治的徐州北部，孙策很可能是派海军去攻击陈瑀的，正如孙权后来的辽东远征。孙策跑到徐州北部袭击陈瑀，必然导致陈珪和陈登父子向吕布说孙策的坏话，这样一来，吕布、孙策、陈瑀组成的讨袁术联军就完全瓦解了。

袭击陈瑀以后，孙策把袁绍、曹操、袁术、吕布全部得罪了，再加上西方的宿敌刘表，放眼天下，全无盟友，走入了政治上的死胡同。在这种绝望的局势下，孙策必然要进行内部大清洗，以防在外敌入侵时出现内奸，于是便处死了许贡、高岱和严白虎等人，软禁了盛宪。由此看来，这些人据守的余杭山寨很可能在197年被孙策攻破了。作为余杭山寨的创始人，许昭从此在社会上消失了两三年之久。许昭的身份在史书上缺乏可靠记载，《建康实录》等书说他是许贡的家奴或门客，但许昭在许贡死后多年仍然念念不忘为许贡报仇，说明他更可能就是《三国志·孙破虏讨逆传》中许贡的小儿子。

因此，许昭与许贡的关系才无法剪断，为许贡之死向孙策报仇成为许昭人生的主要意义。

孙策处死许贡、高岱和严白虎等人，几乎把家乡吴郡的名士扫荡一空。由于神圣不可违背的“三互法”的存在，籍贯扬州吴郡的孙策不能亲自当扬州牧、扬州刺史或吴郡太守（这也是袁术放心派孙贲、孙策堂兄弟渡江攻江东的主要原因），只好担任会稽太守，因而人称“孙会稽”。后来的孙权更是以会稽太守的身份名不正、言不顺地指挥了赤壁之战，战后才被刘备未经合法程序，私下表为车骑将军领徐州牧。因为一直名不正、言不顺，又杀害了众多家乡名士，所以孙策的统治极不稳固，广受江东百姓痛恨，用不着郭嘉的预言，许多人都想刺杀他。

孙策在政治上处于如此被动的局面，而能够从 198 年支撑到 200 年，其实已经是一个奇迹。主要原因有二：一是江北的袁术同样四面树敌，为孙策吸引了大部分敌人的火力；二是在袁术集团行将崩溃时，袁绍集团也分裂了。先是曹操和刘表打了起来，后来曹操又直接向袁绍发起挑战，偏偏曹操寄予厚望的公孙瓒在此时被袁绍所灭，袁绍得以全力南下，与刘表等盟友形成对曹操的围攻态势。同样不利的战略形势，让曹操和孙策两位“臭棋篓子”重新联合了起来，当孙策于 198 年年底向许昌送去比以往多两倍的贡品时，立即得到了曹操的谅解，汉献帝正式任命孙策为讨逆将军，封吴侯。次年，曹操与孙策还共同向袁术和刘表发动过一次协同攻势，并且取得了较大的战果，甚至计划同益州牧刘璋合作，向荆州发动规模更大的战争。可是，仅仅几个月后，当袁绍准备大举南下进攻曹操的时候，见风使舵的孙策竟然立即撕毁盟约，派李术和孙权袭击曹操的淮南领土，甚至还要亲征许昌，彻底消灭曹操。

200 年，曹操于一月东征，约二月破刘备，三月下淮南，四月北上白马救刘延，而孙策约于三月底遇刺，四月四日去世，这会是巧合吗？孙策的外孙陆机在《辨亡论》中说，孙策“戎车既次，群凶侧目，大业未就，中世而陨”，似乎暗示后人，孙策遇刺绝非许贡之子和门客的个人行为，而是有众多权贵在幕后指使。郭嘉的预言恐怕不只是一语成谶，他有可能为曹操直接策划了刺杀孙策的计划。如前文分析的那样，曹操本是袁绍的刺客，虽然职业生涯不大成功，但对这一行业还是颇为熟悉的，何况在孙策遇刺前两三个月，曹操本人也差点儿遇刺身亡。孙策及时遇刺，说明曹操并没白受刺客训练。不难想象，就在孙策渡江攻曹操前夕，曹操的情报人员及时向一直在策划为许贡报仇的许昭提供了孙策的活动信息和刺杀装备，在他们的精心策划下，急于铲除许昭一伙、在北伐前安定后方的孙策落入了陷阱。

了解了刺客首领许昭的身份，就不难理解，孙策既然早已制定了北上攻打许昌的计划，为什么在弟弟孙权围攻陈登，曹操亲自南下救陈登之时，不迅速动身，亲自渡江迎战曹操了：作为不久前刚刚被孙策攻破的余杭山寨首领，许昭是吴郡乃至于江东反孙策武装的主要领导人之一，有很大的地方影响力。这条漏网之鱼不除，孙策难以安心地渡江北伐。因此，当许昭在丹徒县出现时，孙策高度重视，急忙亲自前去抓捕，不幸落入敌人设计的陷阱，与许昭同归于尽。

孙策的死亡非常突然，立即在其领地上引发了大混乱。正在淮南与曹操对峙的孙权连忙撤军，回江东去与孙贲、孙辅、孙匡等与孙策沾亲带故的亲戚夺权去了，庐江太守李术则倒向了曹操。幸而在张昭等重臣的支持下，孙权迅速平定了内乱，同时他也没有忘记为兄长之死报仇雪恨。

刺杀孙策的凶手表面上是许昭，背后的策划者显然另有其人，而孙权对此清清楚楚。孙权控制江东以后，做的第一件事，就是下令把软禁中的原吴郡太守盛宪处死。我们还记得，盛宪是许贡的老上司，在生病之后推荐许贡代理吴郡太守，当孙策大兵压境时，在许贡的默许下，盛宪投奔许贡的小儿子许昭，躲进许昭的余杭山寨里，尔后许贡本人也在战败后逃到这里。后来，许贡和严白虎等人陆续投降，余杭山寨最终被孙策攻破，盛宪被俘，许昭逃亡。孙权夺权以后，对孙策遇刺案进行详细调查，也破了案：主犯许昭名义上是为父亲（或老首长）许贡之死报仇，实际上出于盛宪在背后的指使，因此孙权立即果断下令处死了盛宪。

结论

身为会稽名士和吴郡太守，盛宪生前在江东的影响力首屈一指，因此他的被捕和遇害都造成了很大的风波。盛宪被捕以后，他背后的势力很快就开始了营救行动。据《会稽典录》记载，盛宪的朋友孔融在得知盛宪被捕以后，给曹操写信求救，曹操于是让汉献帝下旨，征盛宪来许昌担任骑都尉。圣旨尚未抵达江东，盛宪就被孙权杀害了，盛宪之子盛匡辗转投奔曹操。曹操直到晚年，对盛宪仍念念不忘，在委托陈琳（或荀彧）撰写的《檄吴将校部曲文》专门提到“丞相深惟江东旧德名臣……而周、盛门户，无辜被戮，遗类流离，湮没林莽，言之可为怆然”。

曹操对江东名门周、盛两家的感激之情是发自肺腑的，因为这两家对曹操有大恩。当曹操在汴水战败以后，跑到扬州求援，周昕、周昂、周喁三兄弟率领丹杨精兵随同曹操北上，恰好帮处于困境中的袁绍解围，曹操因此才得到袁绍重用，被委任为东郡太守。如果没有盛宪及时指使许昭刺杀孙策，曹操恐怕都支撑不到官渡之战，就在袁绍、刘备和孙策的夹击中，像一年前的吕布那样，憋屈地毁灭在徐州了。由于孙策遇刺身亡，原本准备和孙策、孙权、李术在长江边苦战的曹操如释重负，得以集中兵力掉头北上，去迎击开始南下的袁绍大军。就在曹操和袁绍在白马、官渡等地交战的同时，孙权平定了江东内乱，随即大举西征，与杀父仇人刘表重启战端，客观上也为袁绍死后在河北征战多年的曹操解除了后顾之忧。但是，这两件事都在曹操与孙权的关系中埋下了仇恨的种子，最终导致孙权在八年之后，下定决心与刘表的残余势力联手抗曹。

归根结底，一切计谋都有反作用。在八年后的赤壁战场上，曹操将为自己当年通过盛宪指使许昭刺杀孙策还债。同样，孙权家族也要为计谋付出代价。很快，一连串与孙策遇刺案类似的刺杀案件又会降临到这个家族头上。

孙策遇刺三年之后（203 年），当孙权巩固了自己对江东的统治，便大举西征江夏，讨伐有杀父之仇的刘表和黄祖。正在这时，他的舅舅、丹杨太守吴景突然去世，孙权便委任三弟孙翊继任丹杨太守，替自己镇守后方。孙翊到任以后，任命盛宪的老部下妫览为大都督督兵，戴员为郡丞。次年春天，孙翊突然被卫兵边鸿刺杀，妫览和戴员立即带兵追捕边鸿，将其处决，但是社会上议论纷纷，很多人都说边鸿刺杀孙翊是妫览和戴员指使的。江夏前线的孙权闻讯，就派另一位亲戚、庐江太守孙河前去调查，孙河责骂妫览和戴员，两人见势不妙，于是刺杀孙河，准备将丹杨、庐江两郡献给曹操委任的扬州刺史刘馥。一旦他们得逞，孙权的领地将会四分五裂，面临在曹操和刘表的夹击中迅速败亡的危险。然而，当时曹操刚刚渡河攻打袁绍的儿子袁谭和袁尚，无法及时援助刘馥，导致妫览和戴员孤立无援，结果被孙翊遗孀徐夫人设计刺杀，江东这才重归孙权之手。

孙翊、孙河遇刺案，都是孙策遇刺案的延续。由于有盛宪策划刺杀孙策案在前，人们在孙翊遇刺之后，理所当然地将盛宪的老部下妫览和戴员视为指使者，更将曹操视为妫览和戴员的幕后黑手。实际上，考虑到当时曹操刚刚开始攻打河北，根本无力干涉江东，而孙权则正在攻打刘表部将黄祖镇守的江夏，刺杀孙翊一案更可能是刘表指使的，以便迫使孙权退兵。作为资深党人，刘表与老板袁绍麾下的众多“死士”共事多年，对刺客这个行业肯定也不陌生。

尽管刘表在史书中往往以宽厚长者的形象示人，实际上，在他的荆州领地上，同样不缺乏惊世骇俗的大案。

第十七案

张仲景起兵反刘表案

（199—200 年）

案情

200 年初，作为曹操和孙权共同的敌人，荆州牧刘表获得了一个天赐良机：他要么挥师北上，趁着曹军主力还在淮南，袁绍尚未南下之机，直捣空虚的许昌，挟天子以令诸侯；要么趁江东内乱之机，东征扬州，为一年前被曹操、孙策联合攻击的损失报仇。

可是，刘表什么都没干，坐视曹军撤回中原，孙权平定江东。按照《三国志·董二袁刘传》等史料的解释，刘表是一个“欲保江汉间，观天下变”的和平主义者。连当时客居荆州的诸葛亮也在《隆中对》里说，“荆州北据汉、沔，利尽南海，东连吴会，西通巴、蜀，此用武之国，而其主不能守”，使刘表胸无大志的形象深入人心。

可是，如果我们认真发掘史料的话，却会看到一副迥然不同的刘表形象。

刘表本是资深党人，袁绍的左膀右臂，因此被何进委任为禁卫军司令“北军中候”。董卓执政以后，为了安抚尚未全部效忠自己的禁卫军和党人势力，又给刘表升官，派他当荆州刺史，其实也是让他去夺袁术、孙坚的老巢。刘表一出手就不同凡响，在无兵无卒的情况下，迅速团结了荆州本地豪强，建立起一支极具战斗力的部队，击毙不久前还击溃过董卓军主力、占领洛阳的悍将孙坚，进而将袁术势力彻底逐出荆州，圆满地完成了董卓交给他的任务，同时也帮助老领导袁绍在与弟弟袁术的较量中处于优势地位。就这样，在不到两年的时间内，刘表便完全控制了荆州，威震中原，成为“地方数千里，带甲十余万”的强大诸侯，被汉献帝封为假节、镇南将军、荆州牧、成武侯。按照刘表的墓碑铭《刘镇南碑》记载，汉献帝当时还尊刘表为“伯父”，授予他和三公平等的仪仗，允许刘表开府，甚至“并督交、扬、益三州军事”。

“督交、扬、益三州军事”这一授权意味着，当时刘表有权指挥秦岭—淮河一线以南的全部中国军队。如果不是在军事上极有抱负，任何官员都很难获得如此巨大的权力。

作为原东汉禁卫军司令，刘表虽然没能制止部下跟随吕布抛弃袁绍投靠董卓，但仍然是一位在军事上极有抱负的官员。于是，我们毫不奇怪地在《三国志》《后汉书》《汉末英雄记》等史料里看到，刘表入主荆州以后，与所有邻居都爆发过战争，而且常常是刘表先动手：向北，刘表将凉州军阀张绣收为附庸，不久张绣便在宛城之战中杀死曹操的长子曹昂、爱将典韦，尔后刘表多次派军队救援张绣，几乎每年都与曹操交战；向东，刘表在击毙孙坚之后，又多次派军队支援遭到孙坚之子孙策攻击的刘繇，还试图收编溃散的袁术集团，因此几乎每年都和孙策、孙权兄弟交战；向南，刘表连年与统治今广东、广西和越南北部的交州牧张津交战，当张津被部将区景杀害时，刘表便派部下赖恭为交州刺史，吴巨为苍梧太守，大举攻入交州，区景战败投降，刘表从此控制了交州；向西，刘表上书汉献帝，告发益州牧刘焉用天子级别的衣冠车乘，从此与刘焉家族交恶。刘焉的部下有很多荆州等地移民，号称“东州兵”，刘表便不断派间谍去益州，煽动东州兵叛乱。刘焉死后，东州兵将领甘宁等人就发动兵变，反抗刘焉的儿子刘璋，失败以后投奔刘表，被刘表派到南阳，协助张绣抵抗曹操。镇压甘宁兵变的刘璋大将赵韪长年负责防备刘表入侵，但最终死于另一场东州兵哗变，刘璋与曹操、孙策联合攻打刘表的计划因此不了了之。

由此可见，刘表根本不是什么“欲保江汉间，观天下变”的和平主义者，而是一位野心勃勃，四处煽风点火的战争狂人。东汉末年，中国南方的大部分战乱都与刘表有关。《三国志》中对刘表“座谈客耳”，“多疑无决，无能为也”，“无他远志，爱人乐士”等评论，并不符合当时的情况，应为后人加工杜撰。显然，刘表原先的战略规划正是要将“督交、扬、益三州军事”的授权变成现实，占据秦岭—淮河一线以南的整个中国，只是到了人生的最后几年，因为重病在身，才不得已转攻为守，采取“欲保江汉间，观天下变”的防御战略。

那么，原本野心勃勃的刘表为什么会错过200年年初对外扩张的大好时机呢？

因为此时刘表集团内部出了大乱子。就在刘表刚刚击败曹操对南阳的入侵，志得意满之际，他的统治核心区长沙突然爆发了一场声势浩大的反抗运动。《三国志》《后汉书》《汉末英雄记》等史料都记载了这场反抗运动，并提到其领袖是长沙太守张羡。

在汉末三国的诸多疑案中，张羡起兵反刘表案也许是最为让人惊愕的，因为当事人张羡可能还有另一个身份。许多后世历史研究者都认为，张羡其实就是“医圣”张仲景，“仲景”是张羡的字。

以悬壶济世为己任的“医圣”张仲景居然会指挥大军反叛“欲保江汉间，观天下变”的和平主义上司刘表，实在让人大跌眼镜。用现代流行话语说，真是一场人设崩塌的大灾难。难道在汉末三国的乱世，医圣也疯狂？

现在，就让我们来仔细研究一下本案的来龙去脉。

分析

有关张羡起兵反刘表案的最详细史料出自《三国志·桓二陈徐卫卢传》。桓阶是长沙本地名门，年轻时被时任长沙太守孙坚举荐为孝廉，入京为官，后来回家奔丧。这时诸侯开始讨伐董卓，孙坚带头攻入洛阳，赶走董卓，却遭到袁绍偷袭，战败后南下攻击一向支持袁绍的刘表，却在襄阳城外被射死。桓阶闻讯，专程从长沙赶到襄阳面见刘表，劝他把孙坚的尸体还给其侄子孙贲，桓阶因此闻名。等到袁绍南下攻打曹操，两军相拒于官渡时，刘表准备北上支援袁绍，桓阶就劝长沙太守张羡说，曹操辅佐天子，名正言顺，眼下势力虽弱，一定能打败袁绍，建议张羡“举四郡保三江以待其来，而为之内应”。张羡接受了桓阶的建议，率领长沙及其周围的武陵、零陵、桂阳四郡背叛刘表，倒向曹操。刘表只得将准备北伐曹操的大军调往荆南攻打张羡，一年多之后，张羡病死，刘表军才打败张羡的儿子张怿，攻下长沙。桓阶躲到民间，后来被刘表赦免。等到曹操攻下荆州，重赏桓阶，任命他当丞相主簿。关羽将曹仁包围在樊城时，曹操本来想要亲征，桓阶劝他不必前去，后来吕蒙果然袭杀关羽，为曹仁解围。荀彧死后，桓阶继任尚书令。

从《三国志·桓二陈徐卫卢传》来看，桓阶无疑是长沙地区的亲孙坚集团代表人物。他劝说张羡反抗刘表的那番言论，真实性值得怀疑，因为袁绍南下攻打曹操，两军相拒于官渡是200年夏季。曹操与袁绍反目，开始在官渡修防御工事，也是199年下半年的事。而据《后汉书·袁绍刘表列传》记载，张羡起兵反刘表是在198年，官渡之战时张羡已经病死，刘表正在围攻其子张怿，甚至可能已经平定了这场叛乱。而根据《三国志·关张马黄赵传》和《三国志·太史慈传》记载，刘表的堂侄刘磐于199年驻守在长沙攸县，多次向东进攻孙策。显然，在199年年底，刘表牢牢地控制着长沙及其周边地区，张羡起兵反刘表要么在此之前，要么在此之后。如果是在此之前，则《三国志·桓二陈徐卫卢传》里面桓阶劝说张羡反抗刘表的那番言论就纯属虚构；如果在此之后，则《后汉书·袁绍刘表列传》中有关这场叛乱的时间记载就完全错误了。

对比这几种相互矛盾的史料，最大的可能是：《后汉书·袁绍刘表列传》在传抄的过程中，把“五年”抄成了“三年”。但是，《三国志·桓二陈徐卫卢传》也不是没有问题。鉴于桓阶是长沙地区的亲孙坚集团代表人物，他劝张羡起兵反刘表，主要原因应当不是袁绍和曹操在官渡对垒，而是刘表长年与孙坚的儿子孙策交战，而刘表用于攻打孙策的一个主要根据地正是长沙。这样一来，长沙的人力和财政负担就会很重。同时，刘表当时还在与交州牧张津作战，位于荆州南部心脏地带的长沙郡肯定也要负责出兵出粮。面临两线作战的双重压力，荆南军民势必会对刘表产生不满情绪，于是在亲孙策的桓阶劝说下，张羡发动了反抗刘表的叛乱。《三国志·桓二陈徐卫卢传》依据的史料硬要把这场叛乱和官渡之战联系到一起,还让桓阶发表了一通曹操必胜袁绍必败的分析，明显是事后编造的，以便拔高桓阶的政治地位，也许是桓阶家族自己写的。至于关羽将曹仁包围在樊城时，曹操本来想要亲征，被桓阶劝阻之事，参考其他史料可知，曹操先后派遣曹植（后因酒醉被免职）、于禁和徐晃去救曹仁，力度不可谓不大，绝不像《三国志·桓二陈徐卫卢传》说的那样，安坐后方，静待曹仁自己解围。桓阶真正的作用，是在曹操和孙权之间搭线，最终导致了吕蒙白衣渡江，擒杀关羽。

199 年下半年，由于刘表长年与曹操、孙策、张津三大诸侯交战，曹操与孙策、张津结成反刘表联盟， 西方的刘璋也准备参战，一同攻打荆州，巨大的人力和财力负担导致荆州南部军民对刘表的统治日益不满，亲孙策的长沙人桓阶于是劝说长沙太守张羡起兵反抗刘表。根据《汉末英雄记》的记载，张羡是南阳人，此前历任零陵太守、桂阳太守，在荆州南部四郡深得民心，他起兵以后四郡响应，刘表的地盘顿时缩水一半。刘表被迫调集重兵攻打张羡，因此错过了在 200 年上半年袭击因孙策遇刺而陷入混乱的江东，以及官渡之战期间袭击许昌这两个重大战略机遇。所以，尽管桓阶劝说张羡起兵反抗刘表与官渡之战没有直接关系，但是客观上确实在官渡之战期间帮了曹操很大的忙，曹操因此后来对桓阶十分器重。

说起《汉末英雄记》，其作者王粲曾经与“医圣”张仲景打过交道。据西晋著名医学家兼历史学家皇甫谧在《针灸甲乙经·序》中记载，张仲景在荆州给王粲看过病，说大约二十年后，王粲的眉毛会脱落，眉毛脱落半年以后就会死，服用五石汤可以治疗。王粲认为自己没病，又嫌张仲景说话太难听，于是没有服药。二十年后，王粲的眉毛突然全部脱落，一百八十七天后便死了。王粲死于 217 年，而张羡死于 199 年或 200 年，两者相差十八年左右，而且两人在 195 年前后都居住在荆州，因此张仲景去世前两三年曾经给王粲看过病，二十年后王粲去世，是完全可能的。何况皇甫谧出生于三国晚期，又是著名医生，他关于张仲景的这些记载应该比较可信。

既然张羡和张仲景都生活在王粲同时期的荆州，那么，他们是否存在某种联系呢？

张仲景这个姓名不见于《三国志》和《后汉书》等官方史书，在唐代医学家甘伯宗所著《名医录》里，这样介绍张仲景："南阳人，名机，仲景乃其字也。举孝廉，官至长沙太守。"后世医学家一般都相信这个说法，因此又称张仲景为"张长沙"。在《伤寒杂病论》等著作中，张仲景也多次提到，自己的籍贯是南阳。那么问题就来了：张羡和张仲景（张机）都是南阳人，都生活在刘表、王粲时代，还都当过长沙太守，人物履历高度雷同，是否可能是同一个人？清代学者孙鼎仪撰写的《张仲景传》对此持肯定看法，并且补充了一个证据：汉代人的"名"和"字"一般含义相似，例如关羽字云长，"羽"和"云"都有在空中飞行之意；诸葛亮字孔明，"亮"和"明"字含义也一致，如此等等。"仲景"显然是张仲景的字，"仲"的意思是在家中排行第二，而"景"的意思是仰慕，而"机"的意思是机械，如陆机字士衡，"衡"也有机械的含义。所以，"机"与"景"字没有什么关系，张机不可能字"仲景"。而张羡的名字"羡"意思是仰慕，与"景"字的含义完全一致。所以，张羡字仲景才是合理的，叫"张机"反而不合理。此外，很难相信，在刘表统治荆州的短短十八年内，会接连出现张机和张羡两位南阳籍张姓的长沙太守。廖平、刘民叔等清末民国医学家对此也持相似看法，一时近乎成为定论。

可是，对于张羡就是张仲景的说法，许多人仍然并不信服。首先，甘伯宗所著《名医录》时间太晚，唐代以前并没有张仲景担任过长沙太守的记载；其次，张仲景在《伤寒杂病论·序》中说，“建安纪年以来，犹未十稔”，“稔”的意思是年，也就是说，张仲景在写完《伤寒杂病论》时，已经接近建安十年（205），与死于 199 年或 200 年的张羡相差较多；再次，最早提到张仲景这个名字的《何颙别传》提到，张仲景小时候曾经见过袁绍的亲密助手何颙，何颙预言张仲景会成为良医。这些唐代以前提到张仲景的史料和张仲景本人的著作都反映，张仲景自幼学医，对政治和军事并不感兴趣，对于军阀混战非常痛恨，而张羡明显是一个有政治手腕、有军事经验，也有野心的地方官。

于是，起兵反抗刘表的长沙太守张羡究竟是不是“医圣”张仲景，变成了一个巨大的谜。

既然各种相关史料之间存在着难以调和的矛盾，我们就必须搞清楚，这些史料的准确性究竟如何。

关于张羡的史料，《汉末英雄记》应该最为准确，因为作者王粲不仅是张羡的同时代人，而且二人同时在刘表手下工作，属于同事关系，张羡虽然败亡，但是死后被曹操平反，所以王粲没有因为张羡造刘表的反而丑化他。《三国志》和《后汉书》相比，《三国志》成书更早，但是受政治因素影响也更大，又没有表和志，很多事情的时间和性质都叙述得比较模糊，因此裴松之作的《三国志注》备受重视；《后汉书》成书较晚，但是写作条件比《三国志》好，使用了更多的参考资料，有表和志，两书的准确性差不多。

关于张仲景的史料，《伤寒杂病论》等张仲景本人的著作应该最为准确；《何颙别传》是汉末三国时期的著名史料，裴松之的《三国志注》曾经多次引用，准确性较高；皇甫谧的《针灸甲乙经》虽然不是史书，但是写作年代接近三国时期，作者又是名医，其中有关张仲景的内容没有明显可疑之处；甘伯宗的《名医录》成书较晚，史料来源不清晰。

综上所述，以《汉末英雄记》《何颙别传》《伤寒杂病论》等最为准确的几种史料来看，张羡是南阳人，历任零陵太守、桂阳太守、长沙太守，最终在 199 年左右起兵反抗刘表，一年多后病死；张仲景是南阳人，与刘表集团高层官员有过来往，但是对政治军事不太感兴趣，是著名医师，活到 210 年左右。这样看来，张羡与张仲景可能存在亲缘关系，但是不大可能是同一个人。

从东汉的时代背景，我们更可以理解，为什么张仲景会像《何颙别传》里记述的那样，成为一位医生，而非进入仕途。“仲景”这个字说明，张仲景是家里的次子（“仲”的意思是“第二”），在汉朝，次子的政治社会地位远低于长子，通常只有当长子去世，次子才能在仕途上大显身手，例如兄长刘縯死后，刘秀才能在官场上大显身手；兄长刘岱死后，刘繇才能在官场上大显身手；兄长孙策（字伯符）死后，孙权（字仲谋）才能在官场上大显身手。这是因为，只有嫡长子才能继承父亲的爵位和绝大部分遗产。换言之，在汉朝，弟弟要想大展宏图，除非长兄死亡，或长兄是庶出。所以，汉朝的嫡长子一般都从政，而其弟弟往往要另谋出路，例如从军、务农、经商或行医；即便嫡长子对从军、务农、经商或行医等行业感兴趣，但为了家庭前途，往往也要放弃这些业余爱好，去钻营仕途。所以，身为次子的张仲景没有像同姓老乡张羡那样，去当太守这样的高官，非不为也，实不能也。甚至连像《名医录》记载的那样，年轻时被官府举荐为孝廉的机会，对于张仲景来说都极不可能获得，因为这在东汉是长子的专利。

从汉末的南阳局势，我们更可以明白，为什么张羡会造刘表的反，而张仲景为什么不受刘表和王粲等荆州统治者的重视了。南阳是东汉人口第一大郡，袁术和孙坚在此会师以后，兵力和补给都得到了极大的补充，因此才能在各路讨董卓联军纷纷败退之后，独自击败董卓大军，攻入洛阳。刘表占据荆州以后，不仅能够收编四方难民，而且有多余的粮食可以供给正处于经济困境的许昌朝廷，帮助曹操渡过难关，这些粮食有的是在南阳一带征收，其余的大多也要经过南阳运输，南阳民众的负担可想而知。与此同时，刘表又收编了凉州军阀张绣所部，将他们安置在南阳，给南阳民众带来了更大的负担。接下来，就发生了张绣先投降、后袭击曹操的事件。为了援助张绣，刘表多次在南阳一带与曹操交战，给当地民众造成了惨痛的损失。在张羡与张仲景等南阳土著看来，张绣和曹操都不是本地人，也不代表家乡的利益，却在家乡连年交战，导致民不聊生，他们有理由对此感到愤怒，更因此对刘表偏袒张绣，与昔日盟友曹操代表的中央政府为敌的战略感到不满。

更重要的是，当时统治广东、广西和越南北部的交州牧张津连年与刘表交战，而张津正是张羡与张仲景的南阳同姓老乡。张津本来是袁绍的门客（很可能也是老牌党人），又是何进的南阳老乡，所以袁绍一开始与何进关系不熟时，派张津去说服何进重用自己的亲友。出乎张津意料的是，袁绍后来设计，让他的老乡、大将军何进与宦官们同归于尽。从此，张津在朝廷中被边缘化，袁绍、袁术、董卓、王允等当权者都不重视他，直到195年交趾刺史朱符遇刺，李傕、郭汜政府才任命张津为交趾刺史。张津前往交趾上任时，肯定要路过荆州，却受到已经在荆州站稳脚跟的刘表的冷遇。因此，张津逐渐与曾经亲密无间的老领导袁绍、刘表交恶。曹操迎汉献帝到许昌以后，经交趾太守士燮推荐，张津升任交州牧，但是他与时任大将军袁绍关系依旧不和睦。曹操与袁绍决裂时，张津集团表现得很活跃，到交州投奔张津的名士许靖专门给曹操写信，说朝廷军队如果南征的话，可以命令张津北伐荆州策应，可见张津主动要求协助曹操牵制刘表的军队。对于这一建议，曹操欣然批准，在官渡之战前通过夏侯惇给石威则写信承诺：打败袁绍，消灭刘表以后，将零陵、桂阳两郡割让给张津。 张津于是调集军队，北上攻打零陵、桂阳，与刘表连年交战。

结论

作为南阳籍的长沙太守，张羡对内有桓阶这种长沙本地豪强的劝说，对外有南阳老乡、交州牧张津的拉拢，加上刘表长期执行对南阳人不利的政策，他联合曹操、孙权起兵讨刘表毫不令人意外。看来，刘表入主荆州以后，引起了南阳人的公愤，他们于是在张羡的领导下，趁刘表北抗曹操，东击孙策，南征张津，西防刘璋，兵力分散之际，煽动荆南的不满军民，发动了一场大叛乱。

刘表长期任用张羡担任荆州南部的太守，显然是考虑到张羡是张津的南阳同姓老乡，可能有亲戚关系，希望利用他来“统战”南方毗邻的张津及其交州部下。可是事与愿违，张羡反而背叛了刘表，率领荆州南部倒向张津及其背后的曹操。等到刘表镇压了张羡叛乱以后，官渡之战已经以曹操的胜利而告终。在战略上陷入不利局面的刘表决定，先集中力量南下进攻张津的交州。为此，他不打算彻底惩办张羡叛乱涉案人员，连主谋桓阶都得到了赦免，黄忠、魏延等南阳籍军官也都得以继续在刘表军中任职，但是肯定不会再受到重用，直到刘表死后，他们的仕途才迎来转机。

至于“医圣”张仲景，他虽然不大可能是张羡本人，但是作为张津、张羡的同姓老乡，可能是他们的亲戚（例如张羡的二弟），政治立场也与他们相似，支持南阳老乡的亲曹操路线，因此在张羡败亡以后彻底失去了进入政坛的机会，注定无法得到刘表集团的重视（王粲因此拒绝了张仲景的医疗建议），只好全身心地投入写作《伤寒杂病论》等医学研究上去了。等到刘表病死，曹操南征荆州的208年，张仲景应该已经去世，否则他就应当和桓阶一样得到曹操的重用，甚至在赤壁战场上大展“医圣”身手才对。

不过，在200年的中华大地上，张津、张羡、张仲景、桓阶、黄忠、魏延等人都是无足轻重的小人物。当时，所有人的目光都聚焦在官渡战场上，袁绍和曹操这对曾经肝胆相照的模范上下级，即将在这场大战中决定全体中国人的命运。

第十八案

袁绍军将领在官渡集体降曹案

（200 年）

案情

200 年夏天，袁绍与曹操之间的大决战终于上演。起初，因孙策遇刺而得以及时从淮南抽身的曹操赢得了黄河岸边的几场前哨战，并斩杀了袁绍的大将颜良和文丑。然而，当袁绍本人亲自渡河南下之后，与荀彧、郭嘉等人在战前为曹操分析的“四胜”和“十胜”相反，曹军很快便被压制，大量城池被攻陷。曹操本人放弃兖州，率军撤退到官渡，在那里与袁绍隔着古老的运河鸿沟对峙，这很容易让人联想起四百年前同样在这里上演的楚汉争霸战。与此同时，袁绍则不断派刘备、韩猛等人率军深入豫州各地，刘备军甚至打到了许昌南郊的濦强，距离攻下曹操的老巢只有一步之遥。至此，曹操的大部分领地都被袁绍军占领或分割包围，呈现兵败如山倒之势。

在袁军的强大攻势面前，曹操的部下纷纷秘密联系袁绍，请求投降，有些人很快便付诸实施。在《三国演义》里，关羽在斩颜良、诛文丑以后，过五关斩六将，去投奔离开袁绍前往汝南的刘备；而事实上，关羽当时只需要离开曹营几里路，就能遇到被

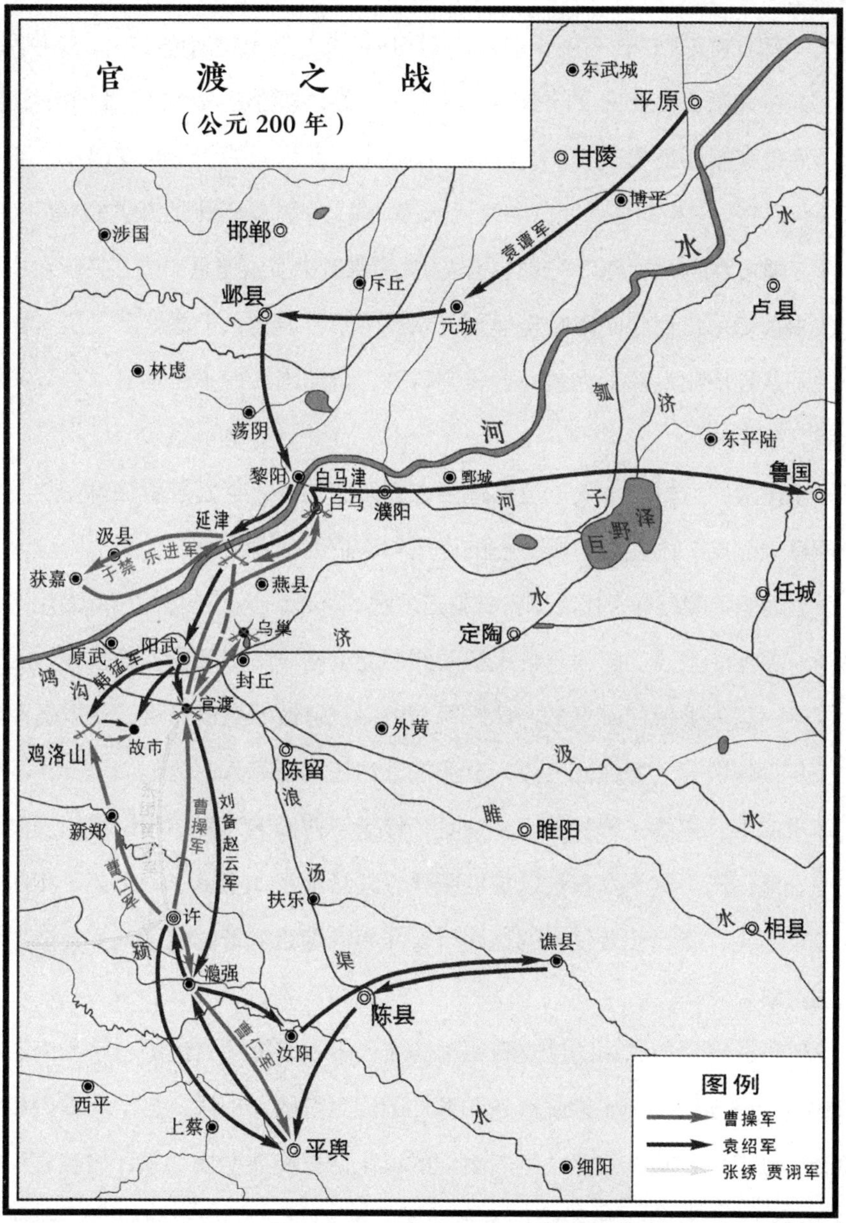

地图⑥ 官渡之战（王晓明 罗三洋 / 作）

袁绍派往汝南，发动袁绍故乡军民反抗曹操的刘备了。刘备当时是袁绍承认的豫州牧，有权统治包括临时首都许昌和袁绍故乡汝南在内的豫州。这倒不能怪《三国演义》的作者罗贯中：在《三国演义》的重要前身《三国志平话》中，存在大量不符合史实的故事，其中之一称，曹操并没有把汉献帝迎到许昌，而是直接西征攻下长安，控制了汉献帝。后来，关羽从长安出发，“过五关斩六将”去投刘备。罗贯中编写《三国演义》时，参照《三国志》等正史，将《三国志平话》中大部分这类虚构的故事都删去了，但是“过五关斩六将”的故事很精彩，在民间影响也很大，罗贯中不舍得删，于是就留下了这样一个关羽从许昌出发后，在黄河边转来转去、行动路线很不合理的“过五关斩六将”故事。

按理说，当曹操本人被袁绍包围在官渡，刘备、赵云带着陈琳写的《为袁绍檄豫州文》出现在曹操背后的许昌和袁绍的故乡汝南时，当地人应该争先恐后地像关羽一样，投降刘备、赵云才对。可是，此时奇怪的事情发生了：刘备、关羽、张飞、赵云与赶来援助他们的汝南黄巾军领袖、濦强地方武装等联手，居然被曹仁率领的许昌守军与曹操从官渡派来的曹洪、徐晃援军在濦强打得惨败，只好撤回官渡。袁绍依然信任刘备等人，给他们增兵，派他们再次南下，扫荡了曹操的家乡谯县，俘虏了曹操的连襟、年轻将领夏侯渊的侄女夏侯氏，这个女孩被迫嫁给张飞，陆续给张飞生下了两个儿子和两个女儿。后来，张飞和夏侯氏的这两个女儿相继嫁给刘备的儿子刘禅，成为两任蜀汉皇后。

可是，当刘备率领的这支看似声势浩大的袁军抵达袁绍的老家汝南时，再次被镇守当地的阳安都尉李通和曹仁的追兵打败。很快，各地弃曹投袁的风潮逐渐平息下来，最后，随着袁绍的谋士许攸投靠曹操，献计偷袭袁绍的乌巢粮仓，多支袁军纷纷倒向曹操，迫使袁绍逃离军营撤回河北，留在黄河以南的袁军大多被曹操歼灭，这就是军事史上以弱胜强的著名战例“官渡之战”。

分析

官渡之战的结局出现大逆转的原因，史书上都说是许攸背袁降曹，而许攸背袁降曹的原因有两种说法：《三国志·武帝纪》说，“许攸贪财，绍不能足”；《三国志·荀彧荀攸贾诩传》则说，“审配以许攸家不法，收其妻子，攸怒叛绍”。在《三国志·荀彧荀攸贾诩传》中，荀彧在白马之战前甚至发表了这么一番极为精准的预言：“许攸贪而不治。审配专而无谋，逢纪果而自用，此二人留知后事，若攸家犯其法，必不能纵也，不纵，攸必为变。”听上去，这些曹军谋士们真是料敌如神。不过，许攸从188年策划绑架汉灵帝开始，到官渡之战为止，跟随袁绍已经至少十二年之久，多次证明过自己的忠诚，如果他生性贪婪，涉嫌腐败或其他犯罪，肯定不是一两年的事情，为什么会在官渡之战最关键的时刻，曹军危在旦夕之际东窗事发？试想，如果袁绍攻下官渡，活捉曹操，或是刘备占领许昌，控制汉献帝以后，许攸才得知自己的家人被逮捕，那他还能做什么呢？此外，许攸在投降曹操之后，并未获得很高的封赏，没有他封侯的记载，而斩颜良的关羽都被封为汉寿亭侯，这与史书中记载许攸在官渡之战中起到的关键作用并不相称。显然，许攸涉嫌犯罪而投降曹操的传统说法太过片面，事情的真相绝不会如此简单。

还有一种说法，指许攸建议袁绍利用兵力优势，留一部分军队在官渡与曹操相持，派另一部分军队直扑许昌迎天子，这样就可以一举结束战争。袁绍没有采纳这个建议，许攸于是愤而投降曹操。这一解释更加不可信。如前文所述，袁绍对付曹操的战术，正是亲自在官渡“分诸军持之”，同时派遣刘备、赵云、韩猛等部军队“径从他道迎天子”，结果被驻守许昌的曹仁打得大败，刘备被迫率残部撤往汝南，可见许攸的建议完全被袁绍所采纳（如果许攸真的曾经提出这类建议的话），效果却很差。

受袁绍的命令，刘备、关羽、张飞、赵云等人带着极富说服力的《为袁绍檄豫州文》，两次绕过曹操的官渡大营南下深入，扫荡了曹操的老家谯县和袁绍的老家汝南郡，甚至还一度同汝南地方武装联合逼近许昌城郊，却被曹仁率领的曹军偏师一再击败，甚至在汝南都无法立足，除了击杀名不见经传的曹军将领蔡阳以外，毫无战绩可言，这实在是一件难以理解的事情，很可能也出乎袁绍的意料。如果我们相信部分史料和《三国演义》的说法，曹操的残暴统治遭到汉献帝和许多臣民厌恶的话，那么在刘备、关羽、张飞、赵云、刘辟等部袁军的强大攻势面前，曹仁率领的曹军偏师想要勉强守住许昌城都并非易事，更不用说主动出击，一再击败袁军了。要知道，十九年后，仅仅一个关羽就把曹仁打成了缩头乌龟，躲在樊城里等待曹操派援军来救，根本不敢出城和关羽野战。

对于曹仁接连在许昌、汝南等地打败刘备、关羽、张飞、赵云等部袁军的军事奇迹，《三国志·诸夏侯曹传》是这样解释的：曹仁听说刘备的军队正在逼近许昌，就建议曹操说："备新将绍兵，未能得其用，击之可破也。"曹操"遂使将骑击备，破走之"。也就是说，曹仁认为，刘备与袁绍派给他的士兵之间还不默契，难以有效指挥，可以击败，曹操就让曹仁带了一支骑兵出击，迅速击溃了刘备军。此时，刘备投奔袁绍只有半年。但是，刘备与袁绍集团相识十几年，曾经跟随学长公孙瓒与袁绍多次交战，对袁绍的军队应该很熟悉了。更何况，刘备和赵云都拥有自己从幽州或徐州带来的老部下。官渡之战后，刘备军从汝南撤到新野投奔刘表时，总数仍多达数千人，可见这支军队的组织水平和凝聚力都不算差，却在濦强和汝南都被曹仁打得一败涂地，就难以让人理解了。

对于刘备、关羽、张飞、赵云等人前往汝南的原因，《三国志·先主传》说刘备在濦强之战后就秘密准备离开袁绍。事实上，汝南就是袁绍的老家，也是袁绍重点发动军民反抗曹操统治的核心区域。袁绍的家乡汝南郡汝阳县距离许昌只有五十千米，普通人步行一天都可以到达，只要充分动员起汝南军民反抗曹操，许昌就危在旦夕。按理说，这是一个非常容易完成的工作。此外，刘备在战败逃离汝南以后投奔的荆州牧刘表，又恰恰是袁绍最忠实的盟友。这些情况都说明，刘备等人去汝南的原因是，汝南是袁绍的故乡，也是刘备这位豫州牧有权统治的核心区域，所以袁绍派他们到自己的老家去动员群众，反抗曹操。

看来，刘备和赵云等人率领的袁绍南下军团实力充足，群众基础也很深厚，却一再被曹仁打败，实在令人费解。

正常来说，军队战败的主要原因无非是三个，一是兵力不足，二是装备不佳，三是战术失误。官渡之战时，袁绍在战术上处于主动地位，军队装备也普遍比曹军好，按照曹操自己的说法，当时袁绍有一万套铠甲，曹操只有二十套铠甲；袁绍有三百具马铠，曹操只有几具马铠，因为太少，没有配备使用。所以，刘备军在豫州屡战屡败的原因，更像是兵力不如曹仁，就像十九年后曹仁被关羽在樊城压着打，主要原因是关羽当时有三万左右的兵力，而曹仁只有几千人。不过，刘备、赵云在多次战败以后仍然有好几千部队，加上汝南黄巾军和澱强地方武装，南下之初的刘备军总数起码在一万人以上，而此时曹操的官渡大营都“兵不满万”，袁绍分给刘备的南下兵力不可谓不多。曹仁的许昌驻军要想对刘备军形成明显的兵力优势，至少要有两三万人之多，这在当时似乎完全不可能。

然而，曹仁除曹洪、徐晃从官渡带回的少数援军之外，还获得了其他援军。《三国志·钟繇华歆王朗传》记载，官渡之战时，司隶校尉钟繇说服马腾、韩遂，从关中给曹操送来两千余匹战马，曹操大喜，给钟繇回信感谢，将他比作萧何。从关中前往官渡前线，肯定要路过许昌，而随同这两千余匹战马而来的，肯定还有许多凉州士兵。另据《三国志·荀彧荀攸贾诩传》记载，官渡之战时，占据南阳的军阀张绣背叛袁绍、刘表集团，带兵前往官渡支援曹操，取得了辉煌战绩。从南阳前往官渡，多半会路过濦强，所以，当刘备军南下时，就将遭到曹仁军、马腾军和张绣军的前后夹击，后者的出现肯定大大出乎袁绍、许攸、刘备等人的意料，因为按理说，作为刘表的附庸，又与曹操有杀子之仇，张绣本来应该是支持袁绍攻打曹操的。

综上所述，造成刘备军南下屡战屡败的，主要原因在于三位凉州军阀——马腾、韩遂和张绣突然向曹操提供了援军。他们之所以支持曹操对抗袁绍，显然不是一时意气用事，而是出于集体利益——自从董卓入京以来，袁绍就成了凉州人的死对头。特别是当袁绍杀害了为其建立不世功勋的凉州籍大将麹义以后，没有任何凉州人会乐意看到袁绍统一中国。他们不约而同地支持曹操，不是因为他们多么喜爱曹操，而是因为曹操是当时唯一有希望阻止袁绍统一中国的力量。在这些凉州铁骑的轮番冲击之下，刘备的南下军团屡战屡败就不难理解了。

不过，即便有了凉州铁骑的增援，曹仁要想主动出击打败刘备，还要顾及另一股势力——曹仁的首要职责是守住许昌城，特别是汉献帝。汉献帝东奔时，带着大批官员和禁卫军，这些禁卫军颇具战斗力，曾经击败过曹操的先锋曹洪，后来因为断粮，才屈服于曹操。尽管曹操刚刚通过处决董承，对禁卫军进行了清洗，但是至少在许昌城内，汉献帝的这些“嫡系部下”仍然是一股可观的力量，后来也屡次给曹操制造过麻烦。如果像许多史书和文艺作品描述的那样，汉献帝一直对曹操的欺压深恶痛绝的话，官渡之战应该是他最好的报复机会——趁着刘备、赵云等人率领的袁军兵临城下之际，里应外合，驱逐曹仁的守军，应该是不难办到的事。据陈琳写的《为袁绍檄豫州文》记载，曹操当时用以防卫许昌皇宫的兵力，只有“精兵七百”而已。在此情况之下，即便获得凉州骑兵的增援，曹仁也不大可能敢于全力主动出击，甚至追击刘备到汝南，否则许昌城就会过于空虚，给汉献帝君臣提供反抗曹操的天赐良机。

于是，我们不得不发问：官渡之战时，特别是当刘备等人率领的袁军兵临许昌城下之际，汉献帝本人究竟是什么态度？

官渡之战前后，当大将军领冀州牧袁绍和司空领兖州牧曹操这两位朝廷重臣自相残杀之际，汉献帝应该下达过不少圣旨，可惜都没有保留下来。即便如此，汉献帝对袁绍和曹操对抗的真实态度其实不言而喻：

作为董太后亲自抚养才得以活下来的皇子，董卓不惜一切代价拥立的皇帝，汉献帝刘协的内心一直都是倾向于凉州集团的。尽管他迫于经济压力，不得不离开关中返回中原，却力排众议，宠信董承和董贵妃父女，显然是对凉州集团的报答。而自从刘协出生以后，袁绍就一直在迫害他：先是策划绑架并废黜刘协的父皇汉灵帝，汉灵帝死后劝何进兄妹将刘协的封国从勃海移到陈留，显然试图在封地谋杀刘协；董卓试图拥立刘协登基时，袁绍公开唱反调并带领党羽出奔，建立讨董卓联军以后又造谣说刘协不是汉灵帝的亲生儿子，没有继承皇位的合法性，要求废黜他，另立别人；直到曹操把刘协迎到许昌，袁绍仍然在策划“可都鄄城，当有所立”。因此，尽管袁绍最终承认了汉献帝的合法性，汉献帝仍然有理由把袁绍看作自己的天敌。汉献帝肯定明白，自从迁都许昌之后，他能活下去并继续当皇帝的唯一希望，就是曹操背叛并打败袁绍。所以，当曹操与袁绍彻底决裂以后，汉献帝的身心健康显然有了很大的改善，以至于能使两个女人（伏皇后与董贵妃）同时怀孕。尽管“衣带诏案”事件导致曹操杀了董承和有孕在身的董贵妃，但是就在官渡之战爆发时，伏皇后生下了汉献帝的嫡长子刘冯。汉献帝立即将刘冯册封为南阳王，也许是为了纪念南阳军阀张绣这时投靠曹操。然而好景不长，不到一个月，小刘冯就夭折了，这时正逢官渡之战的高潮。南阳王刘冯的夭折，很可能与当时袁绍在官渡包围曹操，派刘备等人南下攻打许昌，导致汉献帝、伏皇后夫妇精神极度紧张，身体状况恶化，对婴儿疏于照顾有关。毕竟，一旦袁军攻入许昌城，汉献帝多半只有死路一条。总之，当袁绍南下时，汉献帝能够依赖的唯一自卫力量就是曹操。所以，在官渡之战时，曹操和曹仁完全无须担心汉献帝一伙会趁曹军主力离开，在许昌造反。正相反，汉献帝只会竭尽全力指挥许昌军民抵抗袁绍军队的进攻。

既然汉献帝肯定在官渡之战中大力支持曹操，那为什么史书上没有这方面的直接记载呢?

因为汉末三国的大部分史料归根溯源，要么来自曹魏集团，要么来自陈寿撰写的《三国志》。由于曹丕最终逼汉献帝将皇位禅让给自己，曹魏集团的史料不可能突出汉献帝的历史作用，而要把他矮化成一个无能的傀儡；陈寿是投降曹魏、在西晋时期写作的蜀汉人，他撰写的《三国志》一方面不得不承认曹魏政权的合法性，另一方面又不能不突出蜀汉政权的正统性。这样，《三国志》必须矮化曹操和刘备共同的老领导袁绍，还要让刘备看起来一直都是汉献帝信赖的大汉忠臣。其实，刘备在官渡之战前长期追随汉献帝的死敌袁绍，与汉献帝的关系不可能有多好。刘备参与“衣带诏案”谋杀曹操，并不是为了帮助汉献帝，而是为了讨好当时威震天下的袁绍。等到官渡之战时，刘备带着袁绍的军队攻到许昌城郊，与全力支持曹操反抗袁绍的汉献帝兵戎相见，这段历史如果照直书写，刘备的忠诚皇叔形象就完全坍塌了，变成了一个虚伪、无能的政治投机客。

以上各种原因，导致官渡之战变成了汉末三国史书中被描写得最模糊、最混乱的战役：一方面，曹操好像在战前就占据“四胜”和“十胜”的优势，似乎稳操胜券，也打赢了白马、延津等前哨战，袁绍在错过了趁曹操救徐州之际突袭许昌的机会以后，似乎应该连黄河都渡不过去才对；另一方面，等到袁绍亲自南下之后，曹操的大部分核心领地都被袁军蹂躏，老巢也险些陷落，“兵不满万”，甚至连粮草都只能支撑一个月，以往多年的“屯田”效果似乎荡然无存。刘备、赵云等人明明参与了官渡之战，却毫无战绩可言，等到袁绍战败的消息传来，只好从袁绍的老家汝南跑到荆州，投奔袁绍的另一位忠实支持者刘表去了，《三国志》还得强行解释说刘备秘密筹备离开袁绍。

很多时候，真相很清晰，是史书作者自己不想写明白。

同样，在官渡之战的另一个重要的分战场——乌巢，也发生了让读者越看越糊涂的怪事。

当许攸叛离袁绍投奔曹操时，献计让曹操突袭淳于琼驻守的乌巢粮仓，但是这个计策在当时就遭到许多曹军将领的反对。一来官渡曹军本身兵力匮乏，能够顶住袁军的围攻已属不易，一旦分兵出击，官渡大营必然危险；二来曹操率孤军出击，一旦许攸献计是个圈套，曹操必然被袁军围歼；三来淳于琼的乌巢驻军多达一万人左右，曹操能用于出击的兵力最多不过数千，没有数量优势，而且一旦袁绍派来援军，必然腹背受敌，又无法退回官渡大营，将陷入灭顶之灾。因此，这是一个只有输红了眼的绝望赌徒才会接受的赌局，而且曹营其他将领还都无力完成，只有曹操亲自带队，才有一丝成功的希望。一旦曹操本人稍有闪失，全面失败就在所难免。

曹操当机立断，接受了这个赌局，把自己押上了牌桌，可见他当时身临绝境。在许攸的引导下，曹操率领化装成袁军的五千曹军成功穿过袁军封锁线，抵达乌巢，发动袭击。身为与袁绍、曹操并列的西园八校尉之一，淳于琼具有丰富的军事经验，并非毫无防备。在初战不利之后，他立即退回军营，锁上大门。与此同时，袁绍在得知曹操亲自去袭击乌巢以后，立即派骑兵去援救乌巢，命令其他部队大举进攻兵力空虚的官渡曹营。有人批评说袁绍此时应该全力去救乌巢，但是袭击乌巢的曹军兵力有限，步兵行动速度又慢，先派骑兵去救乌巢显然是最正常的选择。等到袁绍的骑兵抵达乌巢时，曹操还没有攻入淳于琼的军营，危险显而易见。据《三国志·武帝纪》说，曹操得知袁绍的骑兵快到了，一声怒吼，部下奋勇进攻，就冲入乌巢军营，消灭了淳于琼驻军，同时打败了刚刚赶到的袁绍骑兵。很难想象，一支仅有五千人的部队，在短短一个晚上，不仅能攻克一万敌军驻守的军营，将守敌全歼，同时还能打退从背后袭击自己的大批敌军骑兵。在古今中外历史上，这样的战绩恐怕独此一处。要知道，在十五年后，面对张辽所部七千余守备的合肥，孙权亲自指挥十万兵力围攻了十多天，却大败而归，孙权本人甚至险些被俘；二十八年后，面对郝昭所部一千多魏军守备的陈仓，诸葛亮亲自指挥六万多兵力围攻了二十多天，都没有攻克，得知魏将张郃正在率援军赶来，只得撤兵。事情如此蹊跷，其中必有隐情。

《三国志》的其他章节，向我们透露了一些隐情。

官渡之战期间,曹操身边除了许攸以外,还突然多出了两位袁绍的大将——乌桓司马阎柔和渔阳太守鲜于辅。

阎柔和鲜于辅原是刘虞部下，刘虞被公孙瓒杀害之后，两人便在幽州组织军队，投靠袁绍，立志向公孙瓒报仇。袁绍安排他们到刘虞之子刘和麾下，与麹义等将领合兵十万，共同攻打公孙瓒，立过许多功劳。麹义被杀、刘和失踪以后，鲜于辅出任渔阳太守，任命田豫为自己的长史。这位田豫是公孙瓒的老部下，曾经被公孙瓒派去徐州辅佐刘备，后来因为刘备脱离公孙瓒阵营投靠袁绍，离开刘备。鲜于辅任命曾经的死对头田豫为长史，目的不言而喻——准备背叛袁绍，为刘和报仇。当袁绍还在易京围攻公孙瓒时，田豫听说曹操从河南来袭，就劝鲜于辅与曹操结盟。鲜于辅正要动手，配合公孙瓒和曹操夹击袁绍，不料袁绍迅速消灭了公孙瓒，迫使曹操撤兵，并派次子袁熙当幽州刺史，成为阎柔和鲜于辅的顶头上司，令两人如坐针毡，更急于投靠曹操。然而，苦于幽州与曹操领地相距遥远，他们无法率部穿过袁绍的核心领地前往。正在此时，袁绍召他们去参加官渡之战，却给了他们一个天赐良机。

据《三国志・董二袁刘传》记载，袁绍南下讨曹操时，共有“精卒十万，骑万匹”；据《世语》记载，袁绍的主力部队“步卒五万，骑八千”。这些骑兵在颜良、文丑等人的率领下不断折损，刘备南下汝南时又带走了一部分，等到官渡对垒时，袁绍手里的骑兵估计已所剩无几，大部分应当都在阎柔、鲜于辅和田豫等熟悉骑兵的幽州将领手中。

至此，乌巢之战的真相便呼之欲出了：

袁绍派去援救乌巢的骑兵临阵叛变，与曹操一起袭击了淳于琼！

当曹操袭击乌巢时，袁绍能够派去支援淳于琼的骑兵，只有阎柔、鲜于辅和田豫率领的幽州部队。曹操敢于率领五千兵马攻打乌巢，并在袁绍援军赶来时坚持继续进攻并取胜，说明他对于这支骑兵的临阵叛变早已心中有数。淳于琼看到援军赶到，连忙开门迎接，不料这支援军却和曹操联合起来进攻自己，乌巢粮仓因此才会在一夜之间迅速陷落，这便是曹操在乌巢之战中创造旷世军事奇迹的真相。后来，曹操特别重视这三人，对阎柔像亲生儿子一样，又拜鲜于辅为建忠将军，督幽州六郡，还将田豫调到自己身边来担任幕僚，可见这三人在官渡之战中起到了多大的作用。

对于袁绍来说，乌巢之败只是噩梦的开始。被他派去攻打官渡曹营的张郃、高览面对乌巢陷落，许攸、阎柔、鲜于辅和田豫叛变，张绣、贾诩等人率领的凉州援军抵达战场等不利局面，很快也焚毁了攻城器械，向守城的曹洪、荀攸投降了。《三国志·张乐于张徐传》解释说，张郃是韩馥旧部，在袁绍军中历来不受重视，在同为韩馥旧部、战功又远在张郃之上的麹义被杀以后更加受到排挤，袁绍的谋士郭图劝袁绍派兵强攻官渡，遭到张郃反对，失利以后便诬陷张郃幸灾乐祸，张郃愤而投降曹操。

张郃投降曹操，是偶然发生的个例吗？似乎不是。我们看到，袁绍带到官渡的部下之中，许攸、阎柔、鲜于辅、田豫、张郃、高览等人都在短短两三天内投降了曹操。为什么如此众多的袁绍部下会在这么短的时间内发生动摇呢？除了阎柔、鲜于辅、田豫这三位幽州将领早就因老领导刘和之死，策划反对袁绍之外，其他人为什么会走上集体叛变的道路呢？

答案恐怕并不在军事上，也不在经济上。乌巢虽然是袁军的重要粮仓，但是在官渡和其他地方的军营和城镇中，一定还有许多袁军的仓库，前线袁军不可能每天都等着几十里外的乌巢后勤兵给他们做饭送来吃，而且士兵随身至少携带够吃三天的粮食是中国古代军事通则。袁军如此快地从内部崩溃，显然是军官们的主动选择，他们在袁绍明显占据优势的情况下集体做出这一选择，只能是政治上的原因。

官渡之战和赤壁之战、夷陵之战并称为汉末三国的三大战役，但是这一说法并不公平。无论是从历史重要性，还是从战局复杂性来说，官渡之战都远远超过赤壁之战和夷陵之战，以至于无法用民间文学的形式予以描述。罗贯中在《三国演义》中，对官渡之战没有进行任何文学加工，只是照搬《三国志》正文，给读者的印象还不如完全虚构的关羽过五关斩六将来得深刻。而在《三国志》等正史中，作者又都出于现实原因，凡是遇到有关袁绍的事件，总是遮遮掩掩，叙事混乱不堪。叙述官渡之战时，随着矛盾冲突达到了最高峰，这种遮掩和混乱也达到了最高峰，以至于两千年来，所有人都忽略了一个最根本的问题：

袁绍发动官渡之战，兵临东汉帝国临时首都许昌郊区，他的目的是什么？

从陈琳的《为袁绍檄豫州文》和《后汉书》等知名史料中，读者似乎不难找到答案：

袁绍是大汉忠臣，试图将长期遭受迫害的汉献帝从曹操的魔爪下解放出来；即便袁绍有野心，也最多不过是想在打败曹操以后，像曹操一样挟天子以令诸侯而已。

但是，从我们之前分析的各个有关袁绍、曹操和汉献帝的案件来看，情况不像这么回事。自从汉献帝出生起，袁绍就一直试图杀害他，汉献帝登基之后，袁绍还多次试图废黜他，只是因为一系列偶然事件，才勉强承认了汉献帝的合法性，但是仍然没有放弃另立皇帝的计划。

《为袁绍檄豫州文》虽然罗列了部分史实，仍然是一份充斥着政治谎言的宣传文件。

关于袁绍发动官渡之战的真正政治目的，其实有证据可查。《献帝起居注》转载了曹操本人在官渡之战后给汉献帝的报告，里面讲得很清楚，袁绍先是要联合韩馥拥立大司马刘虞称帝，尔后又让曹操把汉献帝迁到鄄城囚禁废黜，袁术、袁叙等亲戚此前都已经陆续写信给袁绍劝进，袁绍于是准备正式篡位称帝。曹操在《述志令》（相当于曹操自传）一文中说："及至袁绍据河北，兵势强盛，孤自度势，实不敌之；但计投死为国，以义灭身，足垂于后。"把和袁绍的决一死战说成是"投死为国，以义灭身"，指的显然就是，曹操抵抗袁绍是为了保护汉献帝不被袁绍废黜。此外，魏国史书《典略》还提到过一件历来不受重视的事件：

袁绍灭公孙瓒之后，很少再向许昌进贡，对汉献帝君臣的态度很傲慢，让主簿耿苞写报告说：“赤德（刘氏）的时代已经衰亡，袁氏是黄德姓氏的领袖，应该顺应天意。”袁绍向部下出示这份报告，大家认为耿苞胡说八道，应该处死，袁绍不得已杀了耿苞，以摆脱自己的困境。

这个故事肯定给曹操留下了深刻的印象，因为《曹瞒传》记载了一个类似的故事：

曹操打仗时军粮经常不足，于是私下询问后勤官员解决办法，后勤官员建议他使用较小的容器称粮食，曹操同意。很快军队就发现粮食被克扣，质疑曹操欺骗自己，曹操看到事态紧急，于是以偷盗军粮、徇私舞弊的罪名杀了后勤官员。

《三国演义》对这个故事进行了加工，使其脍炙人口。其实，从《为袁绍檄豫州文》等史料看，曹操的很多阴谋诡计都是这样向袁绍学来的。

曹操向粮官借头平息兵变的故事时间不详，但是袁绍杀耿苞的时间则完全可以确定，是在公孙瓒败亡到官渡之战之间的这一年，而且十有八九就在官渡之战期间！

既然袁绍在官渡之战期间，曾经让济阴太守袁叙和主簿耿苞劝进，给自己称帝制造舆论，那么官渡之战中的另两件怪事就容易理解了：

第一件，《三国志·董二袁刘传》说，袁绍在与曹操决裂以后，迟迟不亲自南下发动进攻，是因为小儿子生病。但是，在《三国志》和《后汉书》的其他篇章中，我们发现，导致袁绍迟迟难以南下攻打曹操的真正原因，是他原本委任的军师郑玄生病，而且最终病死了。袁绍是在安葬了郑玄以后，才改任沮授、郭图、许攸等人为军师，南下攻曹操的。郑玄是当时中国最著名的儒家泰斗，并不以军事谋略知名，袁绍为什么要委任郑玄当首席军师呢？《九州春秋》还记载，袁绍对郑玄的态度不礼貌，受到“西园八校尉”之一、名士赵融的批评。袁绍已经把军师这样重要的职务都交给了郑玄，还因为郑玄生病，拖延大军出征达几个月之久，为什么赵融等人还指责他对郑玄无礼呢？

第二件，曹操在袁绍败退以后，在袁绍的大营中不仅发现了许多机密文件，还有大量的“图书珍宝”。军务繁忙，袁绍为什么要带一个“图书馆”到前线来呢？

因为称帝需要组织大量礼乐仪式，并颁布大量文件。袁绍如果要取代汉献帝称帝，改朝换代，就必须像王莽篡汉一样，有郑玄这样的权威大儒来公开支持自己，并引经据典，设计和主持仪式。所以，袁绍才会任命缺乏军事经验的郑玄当军师，而且因为郑玄生病将大军出征的日期拖延了好几个月。

结论

本案的真相至此大白：

袁绍发动官渡之战，兵临东汉帝国临时首都许昌城下，不仅仅是为了消灭曹操，更是为了自己取代汉献帝，结束四百年的大汉皇朝，登上九五之尊。只要袁绍攻入许昌，中国就会改朝换代。考虑到政治影响，在南下进攻曹操之前，袁绍只和几个心腹吐露了此事，但是军师郑玄并不支持袁绍篡位，于是袁绍和郑玄发生了失礼的争吵，最终导致郑玄“病死”。（曹操在《董卓歌》中说“郑康成行酒，伏地气绝”，怀疑郑玄是被袁绍在酒席上毒死的。）基于同样的原因，当袁绍兵临黄河时，郑玄的学生崔琰还力劝袁绍不要发动战争，与曹操讲和。袁绍只好临阵更换军师，军事计划因此一再改变，导致了白马之战和延津之战的失利。等到袁绍终于率主力南下，击溃曹军，兵临官渡和许昌时，眼看胜利在望，袁绍无法继续拖延，必须开始部署进入许昌之后的废帝登基行动，于是便发生了主簿耿苞劝进事件。不料，由于事先政治工作没有做到位，袁军将士普遍反对袁绍称帝。袁绍见势不好，只得处死了耿苞，但是袁绍篡位的真实意图已经暴露于天下。在发现袁绍企图推翻汉朝自立之后，忠于汉朝的袁绍部下纷纷倒向曹操，送给绝境中的曹操一场奇迹般的大胜仗。

政治永远高于军事。

不过，在结案之前，我们还有两个问题需要解答：

其一，袁绍为什么一打进许昌城，就必须立即废黜汉献帝，自己称帝？他难道就不能像曹操一样，继续“挟天子以令诸侯”一段时间，或者另立其他人为帝吗？

前文中已经多次分析过，在汉献帝面前，袁绍和曹操不一样。曹操和汉献帝本来没有私仇，他和汉献帝的早期矛盾，主要是因为曹操当时从属于袁绍，必须为袁绍办事；袁绍则是汉献帝毕生的死敌，两人之间的血海深仇没有任何办法可以化解。所以，曹操可以和汉献帝在一座城市共存，袁绍却不能。因此，当官渡之战的胜利看上去已经触手可及的时候，袁绍就必须着手安排废黜汉献帝的流程。至于废黜汉献帝以后拥立何人，袁绍曾经有过构想：最早的人选是刘虞，但是刘虞被公孙瓒杀了；按理说，刘虞之后的第二候选人应该是刘虞的儿子刘和，但是刘和在率领袁军屡立战功之后也人间蒸发了，刘和的部下随即纷纷背叛袁绍投降曹操。此时，除汉献帝以外，汉灵帝没有其他后代，刘表、刘备等远支汉室宗亲的政治、军事经验又过于丰富，不适合给袁绍当傀儡，袁绍就剩下自己称帝这一条路了，何况他此时已经年过五十（袁绍应生于本初元年，官渡之战时五十五岁），身体开始走下坡路，要想在有生之年圆皇帝梦，时不我待。

其二，既然袁绍早已存心自己称帝，那么为什么他的部下对袁绍称帝都激烈反对呢？

这就要从袁绍集团的人员构成来分析了。袁绍集团的早期成员都有一个共同特点：出身党人。党人有两个政治口号，一个是诛杀阉党，一个是复兴汉室。曹操、许攸等袁绍早期追随者都是反阉党的，也都是认为自己的行为有利于东汉帝国实现伟大复兴的。袁绍屠灭宦官以后，党人的历史使命算是完成了一半。但是，在董卓杀死汉少帝，拥立汉献帝之后，袁绍与韩馥策划另立刘虞为皇帝，造成了联盟大分裂。在内讧中，袁绍转而接受汉献帝的合法性，进而又委托曹操把汉献帝接到许昌，这一政策转变已经足够在袁绍阵营中引发思维混乱。等到袁绍好不容易平定了袁术、吕布、公孙瓒等对手时，袁绍的党人老部下已经寥寥无几，主力变成了田丰、沮授、审配、张郃等冀州人，这些冀州人大多没有党人背景，对宫廷政治缺乏了解，难以理解袁绍的真实意图。他们可能只知道袁绍曾经一度与韩馥策划拥立刘虞称帝，而在袁绍承认汉献帝合法性、被汉献帝委任为大将军并处死刘虞之子刘和之后，这些冀州籍官员显然认为，袁绍与汉献帝之间的历史遗留问题已经全部解决了。袁绍发动官渡之战时，这些冀州籍官员应该都相信《为袁绍檄豫州文》的政治宣传，以为汉献帝遭到了曹操的欺凌，这次出征是去解救汉献帝的。他们全然不知道，汉献帝自从出生之后就一直遭到袁绍的迫害，两人之间的矛盾根本没有和解的可能。等到袁绍兵临官渡，刘备打到许昌城下，汉献帝亲自出马，袁绍再也无法伪装成救助汉献帝的忠臣了。耿苞劝进事件爆发后，真相大白：曹操才是汉室忠臣，袁绍企图废黜汉献帝，篡位自立。这些河北官员并不在乎袁绍党人领袖、禁卫军司令、屠灭宦官等以往的“丰功伟绩”，在拥护汉室的他们看来，袁绍是一位在自己帮助下成长起来的军阀，而自己显然受到了袁绍的欺骗，差点犯下颠覆汉室江山的重大政治错误，他们理所当然地开始策划叛袁降曹。不过，冀州籍官员和幽州籍官员向来不和，两者中的任何一支单独行动，都难以打败袁绍。在这关键时刻，他们需要一位资格更老的组织者，这位组织者也在恰当的时候现身了——老党人许攸。对于袁绍军中幽州籍和冀州籍官员的叛乱意图，曹操应该早已掌握，但只有荆州籍“老干部”许攸的出现，才能将他们的行动协调一致。许攸不仅是官渡袁军中资格最老的官员，更是最了解宫廷政治的人——十二年前，他就曾经与冀州牧王芬等袁绍党羽策划绑架并废黜汉灵帝。因此，当许攸来到曹营时，曹操与十二年前不同，立即接受了他带来的这个看似极为冒险的行动计划。

许攸的政治理想本来是辅佐袁绍、王芬消灭阉党，废黜支持阉党的汉灵帝，拥立合肥侯。尽管这次政变以失败告终，但是许攸还是辅佐袁绍铲除了宦官。眼看党人的胜利就在眼前，禁卫军突然在吕布的率领下杀死丁原等将领，倒向了董卓，许攸于是跟随袁绍东奔，并在董卓杀害何太后与汉少帝，拥立汉献帝以后，着手组织讨董卓联军。像许攸这样的人大多是忠于汉朝的，皇帝可以换，但是必须姓刘。如果连许攸这样资历最老的袁绍部下都对袁绍称帝持否定意见的话，那么袁绍在称帝前夕遭到部下集体背叛也就顺理成章了。许攸背叛袁绍投降曹操的根本原因，既不是“许攸贪财，绍不能足”，也不是“审配以许攸家不法，收其妻子，攸怒叛绍”，而是袁绍企图篡位代汉，违背了许攸的政治理想，许攸叛变以后，袁绍才让留守邺城的审配逮捕许攸的家人。《三国志》作者陈寿本来是蜀汉官员，不能不美化蜀汉创建者刘备，而刘备在官渡之战前后的表现可谓一无是处，不仅没打过什么胜仗，还帮着企图篡位的袁绍围攻汉朝临时首都许昌，威胁汉献帝的生命安全。如果照实书写，刘备便成了窃国大盗袁绍的帮凶，蜀汉政权的合法性就出现了严重的问题。为了掩盖这一真相，陈寿对袁绍企图篡汉导致许攸等部下临阵降曹的事实视而不见，编造出许攸贪财或家人被捕的理由。

就这样，袁绍因为推翻汉献帝篡位的计划遭到广泛抵制，被迫狼狈地逃离了哗变的军营，返回河北。

自吕布刺丁原、带领洛阳禁卫军投董卓之后，袁绍再一次遭到了自己军队的抛弃。

当然，对于如此严重的集体叛变，必须有人要负责任。

第十九案

袁绍杀田丰案

（200年）

案情

袁绍从官渡败退回邺城以后，立即判决了一个备受争议的案件，那就是处死了他的重要助手田丰。

田丰是个身份很特殊的人物。早在袁绍被董卓任命为勃海太守时，田丰就加入了袁绍帐下，因此其资历比袁绍帐下的其他冀州籍官员更老，仅次于随袁绍离开洛阳东奔的曹操、刘备、许攸、逢纪等人。当韩馥准备将冀州让给袁绍时，长史耿武、别驾闵纯劝阻韩馥，在邺城组织武装反抗，袁绍于是派田丰将耿武、闵纯杀死；界桥大战时，田丰也跟在袁绍身边，射退公孙瓒的精锐骑兵，可见当时田丰拥有兵权。但是自此之后，袁绍的首席军师就换成了公孙瓒和刘备的老师、袁绍屠灭宦官时的亲密战友卢植，田丰不再直接带兵打仗。尽管卢植在一年后病死，袁绍也随即被汉献帝任命为大将军，田丰却并未获得晋升，职务始终停留在冀州别驾（相当于河北省副省长）。在田丰之前担任冀州别驾的沮授尽管曾经与耿武、闵纯一同力劝韩馥抵抗袁绍，险些和耿、闵两人一起被田丰杀死，此后却被袁绍委任为奋威将军兼监军，“监统内外，威震三军”，实权反而超过了田丰。由此可见，在界桥之战以后，田丰就有些失宠，使得沮授等人后来居上，还被剥夺了兵权。究其原因，荀彧说田丰性格刚猛，经常犯上，《先贤行状》则说逢纪害怕正直的田丰，多次向袁绍说田丰的坏话，袁绍便猜忌田丰。但是，从事情发展的时间来看，更可能是因为田丰在界桥之战时犯了指挥错误，导致袁绍本人遭到公孙瓒骑兵的袭击，陷入危险之中。

不过，田丰失去兵权以后，仍然属于袁绍集团的决策层成员，不断以谋士的身份建言献策。据《后汉书·袁绍刘表列传》记载，曹操在宛城战败以后，袁绍曾经和田丰商量，将汉献帝从许昌迁到鄄城，遭到曹操抵制，田丰于是劝袁绍立即进军许昌夺天子。不过，当时袁绍只是刚刚开始与曹操产生裂痕，南下攻打许昌师出无名。更何况，鉴于袁绍与汉献帝的仇敌关系，一旦袁绍击败曹操攻入许昌，不能不废杀汉献帝，结果必然遭到群雄联合讨伐，而袁术、公孙瓒、吕布、张燕等强敌还环伺周围，因此实施田丰这个建议的时机在当时并不成熟。

等到公孙瓒覆亡，袁绍与曹操彻底决裂，田丰又再次催促袁绍南下攻打许昌。许多史料都记载，袁绍因为小儿子生病，推迟了出征的日期，曹操得以趁此时机击败刘备，在孙策遇刺之后撤回许昌，令田丰十分愤怒。前文已经分析过，袁绍迟迟难以南下攻打曹操的真正原因，不是袁绍的小儿子生病，而是他原本的军师郑玄生病，并且最终神秘地“病死”了。

为了篡汉登基，袁绍需要一位熟悉宫廷政治、精通儒家礼仪的军师。郑玄死后，谁来当这个军师，就成了袁绍阵营的一个热点问题。

官渡之战时，由于卢植、郑玄两大军师和曾经为曹操制定许昌政权礼仪规章的应劭等人都已相继去世，袁绍麾下有宫廷政治经验的官员并不多。除了随袁绍从洛阳东奔的逢纪、许攸、淳于琼之外，袁绍阵营中唯一曾经在中央政府当过官的成员，正是田丰。

据《先贤行状》记载，田丰和沮授都是冀州本土的茂才（即秀才，东汉避光武帝刘秀名讳，改秀才为茂才），不同的是，田丰有在洛阳做官的经历，曾经“辟太尉府”（担任某位太尉的幕僚），还担任过侍御史，因得罪阉党辞职回家，可见他属于党人集团；而沮授一直都在当地方官，完全没有接触过宫廷政治。

作为党人集团成员，田丰在党人领袖袁绍抵达冀州之后，必然抛弃韩馥前往投奔；所以，尽管在界桥之战中犯过错误，袁绍也没有将田丰完全打入冷宫，仍然为他保留了“别驾”这个副省级职务，田丰也继续忠于袁绍；党锢运动开始以后，直至黄巾暴动导致汉灵帝解除党锢为止，党人都没有当官的资格，黄巾暴动之后才被召回朝廷，党锢运动初期的青年官员到官渡之战时已经六十岁以上了，而田丰曾经因得罪阉党辞官返回冀州老家，在官渡之战时的年纪又不算非常大，所以他前往洛阳朝廷当官肯定发生在黄巾暴动之后的汉灵帝晚年。据《后汉书·孝灵帝纪》记载，黄巾暴动之后，汉灵帝总共任命过九位太尉：杨赐、邓盛、张延、张温、崔烈、曹嵩、樊陵、马日磾、刘虞，其中，杨赐在黄巾暴动刚开始就被罢免，刘虞是在幽州被任命为太尉的。其余七位太尉之中，樊陵在职仅一个月，没有时间从外地招揽幕僚，因此召田丰为幕僚的太尉不外乎邓盛、张延、张温、崔烈、曹嵩、马日磾六人。

至此，我们发现，党锢运动结束后，田丰可能给曹操的父亲曹嵩当过幕僚！果真如此，曹操对田丰评价极高，袁绍不肯让田丰随军南下攻打曹操，就都容易理解了。不过，真正决定田丰命运的，肯定还有别的因素。

分析

按照《三国志·董二袁刘传》的记载，袁绍准备南下时，田丰劝他说：“曹公善用兵，变化无方，众虽少，未可轻也，不如以久持之。将军据山河之固，拥四州之众，外结英雄，内修农战，然后简其精锐，分为奇兵，乘虚迭出，以扰河南，救右则击其左，救左则击其右，使敌疲于奔命，民不得安业；我未劳而彼已困，不及二年，可坐克也。”袁绍不肯采纳这一持久战方案，田丰执意劝谏，袁绍十分恼怒，认为田丰破坏士气，于是将其逮捕下狱。由此，袁绍刚愎自用、不听谋士建言的形象深入人心。

可是，在《三国志》的《武帝纪》和《董二袁刘传》里都提到，官渡之战前，田丰本来劝袁绍抓紧时机突袭许昌，《献帝春秋》《后汉书·袁绍刘表列传》等史料也都是这么说的。只有《献帝传》说，沮授、田丰劝袁绍和曹操打持久战，袁绍不听从。

各种证据都显示，《献帝传》是一本专门歌颂沮授的著作，为了证明沮授一贯正确，有时候也拉上田丰，其内容并不严谨，在一定程度上影响了《三国志·董二袁刘传》的写作。《三国志·董二袁刘传》记载的田丰劝袁绍打持久战的言论可能也摘录自《献帝传》之类不严谨的史料，里面居然让田丰当着袁绍的面称曹操为“曹公”，要知道袁绍的年龄明显比曹操大（如果袁绍生于本初元年，就比曹操大九岁），何况此时袁曹双方已经反目成仇，他们管曹操叫“小曹”或“曹贼”还差不多。除《献帝传》和《三国志·董二袁刘传》之外，没有任何证据显示田丰曾经劝袁绍和曹操打持久战。此外，袁绍在官渡之战以前，只要亲临战场，一直百战百胜，而曹操则是打了不少败仗，很难想象田丰身为袁绍部下，会在袁绍面前说“曹公善用兵，变化无方”之类吹捧曹操军事才能的言论。后来，范晔创作《后汉书》的时候，也许是发现《献帝传》的可信度不高，很少采用这一史料。

不过，作为历史学家，范晔既有谨慎的一面，也有喜欢抖机灵的一面。在《后汉书·袁绍刘表列传》里，他不仅抄录了在《三国志·董二袁刘传》中记载的田丰劝袁绍打持久战的言论，而且颇为大胆地把原文中的“曹公”都改成了“曹操”，又在前面加了一句解释，变成了：“曹操既破刘备，则许下非复空虚。且操善用兵，变化无方，众虽少，未可轻也，今不如久持之……”这样，速战速决的资深支持者田丰突然转而鼓吹持久战，逻辑上似乎就成立了。但是，曹操在打败刘备以后，其实并没有立即返回许昌，而是先去了淮南，试图营救正在被孙权围攻的陈登，并截击正准备渡江北上攻许昌的孙策军，所以袁军在白马围攻东郡太守刘延长达两个月（200 年农历二月至四月），直到孙策四月四日遇刺身亡的消息传来以后，曹操才匆匆赶回黄河流域来解白马之围。范晔创作的“曹操既破刘备，则许下非复空虚”这句话，在当时根本不成立，许昌防备空虚的情况又持续了至少两三个月。所以，尽管田丰的这段劝谏被《三国志》和《后汉书》收录，仍然不可信，很像是曹魏集团事后编造的（所以里面才有“曹公善用兵，变化无方”这种奇葩言论）。

综观各类史料，劝袁绍打持久战的人绝不是田丰，而是沮授。

既然田丰不大可能鼓吹过持久战，而是一直在催促袁绍南下攻打曹操，那么袁绍在南下攻打曹操前夕，又为什么要把田丰关进监狱呢？

《先贤行状》对田丰被捕的解释是，被逢纪的谗言陷害。

我们记得，逢纪是吕布杀丁原，率领禁卫军投奔董卓时，最早跟随袁绍离开洛阳东奔的两位谋士之一（另一位是逢纪的南阳老乡许攸）。袁绍起兵讨董卓，却被韩馥制约时，是逢纪献策，迫使韩馥将冀州献给袁绍的。可以说，逢纪的资历比田丰更老，而且在袁绍占领冀州的过程中居功至伟。但是在此后的几年，史书上很少再记载逢纪的言论。据《汉末英雄记》记载，逢纪此时开始忌惮田丰，并与审配产生了私怨，不过后来在袁绍的劝说下，逢纪与审配和好。《后汉书・袁绍刘表列传》更添油加醋地说，审配的两个儿子在官渡之战中被曹军俘虏，袁营众将都劝袁绍将审配革职，只有逢纪劝袁绍不要怀疑审配。由此看来，逢纪的私德并不算差，起码和审配差不多，而审配是知名的忠臣。逢纪连与自己有私人利益冲突的审配都可以原谅，却为何唯独不能原谅与自己没有私人利益冲突的田丰？或者，田丰与逢纪也有切身利益的冲突？

在《献帝传》等史料中，读者可以很容易地将袁绍的几大谋士划分成经常唱反调的两个集团：第一集团包括逢纪、许攸、郭图、荀谌、淳于琼、辛评等人；第二集团包括田丰、沮授、审配等人。一调查他们的背景，就很容易发现，第一集团的籍贯全都在如今的河南省，第二集团的籍贯全都在如今的河北省。

事情明摆着：在袁绍统一河北、争霸中原的过程中，他麾下的河北人与河南人存在利益冲突。袁绍从洛阳东奔之时，行动匆忙，未必已经构思好了以冀州为根据地的长期计划，所以也没有组建一个稳定的参谋班子。在逼韩馥让位以后，这个参谋班子才搭建起来。袁绍自己是豫州汝南人，尽管努力破除地域矛盾，重用田丰、审配等冀州人才，赵云等冀州人一度投靠公孙瓒，与袁绍为敌，等到公孙瓒大势已去才投降袁绍，袁绍也没有问他们的罪。不过，袁绍的前任韩馥也是豫州人，并且起用了大批颍川老乡，所以袁绍又继承了韩馥的许多豫州部下。因为豫州人实在太多了，所以袁绍不得不将荀彧、郭嘉等豫州人外放到附庸势力曹操处，结果壮大了曹操。早在是否迎汉献帝的问题上，袁绍阵营中的这两个集团就发生过严重的分歧。等到袁绍与曹操决裂，袁绍阵营中的这两个集团之间的矛盾就更大了。

袁绍攻打曹操，本质上是两个豫州人的斗争，但是如《为袁绍檄豫州文》所说，双方动用的兵力却大都来自河北，等于河北子弟用生命来帮助一个豫州军阀攻打另一个豫州军阀，河北官员当然不大乐意看到这种情况的发生。袁绍一度重用冀州系代表人物沮授，让沮授“监统内外，威震三军”，立即遭到豫州系代表人物郭图的抗议，最后只好恢复三军体制，让沮授、郭图、淳于琼各统一个军。结果，沮授又不满意了，按照《三国志·董二袁刘传》和《献帝传》的说法，他一面力劝袁绍打持久战，一面向亲友宣称此战必败。如果事实真的如此，那么沮授“沮众”的言行远比田丰恶劣，袁绍既然能以“沮众”的罪名逮捕田丰，又为何不能以“沮众”的罪名逮捕沮授呢？

看来，作为冀州系的两位代表人物，田丰和沮授的情况并不一样。田丰急于一战而被捕，沮授不愿出战却被迫出战。为了破解这个难题，先让我们来看看，袁绍是否真的不听他们的劝说。

官渡之战的序幕是白马之战，距离官渡之战足有半年之久。在《三国志·董二袁刘传》和《三国志·关张马黄赵传》中，都说攻打白马的袁军大将是颜良。《三国志·董二袁刘传》说，沮授劝袁绍不要让颜良单独出战，袁绍不听。但是，《三国志·武帝纪》明确记载："二月，绍遣郭图、淳于琼、颜良攻东郡太守刘延于白马"；《后汉纪·孝献帝纪》则记载，袁绍派去渡河攻白马的将领有沮授、郭图、淳于琼、颜良。从这两份权威的皇帝本纪来看，显然，袁绍完全采纳了沮授的建议，把沮授、郭图、淳于琼三大军长都派去协助颜良攻打白马。结果呢？他们两个月都没能攻下一个小小的白马津，直到曹操在孙策遇刺后从淮南返回，将袁军杀得大败，颜良战死，沮授、郭图、淳于琼落荒而逃。仅此一战，沮授就应该被革职查办。在随后发生的延津之战中，袁军再度失利，名将文丑战死，刘备等部败逃。至此，《献帝传》所记载的沮授向袁绍提出的持久战战略宣告彻底破产，结果是袁军每战必败，士气越来越沮丧，而屡战屡胜的曹军则士气高涨，对打赢这场原本毫无把握的战争越来越有信心。

从军事角度上看，袁绍在官渡之战时真正的问题是：自从袁绍杀了麴义、刘和以后，袁军将领就变得像拿破仑手下的法军将领一样，离开袁绍，便都不会打仗，既难以独当一面，更无法在战场上给曹操制造威胁，甚至连曹仁、张辽、于禁等人都应付不了。在此情况下，无论是沮授、郭图、淳于琼、颜良、文丑、韩猛，还是刘备、赵云、阎柔、张郃、高览，都不能被单独派出去执行任务，否则就是给曹操送大礼。袁绍要想打败曹操，就必须亲自上阵指挥，集中兵力直捣许昌，寻曹军主力决战，没有别的选择。如果不是袁绍亲自出马，曹军根本不可能被从黄河边压制到官渡，袁军也不可能深入汝南、谯县等地，威胁许昌。既然如此，主张速战速决的田丰就更加正确了，袁绍为什么要逮捕他？

看上去，田丰的被捕，既不是因为他主张持久战，更不是因为他主张的速战速决策略没有被袁绍采纳。事实上，等到正军师郑玄的葬礼一结束，袁绍就亲自率军渡过黄河，向曹军发起了猛烈的攻势。所以，田丰的被捕，应当不是军事上的原因，而只能是政治上的原因。

我们还记得，田丰与沮授最根本的区别，是田丰曾经在洛阳中央政府任过职，还与阉党交恶，有宫廷政治经验，而沮授只在冀州地方政府当过官，没有任何宫廷政治经验。再加上田丰的党人背景，袁绍在内心深处，肯定是把田丰看得比沮授重得多的。尽管袁绍给了沮授实权，但是在接管邺城、迁都鄄城等大政方针上，他显然更愿意听取田丰的意见。既然袁绍攻打曹操的本质是要废黜汉献帝篡位，那么在如此高端的宫廷政治问题上，袁绍必然更愿意与田丰等少数心腹秘密交流，而沮授尽管手握兵权，却被蒙在鼓里。

前文分析过，在袁绍军中，具有宫廷政治经验的知识分子，不外乎郑玄、逢纪、许攸、淳于琼、田丰五人。此外，袁绍的另一位重要谋士、荀彧的哥哥荀谌可能也和弟弟一样，曾经在洛阳当过官。据《三国志·董二袁刘传》记载，袁绍发动官渡之战前，本来“以审配、逢纪统军事，田丰、荀谌、许攸为谋主”，所以荀谌应当也是官渡之战的主要参谋之一。鉴于袁绍称帝的计划在官渡之战期间遭到全军一致抵制，可见此前对此知情的人很少，除了带头建言的袁叙和耿苞之外，对袁绍准备进军许昌废黜汉献帝的计划可能的知情官员就只有郑玄、逢纪、许攸、淳于琼、田丰、荀谌六位了。在这六人之中，郑玄在出征前与袁绍争吵后“病死”，淳于琼被曹操杀死，许攸投降曹操，荀谌失踪，官渡之战后就剩下了逢纪、田丰两人。

在官场上，知道太多秘密，往往是危险的。知情而拒绝参与，就会被当作叛徒处理，所以袁绍在南下之前，先是逼死郑玄，又囚禁田丰。田丰的早早被捕，不可能是因为他对袁绍的军事部署有异议，而只能是因为他反对袁绍废黜汉献帝，灭亡东汉皇朝，自立为帝。称帝是最大的政治，袁绍南下之初，还在《为袁绍檄豫州文》中宣称曹操迫害汉献帝，自己此行是要解救汉献帝的，一旦知情的田丰将袁绍打算称帝的消息提前走漏出去，袁绍的这些政治宣传就会完全破产，造成巨大的负面影响，因此袁绍不能不在出师前囚禁田丰。

结论

袁绍在官渡之战的失利，主要原因不是军事，而是政治，部下反对袁绍称帝而集体哗变。因此，袁绍败退回冀州以后，肯定要对部下进行政治清洗。官渡之战如果打赢了，是袁绍自己伟大光荣正确，打输了回来就要抓内鬼，以证明袁绍仍然伟大光荣正确，自古以来，独裁者大都如此。既然在官渡之战后，对袁绍准备进军许昌废黜汉献帝的绝密计划知情的官员就剩下了战时留在邺城的逢纪、田丰两人，那么这两人之间就必须出一个内鬼作为牺牲品。更何况，此时“冀州城邑多叛”，幽州和并州等地也不乏反袁武装的活动，袁绍不能不当机立断，迅速展开清洗活动。在官渡前线军队和冀州军民相继发动大叛乱的局势下，袁绍只清洗一个田丰，就算是非常宽容的了，《三国志·袁张凉国田王邴管传》说“袁氏政宽”，并非虚言。逢纪此时说田丰的坏话，不是因为他的人品有多坏，而是为了自保。可以说，是袁绍逼逢纪告发田丰的。此外，既然在官渡造袁绍反的主要都是河北人，袁绍选择清洗田丰，而不是资历更老、在袁绍东奔和夺取冀州的过程中贡献更大的河南人逢纪，就很好理解了。

身在局中，田丰看得自然比外人透彻许多。当袁绍在官渡战败的消息传到邺城，田丰预言说，如果打了胜仗，我必然有救，现在打了败仗，我要死了。田丰明白，如果袁绍打赢官渡之战，消灭曹操，就会废黜汉献帝，称帝成功以后，自然要大赦天下，田丰必定安然无恙；如果战败了，身处囹圄的自己将百口莫辩，很难不被当作责任人处死。果然，袁绍很快就下令处死田丰，这和田丰是否曾经在狱中嘲笑过袁绍没有多少关系。荀彧的哥哥荀谌可能也基于类似的理由，被袁绍在官渡之战后当作内鬼清洗了。在袁绍与曹操这对曾经肝胆相照的模范上下级反目成仇以后，这些都是注定要上演的悲剧。《三国志·董二袁刘传》评价说，袁绍表面上风度翩翩，很有气度，喜怒不形于色，其实内心非常猜忌。实际上这并不是袁绍的性格缺陷，处于袁绍的政治地位，每天面对宫廷政治斗争，任谁都会形成这样的行事风格。宫廷政治讲究的是一着不慎，满盘皆输，甚至要搭上整个家族的性命，大大咧咧、口无遮拦的人根本没有生存下去的机会。

处决田丰以后，袁绍很快平定了冀州各地的叛乱。与此同时，曹操挥师东进，击败了袁绍在黄河边仓亭津的驻军，同时派张辽等将领去驱逐豫州东部的袁绍军。很多史料都把官渡之战视为袁绍集团的毁灭性惨败，并且认为从此以后，曹操统一中国北方的趋势就非常明显了。事实上，情况完全不是这样：对于袁绍集团来说，官渡之战远远算不上致命。从某种角度看，袁绍其实打赢了官渡之战，因为他的战后地盘远比战前大。通过官渡之战，袁绍拿下了几乎整个兖州和半个豫州，曹操的势力范围严重缩水，兖州和豫州东部的鲁国、豫州西南部的汝南等多地都被袁绍集团占据。直到官渡之战半年多以后，趁着袁绍在冀州平叛、随即生病之机，曹操才逐渐将整个豫州和兖州南部收复。等到袁绍平定了冀州叛乱以后，曹操立即又撤回官渡驻扎了很久，明显是在准备抵御袁绍的下一波攻势。袁绍死后，袁绍的儿子袁谭和袁尚一度还主动南下进攻曹操，直到袁谭和袁尚兄弟反目，袁谭向曹操求援，袁曹双方的形势才逆转。即便如此，曹操花了足足六年时间，才彻底打败袁氏兄弟，征服河北。

本来，如果袁绍再多活几年，他显然依旧有机会打败曹操。尽管袁绍在官渡之战中损失了大批人才、士兵和装备，但是袁绍集团的恢复能力是惊人的，不仅经济实力冠绝中国，而且袁绍身为党人领袖，自己就是一个顶级人才孵化器。只要袁绍活着，中国各地的人才依旧会对他趋之若鹜。

可是，袁绍偏偏在此时病死了。如果从本初元年出生算起，袁绍享年五十七虚岁。据袁绍的后裔袁世凯总结，从此以后，“袁家没有过六十岁的人”。

曹操知道，自己在与袁绍的对抗中有多么幸运。曹操晚年，在《述志令》（相当于曹操自传）一文中这样说：“及至袁绍据河北，兵势强盛，孤自度势，实不敌之；但计投死为国，以义灭身，足垂于后。幸而破绍，枭其二子。”文笔间流露出与介绍其他事件完全不同的悲壮气氛。由此可见，官渡之战前，曹操本人对局势的客观分析是：如果正常作战，他绝不是袁绍的对手，必败无疑。

骨子里，曹操从来就没有相信过谋士们给他分析的“四胜”和“十胜”理论。

袁绍死后，由于袁谭和袁尚兄弟内斗，官渡之战后实力仍然不如袁绍的曹操幸运地征服了河北。之后，曹魏集团发现，有必要洗清自己与袁绍集团的渊源关系。他们采用的策略，是竭力贬损袁绍本人，把他描绘成一个固执糊涂，因此注定失败的政治对手，而把曹操描绘成从一开始就相对独立，与袁绍大致平起平坐的诸侯势力。用力过猛地贬低对手和歪曲历史，使得曹操的前半生完全被迷雾笼罩，更使曹操在官渡之战及此后六年对袁绍集团的艰苦胜利变得难以解释。真相其实很简单，曹操本来是袁绍的忠实部下，为了保护汉献帝而勇敢地与企图废黜汉献帝篡位的袁绍决裂对抗，最终极为幸运地战胜了对手。

袁绍生前是中国政治舞台上无可争议的男一号，几乎所有汉末政治人物的成败兴衰，都源自他们与袁绍的关系，同样，这期间中国的多数大案、疑案，也都与袁绍脱不了干系。袁绍不仅是中国政坛上的风云人物，更是人类历史上最大的犯罪组织头目之一。

死亡不能解决所有问题，但是可以解决大部分问题。随着党人教父袁绍的去世，中国的犯罪活动频率突然断崖式下降，连续好几年都没有出现值得一提的悬疑案件。直到曹操完全征服河北，成为袁绍政治遗产无可争议的继承人以后，一大波疑难案件才重新降临中华大地。

第二十案

曹操杀华佗案

（208年）

案情

208年秋季曹操刚刚平定河北时，他在华南的盟友、交州牧张津被部下杀害，张津的宿敌刘表乘机南下攻取交州；然而，螳螂捕蝉，黄雀在后，曹操和张津的盟友、刘表的世仇孙权趁荆州兵力空虚之机，袭破江夏，斩杀了刘表麾下名将黄祖。曹操见宿敌刘表兵力分散，疲于招架孙权的攻势，于是大举南下，进攻荆州。

然而，人算不如天算。曹操南征时，荆州正在流行瘟疫，恰恰一直支持曹操、反对刘表的荆州神医张仲景在此时去世，曹操的大军因此面临着严重的传染病危险。本来，曹操无须对此过于担心，因为他麾下还有当时中国的另一位神医华佗。但是，就在曹操出发南征刘表前夕，他突然下了一份令人匪夷所思的命令——处死华佗！事后看来，曹操在南征荆州前夕处死华佗，注定了曹军因瘟疫而在赤壁溃败的结局。

陈寿对“医圣”张仲景不屑一顾，却在《三国志·方技传》用了异乎寻常的大量篇幅来介绍神医华佗，大意如下：

华佗是沛国谯县人，曾经在徐州游学，通晓好几部儒家经典，因此被沛国相陈珪推荐为孝廉，后来太尉黄琬邀请华佗当幕僚，华佗都没去。华佗擅长养生，民间以为他年近百岁，但容貌却像中年人。华佗精通方药，擅长针灸，什么病都能很快治好，甚至能用麻沸散麻醉病人，给病人开膛破肚，进行手术，手术后用针线缝好伤口，涂上药膏按摩，不久便能痊愈。华佗作为医生的名气越来越大，但是他本是儒生，经常后悔自己没有做官。后来，曹操让华佗当自己的私人医生，日久天长，华佗感到厌倦，告辞曹操回家休假，很久都不再返回。曹操每次派人去找华佗，华佗都推辞说妻子生病了走不开。曹操催促地方官把华佗送过来，华佗绝食，迟迟不肯出发。曹操于是大怒，派人调查，发现华佗说谎，便将他逮捕下狱。荀彧为华佗求情，曹操拒绝说："不怕，天下难道就没有这种鼠辈了吗？"于是判处华佗死刑。华佗临刑前，送给狱卒一本自己写的医书，狱卒不敢收，华佗就把书烧了。华佗死后，曹操的头痛病日益严重，却说："华佗能治好这个病，但他这个小人故意不给我断病根，以便抬高自身名望。"等到曹操的爱子曹冲病危，曹操才叹息说："我后悔杀了华佗，让这个孩子病死了。"

从华佗的这篇官方传记来看，华佗其人有三个值得特别注意的地方：一、华佗是曹操的沛国谯县老乡；二、华佗原本是"士人"，曾经被沛相陈珪推荐为本地孝廉，如果华佗接受，便获得了当官的资格，太尉黄琬也曾经邀请华佗担任他的幕僚，华佗都拒绝了，坚持从医，晚年却又后悔了；三、华佗因在给曹操治病期间借口妻子生病，长期返乡不归，触怒曹操被杀，此后曹操的儿子曹冲病死，令曹操对于杀害华佗深感后悔。

分析

对于华佗的史料稍加思考，我们便能发现不少疑点：

既然华佗是曹操的老乡，曹操自然有充足的理由信任他；然而，华佗的老乡也都是曹操的老乡，华佗因为不想给曹操看病而找借口回乡隐居，很容易被乡亲们告发（按照地方志记载，曹操和华佗两人的故居相距不到十千米）。此外，华佗既然是药到病除的神医，却借口妻子生病回乡，很久都没有返回曹操身边，难道他这位神医长期治不好妻子的病？这个借口编得也太幼稚了，怎么能蒙住曹操？

至于华佗的寿命，和许多古代著名医生一样，在当时就是一个谜。唯一可能提供华佗真实年纪的信息，是他被“沛相陈珪举孝廉”。陈珪担任沛相是在汉灵帝晚年，“孝廉”顾名思义，既孝敬长辈又廉洁奉公，这种荣誉一般授予杰出的年轻人，例如华佗的老乡曹操就在十八虚岁那年被举荐为“孝廉”，几乎没有三十岁以上的人被举荐为“孝廉”的例子。所以，华佗大概出生在165年前后，也就是汉桓帝晚年，略小于曹操，和刘备年纪差不多，208年遇害时不过四十多岁，“貌有壮容”一点都不奇怪。作为最熟悉华佗的人，曹操称华佗为“小人”和“鼠辈”，也可见曹操比华佗年长。因为“孝廉”并不是官职，而只是当官的资格证，所以极少有人会拒绝“孝廉”头衔。华佗后来曾经给陈珪的儿子陈登看肠胃病，可见他和陈珪父子关系一直都不错，他究竟为何不愿意当“孝廉”是一个谜。“太尉黄琬辟”，给我们提供了一个非常准确的时间，因为黄琬是在董卓执政初期被任命为太尉的，任期只有三个月，即189年农历十二月至190年农历二月。此时，袁绍、袁术、曹操、刘备等人已经离开洛阳东奔，曹操和刘备甚至可能已经到达华佗的家乡谯县，开始招兵买马，华佗对此必然有所耳闻，他拒绝太尉黄琬去洛阳的邀请是顺理成章的事情，因为这等于是为董卓政府效力。如果华佗接受黄琬的邀请，可能当时就在家乡被敌视董卓的曹操、刘备带兵杀掉了。

这样看来，华佗不仅是曹操的老乡，也是陈珪、陈登父子的朋友，而且在曹操离开洛阳返乡时，明确拒绝董卓政府的邀请，在政治上显然是支持曹操的。即便不考虑华佗的医术独步天下，曹操安排华佗当自己的私人医生，也是完全合理的选择。事实上，华佗之所以能够压倒张仲景等人，成为东汉三国第一神医，核心竞争力就在于他是曹操的老乡，曹操给他介绍了很多高端客户。

这样看来，华佗借口妻子生病，长期返乡不归，触怒曹操被杀，就显得非常奇怪了。

在《三国演义》里，华佗曾经给周泰、关羽等吴蜀名将疗伤，然而，这些都是虚构的。《三国演义》甚至把华佗之死延后了十二年，让这位名医在曹操死前不久才遇害，目的一是为了照顾华佗给晚年的关羽刮骨疗毒的民间故事，二是为了让曹操死得更加不光彩一些。其实，历史上真实的名医华佗身为曹操的老乡和政治支持者，一直在为曹操集团服务，自从关羽在官渡战场上叛离曹操之后，他便没有任何机遇去为关羽看病了。基于同样的理由，华佗不大可能用妻子患病久治不愈的幼稚理由来搪塞曹操，长期回乡隐居，因为华佗的家乡就是曹操的家乡，在同样熟悉并支持曹操的左邻右舍面前，华佗守不住任何秘密，根本达不到隐居的效果。

看来，《三国志·方技传》对华佗之死的记载和那些如同广告词的华佗病例一样，真实性值得怀疑，其主要材料来源之《佗别传》更像一本医药宣传手册，并不是严谨的史书。作为老乡，华佗本应是曹操最信任的医生，曹操杀华佗对自己明明有百害而无一利。然而，华佗最终的确是被曹操杀害了，原因令人费解。

也许，我们可以像大部分疑难案件一样，从作案的时间和地点入手研究这个问题。

华佗被杀于208年。由于杀华佗是曹操直接下的命令，又经过了正常的监狱审讯和司法审判程序，所以华佗死时，应该与曹操处在同一个地方，那么，这个地方是哪里呢？

据《三国志·武帝纪》记载，208年，曹操去过很多地方：一月在邺城，六月到许昌出任丞相，七月离开许昌南下征刘表，九月到新野和襄阳，十月到江陵，十二月到赤壁。现存华佗墓在许昌，所以华佗有可能是在许昌被杀的，但是也不排除死后迁墓的可能性。按照《三国志·方技传》的记载，曹操在曹冲病死时对自己杀华佗表示后悔，所以华佗应当死在曹冲之前。而按照曹丕《苍舒诔》的记载，曹冲死于当年五月，所以华佗应当死于208年农历一月至四月，这期间曹操刚从柳城远征返回邺城，尚未去许昌，而按照曹丕在《苍舒诔》和迁葬曹冲的诏书来看，曹冲显然病死并安葬于邺城。所以，华佗遇害的地点可能是邺城或许昌，需要通过华佗遇害的具体月份才能确定。

既然华佗是在208年农历一月至四月之间被曹操处死的，而《三国志·方技传》说，曹操多次派人去谯县家乡召华佗，华佗都借口妻子生病不肯回来，最后曹操发现华佗说谎，就把他抓起来拷打处死。显然，这是一个很长的过程，在此期间，曹操一直受着头风病的折磨，而且多半停留在离谯县较远的地方，因此才会多次派使者去召华佗。但是，在208年农历一月之前大半年（207年农历五月至208年农历一月），曹操从邺城出发远征柳城，也就是从今河北省和河南省交界处一直打到辽宁省南部，再原路返回河南，活动范围非常大，还经历了多次战斗和艰苦跋涉，根本就不像是一个患有重病、急切需要医治的病人。在此之后到曹冲于五月甲戌日病故之间，只有短短四个月，还要扣除曹冲开始生病至病故的时间（如果曹操知道爱子曹冲生病的消息，应该会特赦华佗），实际上只有一两个月。使者在这么短的时间内多次来往于邺城和谯县之间传话并调查，最终逮捕并审讯华佗，以当时的交通条件而言，根本来不及。

所以，《三国志·方技传》记载的曹操杀华佗案，从时间、地点到作案动机，全都存在疑问。那么，曹操在南征荆州前夕杀华佗的真实原因又会是什么呢？

有时候，看似一团乱麻的线索之中，却隐藏着非常简单的真相。

归根结底，华佗被杀的一切疑问都与曹冲病逝有关。

结论

其实，只要华佗被杀发生在曹冲病逝之后，而不是曹冲病逝之前，所有的疑问便都能迎刃而解。这样，曹操的使者无须多次在曹操与华佗住地之间长途跋涉，华佗无须为长期不返回曹操身边找妻子生病这种幼稚的借口，曹操在赤壁之战前杀害老乡神医也有了合理的解释。

以此为前提，曹操杀华佗案的来龙去脉大致是这样的：

曹操凯旋邺城后，心爱的幼子曹冲突然生了病。曹操立即命令自己最信任的老乡、神医华佗给曹冲看病，但是没过多久，曹冲病情恶化，最终在邺城去世了。曹操勃然大怒，将曹冲之死视为医疗事故，怒斥华佗。恐慌的华佗试图逃跑，但是在途中被捕。曹操安葬曹冲后，前往许昌出任丞相，途中下令将华佗处决并埋葬于许昌。之后，华佗的崇拜者为了解释这一对华佗神医形象不利的结局，杜撰了华佗不肯给曹操治病，回乡隐居，被曹操发现并杀害，曹冲病死后曹操又后悔的故事，并被陈寿采信，编入《三国志》。

说到底，曹操是一个疯狂的医闹。他之所以会表现得如此失控，自然有难言之隐。

众所周知，曹冲是一个神童，《三国志·武文世王公传》记载的“曹冲称象”故事举世闻名。

那么，曹冲为什么会成长为一位早熟的神童呢？

曹冲“年十三，建安十三年”病故，这就是答案。

我们生活在一个神童辈出的时代，十三岁便考取了大量技能证书、“学富五车”的小学生比比皆是，所以，现代人应当最清楚，什么因素造就了神童。

除了先天的智力水平差异以外，只有一个办法能够造就神童——父母在稳定的生活环境下长期精心的陪伴和照料。以其他方式养大的孩子，无论先天的智力水平如何，都很难成长为神童。

我们知道，曹冲的几个哥哥——曹昂、曹丕、曹彰、曹植也都才华横溢，但是他们并没有“神童”的美誉。究其原因，在他们的童年时期，曹操夫妇颠沛流离，生活极不稳定，根本没有时间精心地陪伴和照料孩子。曹昂、曹丕、曹彰、曹植兄弟即便智力超群，却连系统的学习条件都不具备，只能在“社会大学”里成长，这肯定是令上过太学的父亲曹操十分惋惜的。直到建安元年，曹操把汉献帝迎到许昌，这才给家庭成员提供了一个稳定的生活环境。

曹冲恰恰就生于建安元年。

不仅如此，在建安二年，也就是曹冲二虚岁时，大哥曹昂战死在宛城，不久后父亲曹操与原配丁夫人离婚，曹冲母亲环夫人的地位因此大幅提升。

换句话说，在建安初年，有很长一段时间，曹冲独享了曹操大部分的父爱。而此时的曹操，远比曹昂、曹丕、曹彰、曹植童年时的曹操更有见识，经济实力更强，也更有育儿经验。《典略》《典论》《傅子》等书都提到，曹操有丰富的育儿经验，不仅善于抚养子女，还收了很多养子，是一位技艺熟练的奶爸，而且他十分为此自豪。曹操有娶寡妇的偏好，恐怕和曹操家里养的儿童特别多，需要有育儿经验的妇女不无关系。

所以，曹冲在正确的时间出生在正确的家庭，享受了完整的父爱和基础教育，这才得以成长为“五六岁时智力与成人相当”的神童。可以相信，如果曹冲能够活到十五岁以后，曹操尽管军务繁忙，也一定会重建太学，把爱子培养成战乱后的第一批太学生。

日理万机的曹操抽出大量时间和精力来陪伴和教育曹冲成长，把他教育成一个神童，自然对曹冲寄予厚望。据《三国志·武文世王公传》记载，曹操多次表达要传位给曹冲的意愿，曹冲病重时曹操亲自祈祷，愿意用自己的生命来换曹冲的生命，曹冲病逝后，曹操十分痛苦，对曹丕说：“这是我的不幸，却是你们兄弟的幸运。”《魏略》也说，曹丕称帝以后经常讲：“如果苍舒（曹冲）活到现在，天下不会是我的。”但是，随着曹冲的病逝，曹操在他身上投入的全部精力都化作了无用功，所有的设想都成了一场幻梦。可想而知，曹冲死后，曹操会多么愤怒和悲伤。正是在这种极端情绪的驱使下，曹操杀掉了他的老乡神医华佗。

曹冲在 208 年初病故，不仅导致了神医华佗之死，更影响了中国历史的进程。

208 年初，与曹操从柳城返回邺城同时，孙权大举西征，攻下江夏，斩杀黄祖，荆州震动，刘表闻讯，一病不起，刘表的长子刘琦在诸葛亮的劝说下，请求临危受命，出任江夏太守，迎战孙权。如果曹操在此时南下，可以很快地占领荆州，而且刘琦、刘备、诸葛亮等人都将没有联孙抗曹的机会，只能在曹操和孙权的夹击下坐以待毙。可是，曹操并没有迅速南下，却在河北停留了半年之久，等到刘琦和孙权停战，吴军撤出江夏以后，才开始南征荆州。究其原因，很明显，当时曹操最爱的神童儿子曹冲生病了，曹操把此事看得比什么都重要，因此在河北逗留了几个月，直到曹冲病逝以后，才匆忙返回中原，同时处死未能拯救曹冲生命的神医华佗，随即在炎热的夏天匆匆出发南征荆州，因此错过了统一中国的最佳时机。

爱子死了，赢得天下又如何？

我们还记得，《三国志·董二袁刘传》说，官渡之战前，田丰劝袁绍，趁曹操东征刘备时袭击许昌，袁绍因为儿子生病，拒绝了。前文分析过，这纯属抹黑袁绍的杜撰。真相是，曹操消灭袁氏集团以后，本应迅速南下与孙权夹击刘表，占领荆州，却因为最喜爱的儿子曹冲生病，错过了统一中国的最佳时机。

历史的真相，往往看上去如此荒诞，但是其中的因果关系又是如此清晰。

第二十一案

曹操杀孔融案

（208 年）

案情

208 年死于曹操屠刀之下的名人，远不止神医华佗，还有“建安七子”之首孔融。

孔融是我们的老熟人，在之前的几个案件中多次提到。在这些案件中，孔融的亲友大多惨遭袁绍集团的毒手，孔融的妻子和孩子也被袁谭俘虏杀害，孔融本人在投奔曹操以后，幸运地活了下来。在曹操与袁绍反目，并消灭袁谭、袁尚兄弟以后，孔融似乎安全了。可是就在此时，死神却不期而至。

据《后汉书·孝献帝纪》记载：“（建安十三年）秋七月，曹操南征刘表。八月丁未，光禄勋郗虑为御史大夫。壬子，曹操杀太中大夫孔融，夷其族。”《后汉书·郑孔荀列传》记载了案件的详细经过：

曹操早已嫌忌孔融，派孔融的仇人郗虑罗织罪名，郗虑于是指使丞相军谋祭酒路粹诬告孔融说：“少府孔融过去在北海看到王室动荡，于是招合徒众，谋划非法活动，说：‘我是大圣孔子之后，祖先被宋国驱逐，占有天下的人，何必非得姓卯金刀（刘）？’他还私下和孙权使者说话，诽谤朝廷。孔融身为九卿，不遵守朝廷的礼仪，经常穿着便装在宫廷中穿行，扰乱秩序。孔融之前还与平民祢衡大放厥词，说什么‘父亲和子女，有什么亲缘关系呢？追本溯源，不过是一时情欲勃发造成的后果而已。子女和母亲，又有什么亲缘关系呢？就像是盛放在碗里面的东西，倒出来以后就分离了’。还与祢衡无耻地相互吹捧，祢衡说孔融是‘复活的仲尼（孔子）’，孔融说祢衡是‘复活的颜回’。孔融大逆不道，理应处以极刑。”报告上奏以后，孔融便被逮捕，最终判处在市场上斩首，时年五十六岁。孔融的妻子和儿女也都被处死。孔融的女儿当时七岁，儿子当时九岁，因为幼小，起初得到宽恕，寄居到他人家里。孔融被捕时，这两个孩子正在下棋，孔融被抓走时他们都不起身。旁边的人问：“你们的父亲被捕，你们怎么还不起身逃命去呢？”他们回答：“哪里有鸟巢被毁而鸟蛋不被打破的呢？”投宿的主人给他们送去肉汤，男孩渴了就开始喝，女孩说：“遇上今天的灾祸，我们哪里能久活，你还想尝肉味呢？”哥哥于是哭着停止喝汤。后来有人向曹操报告了这些情况，曹操于是下令把他们都杀了。被捕时，妹妹对哥哥说：“如果死者还有感受，能够看见父母，难道不是我们的愿望吗？”于是伸长了脖子等着被砍头，毫无惧色，围观群众没有不伤心的。

从这些史料来看，本案有三个核心问题需要注意：一、孔融被捕和受刑时，曹操本人并不在许昌，逮捕和审判孔融是新任御史大夫郗虑干的；二、郗虑判孔融死刑，基于丞相军谋祭酒路粹的指控，主要罪名有三条：谋反、诽谤朝廷、伤风败俗；三、郗虑当时只杀了孔融，曹操返回许昌以后，又杀了孔融的儿女。

分析

孔融全家遇害案的背后主使者是曹操，这一点并不存在争议。

需要讨论的是，曹操杀害孔融的动机何在；为什么要让郗虑和路粹在自己离开许昌南征刘表期间做这件事；曹操又为什么还要在返回许昌以后，杀害孔融未成年的儿女。

就让我们来研究一下孔融案的法官郗虑和原告路粹的身份。

据《续汉书》记载，郗虑是刘表和王粲的山阳郡老乡，又是大儒郑玄的学生。《后汉书·郑孔荀列传》记载了曹操给孔融写的信，说孔融曾经盛赞郗虑才华横溢，向曹操大力推荐。另据《晋书·温峤郗鉴列传》记载，郗虑的玄孙郗鉴是东晋著名的学者、书法家和官员，可见郗家是书香门第。据《江表传》记载，郗虑和孔融曾经在汉献帝面前争吵，互相揭短，说对方只会高谈阔论，没有实干能力，弄得曹操都要写信为他们劝和，两人关系从此恶化。《江表传》作者虞溥是郗虑的老乡，因此他关于郗虑和孔融交恶的这段记载是有权威性的，而且《后汉书·郑孔荀列传》还记载了曹操与孔融为此的往来信件，内容相当可信。

据《典略》记载，路粹原本是蔡邕的学生，后来跟随汉献帝东迁到许昌。

从以上史料来看，郗虑和路粹有个共同点：郗虑是郑玄的学生，路粹是蔡邕的学生，都可谓师出名门。前文中曾经提到，蔡邕是孔融的好友，据《后汉书·郑孔荀列传》记载，蔡邕被王允处死多年后，孔融还很想念他，以至于经常请一位长相像蔡邕的士兵吃饭。作为蔡邕的学生，路粹与孔融的关系按说应该很好才对。郗虑的老师郑玄家住北海，孔融在汉末当过很长时间的北海相，因此郑玄师徒很长时间都住在孔融的辖区，双方交流很多。据《后汉书·郑孔荀列传》记载的孔融致曹操信，说孔融很早就认识郗虑，在担任北海相时便任命郗虑为手下官员，被袁谭赶出北海以后，又带着郗虑逃到许昌，还为郗虑给曹操写过推荐信。没想到郗虑掌权以后，办事不符合孔融的心意，二人甚至当着汉献帝的面相互争吵，最终结仇。郗虑一度罗织罪名，导致孔融被免职，在曹操的劝解下，二人后来和好，孔融也重新入朝当官。

综上所述，孔融是被两位高级知识分子、也是他的密友出卖的。

曹操之所以让郗虑和路粹向孔融下手，不仅因为郗虑之前与孔融有矛盾，更因为这两个人都是曾经与孔融过从甚密的名师高徒，由他们来指控并审判孔融，可以更好地在知识分子中毁坏孔融的名声，达到杀人诛心的效果。毕竟，曹操自己也是高级知识分子，又长年参与党人与阉党的争斗，很清楚知识分子内斗的把戏。

按照《后汉书》等史料的说法，曹操杀孔融的原因，是孔融经常写文章讽刺曹操，如反对曹操禁酒，挖苦曹丕娶甄氏，终于触怒曹操所致。但是，祢衡、陈琳等人发表过更过分的批评曹操的言论，曹操却没有为了这点事杀他们，可见曹操还是有一定度量的。尽管曹操早就威胁过孔融，而且杀害过边让等孔融的友人，但那都是袁绍指使曹操干的。孔融真正的敌人一直都是袁绍，因为袁绍的长子袁谭将孔融赶出了北海，还俘虏并杀害了孔融的妻子儿女，而被曹操杀害的孔融的子女岁数都很小，无疑都是孔融投奔曹操以后，在许昌生的。在曹操与袁绍开战以后，曹操和孔融关系明显和睦，所以孔融才会开一些曹操的玩笑，曹操也乐得劝解孔融和郗虑的矛盾。就路粹控告孔融的几项罪名来说，不遵守朝廷仪式，在宫中穿着随意绝非死罪，发表父子、母子关系的奇谈怪论也不是什么严重的罪行，汉朝对此类错误言行的惩罚通常也就是降职或革职，绝不至于处死，更不至于满门抄斩。

真正要孔融命的，可能是他说的“我是大圣孔子之后，祖先被宋国驱逐，占有天下的人，何必非得姓卯金刀？”以及“私下和孙权使者说话，诽谤朝廷”。“卯金刀”即繁体字的“刘”，孔融如果真的这么说过，就等于发表了谋反宣言，但是从孔融历来的言行看，他不像是一个有如此大野心的人，更不具备相应的政治军事实力，因此这一指控恐怕是空穴来风。相比之下，“私下和孙权使者说话，诽谤朝廷”可以算作唯一严肃而危险的指控了。

从路粹控告孔融的唯一致命罪名“私下和孙权使者说话，诽谤朝廷”来看，早在曹操南下攻刘表之前，孙权就已经被曹操锁定为敌人了。孔融一直与文人众多的刘表集团关系密切，特别是与刘表的贸易谈判代表祢衡亲如父子，还曾经在刘表“郊祀天地”时公开为刘表辩护，现在又和孙权的使者眉来眼去。

孔融被捕前，恰恰发生了一件怪事：208 年年初，孙权本来刚刚攻破江夏，杀死了刘表军名将黄祖，但是等到曹军开始南下时，双方却停战了，孙权把军队从江夏撤回了柴桑。孙权是真的打不过刘表派来收复江夏的刘琦吗？还是孙权得到了什么异常消息，所以主动撤兵？

孙权与曹操这对曾经的盟友在他们本应夹击刘表、瓜分荆州的 208 年突然反目成仇，孙权转而与刘表的继承人刘琦和刘备结盟对抗曹操，原因可能就在于此。

结论

曹操准备南下讨刘表前，本来制定了一个和正在与刘表争夺江夏的孙权夹击刘表的计划，正如夏侯惇致石威则的信中承诺的那样，打败袁绍、刘表以后，把长沙等荆南地区交给孙权的堂兄孙贲统治。不过，曹操的野心不止于此，他在南下前，已经在计划消灭刘表之后再打孙权。没想到出发时，却传来孙权从江夏撤兵的消息。曹操知道泄密了，他命令新任御史大夫郗虑在许昌“抓内鬼”，郗虑自然把与他早有仇怨的孔融列为重点嫌疑人。当孔融曾经与孙权的使者窃窃私语的消息被证实后，孔融就必死无疑了。孔融的死，标志着曹操和孙权关系的彻底破裂，所以孙权才会在孔融死后三四个月说出“老贼（曹操）欲废汉自立久矣，徒忌二袁、吕布、刘表与孤耳。今数雄已灭，惟孤尚存。孤与老贼势不两立！”这种对曹操充满敌意的话来。此前，孙权与曹操的关系尚可，没有发生过直接的军事冲突，反而共同攻打过刘表，孙权还多次派遣使者去许昌进贡，孙权认为曹操忌恨自己，很可能来自孔融“私下和孙权使者说话，诽谤朝廷”的谈话内容。

至于郗虑本人，身为刘表和王粲的老乡，又刚刚被曹操提拔为御史大夫，在曹操准备南下讨刘表时，他面临的压力可想而知：御史大夫等于副丞相，曹操离开许昌以后，郗虑便是百官之首，作为一介文人，郗虑没有立过什么功劳，曹操留在许昌的名臣宿将们不可能对他服气，反而可能经常秘密向曹操诋毁他。一旦曹操不能顺利地拿下荆州，郗虑作为刘表和王粲的老乡，就将成为头号“内鬼”嫌疑人。所以，郗虑刚当了御史大夫才五天，就急急忙忙地杀掉了孔融，他这样做，不仅是为了公报私仇，更是为了自保。

孔融涉嫌为孙权提供军事情报的指控人，是丞相军谋祭酒路粹，这让本案的性质变得更加严肃。丞相军谋祭酒也就是曹操的军事参谋，在曹操于 208 年从司空升任丞相之前，这一职务称为司空军师祭酒，首任司空军师祭酒是郭嘉。郭嘉去世、曹操出任丞相以后，路粹继任丞相军谋（军师）祭酒。在曹操刚刚南征刘表时，作为郭嘉的接班人，路粹肯定有相当实权，也急于表现。可是，路粹也有政治小辫子攥在曹操手里：路粹不仅是蔡邕的学生，更是蔡邕、边让等孔融友人的陈留老乡，路粹能够躲过袁绍集团对蔡邕师徒的迫害，肯定有相当敏锐的政治嗅觉，也肯定要感谢曹操的保护，而这种保护并不是免费的。当曹操开始怀疑孔融时，路粹必须立即积极地表态站队，才能够与孔融划清界限，否则无法在这场政治运动中自保。即便如此，赤壁之战失利以后，曹操还是将路粹当作替罪羊革职了。

曹操在赤壁战败返回许昌以后，不仅立即将丞相军谋祭酒路粹革职，而且还残忍地将孔融的两个未成年子女也斩尽杀绝，由此还产生了“覆巢之下无完卵”这个成语。发明这个成语的孔融之子被杀时才九虚岁，孔融之女才七虚岁。参考之前袁绍在官渡之战失利后杀田丰的案例，我们便能明白其中的原委：战败的独裁者需要抓内鬼以证明自己的伟大光荣正确，孔融涉嫌为孙权提供军事情报，在战前就被处以死刑，如果曹操打赢了，顺利占领了全荆州，也许会饶过孔融的家人；然而，曹操在赤壁之战大败而归，孔融的子女就必死无疑了。

我们惋惜孔融子女遇害时，可别忘了，当年死于曹操之手的神童并不只有他们两兄妹。

第二十二案

曹操杀神童周不疑案

（208年）

案情

据《零陵先贤传》记载，刘表的副手、荆州别驾刘先有个外甥名叫周不疑，自幼聪明无比，在郭嘉生病后出任曹操的军师，曹操北伐幽州时，周不疑献了十条计策，帮助曹操取得柳城大捷。凯旋后，曹操封周不疑为议郎，又要把女儿嫁给他，周不疑都拒绝了。曹操的小儿子曹冲被认为是唯一能与周不疑较量的神童，曹冲病逝后，曹操看周不疑不顺眼，要除掉他。曹丕劝阻，曹操说："这人不是你能驾驭的。"于是派刺客杀了周不疑。《文章志》则说，周不疑死时十七岁，留下了四篇论文。

《零陵先贤传》和《文章志》都是西晋时期有名的著作，神童周不疑应该确有其人，也确实被曹操派人刺杀了。周不疑遇刺时才十七虚岁，而且就死在曹操的小儿子曹冲去世同年，也就是生于192年，死于208年。

那么，曹操派刺客暗杀神童周不疑，真的只是因为当年曹冲病死，时年二十二虚岁的曹丕的才能不足以驾驭十七虚岁的周不疑吗？

事情肯定没那么简单。

分析

明眼人都能看出来，周不疑是荆州别驾刘先的外甥，也就是说，在曹操南征刘表时，周不疑的舅舅正在担任刘表的副手。而且据《零陵先贤传》记载，在曹操南征刘表之前，周不疑还曾经为曹操攻打柳城出谋划策。尽管卢弼在《三国志集解》中对此记载表示怀疑，认为在曹操征服荆州之前，周不疑无法在曹营效力，但是刘表集团与曹操集团确实长期有过人才交流。曹操征柳城（今辽宁省朝阳市），是在 207 年秋天，当时郭嘉已经病倒，周不疑等于代替郭嘉出任曹操的临时军师，而征柳城之战又进行得很顺利，所以在 208 年正月曹军凯旋邺城时，周不疑在政坛和军队中就有了一定的影响力。然而，从这时开始，到曹操南征刘表的半年内，周不疑在曹操眼中的形象急剧下降，从可爱的军事和文学神童、准女婿变成了必须立即除掉的政敌。

爱子曹冲病死后，曹操为什么要杀周不疑？历来史学家对此并无严肃的分析，有些历史爱好者怀疑，曹冲是被周不疑害死的，或者曹操在曹冲死后嫉妒周不疑的天才，但是都没有什么证据。我们不如先研究一下，曹冲与周不疑这两位神童死亡的具体日期。

据魏文帝曹丕给弟弟曹冲写的悼文《苍舒诔》说，曹冲死于 208 年农历五月甲戌日（6 月 20 日）。据《三国志·武帝纪》和《后汉书·孝献帝纪》等史料记载，曹操于当年农历七月开始南征刘表。也就是说，曹操是在曹冲死后两个月南下攻打刘表的，而周不疑显然没有随同曹操出征。如果《零陵先贤传》的记载属实，曹操派刺客杀害周不疑应当就在这两个月内。如果像卢弼等人分析的那样，周不疑一直住在荆州，是随同刘琮投降曹操的话，那么他根本不可能见过曹冲，《零陵先贤传》关于周不疑的事迹就都变成了无中生有的虚构文学。

从《零陵先贤传》看来，周不疑很小就到了中原，投入曹操帐下，并与曹冲相识。曹冲死后，曹操感到有必要除掉周不疑，并且在一两个月内就付诸实施，尔后南征周不疑舅舅的上司刘表，这与曹冲之死未必有直接关系。既然没有证据表明曹冲是被周不疑害死的，曹冲死后，身为父亲的曹操如果仅仅出于嫉妒，没有必要在南征荆州前如此急切地除掉周不疑。

虽然曹冲和周不疑两位神童在短短一两个月内相继死亡引起轰动，但是从已有证据来看，曹冲的死亡属于自然病故，周不疑遇刺未必与曹冲之死有关。

周不疑死后没几天，曹操就开始南下征刘表；几乎与此同时，丞相军谋祭酒路粹指控孔融犯下各种罪行；没过几天，新任御史大夫郗虑就判处孔融死刑，立即执行。这一事件脉络，才是我们更应该关心的。

前文分析过，孔融全家被杀，主要原因是孔融向孙权使者泄密；那么，在孔融死前不久遇刺的周不疑，是否也可能犯下过同样的罪行呢？

显然有可能。

结论

曹操远征柳城时，周不疑是他的参谋；曹操凯旋以后，计划南征刘表，而当时周不疑的舅舅刘先正在担任刘表的副手。前文说过，刘先曾经在197年后不久奉刘表之命出使许昌，当面驳斥曹操对刘表郊祀天地、涉嫌谋反的质问，因此在返回荆州以后得到刘表的重用，当时周不疑只有五六岁，又过了好几年才来到曹操身边。以常理而言，208年年初，周不疑应该给舅舅写过信，而且内容很可能涉及曹操南征荆州的计划。一旦这些信件被曹操手下截获，周不疑就犯了死罪。即便没有实际证据，周不疑在此时也是一位叛国嫌疑人。曹操对周不疑采取软禁、绑架或暗杀的紧急措施，在当时都是可以理解的。如果周不疑是个成年人，曹操本来也可以走法律程序，像对待孔融一样把周不疑逮捕、审讯、公开处决，但是这一套用在周不疑这样的年轻人身上不大妥当，所以曹操才启用了他熟悉的暗杀手段。

至于曹操对曹丕说的“周不疑这人不是你能驾驭的”，意思未必是说曹丕的个人能力不如周不疑，而更像是在说，曹丕看人的眼光有问题，在南征荆州前夕，周不疑已经不再是那个可爱、可亲的神童，而是一个可能对曹魏政权造成危害的政治危险分子。

就这样，孔融子女和周不疑的人头被血淋淋地砍下。后人读史至此，多半要感叹，208 年的曹操简直就是个“神童屠夫”。尽管如此，被后世公认为三国时期最聪明的那个人还是在这一年摆脱了曹操的追捕，从此与他的亲友们走上了截然不同的人生道路。

第二十三案

诸葛亮亲友集体降曹案

（208 年）

案情

曹操南征荆州之初，一直被好运眷顾：途中，他得到刘表病逝的消息，刘表的小儿子刘琮决定向曹操投降。刘表的大儿子刘琦则凭借刚刚从孙权军手中收复的江夏，联合自官渡之战后被刘表收留了七年之久的刘备集团，试图负隅顽抗。

官渡之战后，刘备被曹操逐出汝南，逃到荆州，被刘表安置在新野，取代在官渡之战时投靠曹操的张绣，为荆州看守北方门户。曹军南下时，刘备听说刘表的死讯，慌忙放弃新野撤到樊城，却在途中得到刘琮投降曹操的消息。刘备自知无力单独抗曹，不得不放弃樊城，一面派关羽率襄樊地区的水师顺汉水东下，与驻守江夏的刘琦会师，一面自己带着诸葛亮、张飞、赵云等人及襄阳、樊城不愿降曹的十余万军民从陆路南撤，目的不言而喻——与江夏的刘琦、关羽水陆并进，占领江陵，以便继续抗曹，也就是《三国志·先主传》所说的“别遣关羽乘船数百艘，使会江陵”。然而，这一战略是失策的：刘备的陆军向南走了约一百三十千米时，就被曹纯率领的虎豹骑在长坂坡（今湖北省荆门市北）追上。

刘备一方虽然人数占优，却严重缺乏武器和抵抗意志，于是被曹军骑兵迅速击溃，损失了大部分人员和物资。刘备、张飞、诸葛亮、赵云等人向东狂奔将近三十千米，在汉津（今湖北省钟祥市石牌镇）遇上了关羽和刘琦的水师，这才幸运地摆脱了曹军骑兵的追击，最终坐船成功抵达江夏。

将刘备和刘琦联系在一起的，是他们共同的朋友诸葛亮。

诸葛亮幼年丧父，曹操攻打徐州期间，被叔父诸葛玄从琅琊家乡救出。随后，诸葛玄被袁术委任为豫章太守，于是就成了袁绍集团的敌人。诸葛玄到任不久，袁绍便任命朱儁之子朱皓为豫章太守，来与诸葛玄争夺豫章。朱皓在兄长、交趾刺史朱符和同样被袁绍委任的扬州刺史刘繇的支持下，将诸葛玄逐出豫章首府南昌。诸葛玄见形势不妙，安排包括侄子诸葛亮、诸葛均在内的部分家属逃到荆州，投靠诸葛玄的老上司刘表。诸葛亮从此就与许多荆州名士结识，不仅与刘表的长子刘琦来往，还娶了荆州名士黄承彦的女儿为妻。

按照《襄阳耆旧记》记载，黄承彦和刘表都是襄阳名士蔡讽的女婿，黄承彦娶了蔡讽的长女，刘表在原配妻子去世以后，娶了蔡讽的次女。刘琦是刘表原配妻子在中原所生，在荆州不受欢迎；刘琮是蔡讽的次女所生，故而在荆州很受欢迎。这就像袁绍家族一样：袁谭和袁熙是袁绍的原配李氏或其他妾室在中原所生，故而在河北不受欢迎；袁尚是袁绍的后妻刘氏所生，成长在河北，故而在河北很受欢迎。蔡讽的小儿子蔡瑁因为姻亲的原因，受到刘表重用。至于黄承彦本人，虽然在《三国演义》中被描述为一位隐士，其实不大可能远离官场，也很难想象蔡讽既然把次女嫁给刘表，却给长女找一位毫无政治权力的夫婿。

其实，黄承彦可能就是刘表麾下名将、江夏太守黄祖！

东汉人极少起两个字的名字，两个字一般都是“字”而不是“名”，“名”与“字”的含义通常相似，如关羽字云长，赵云字子龙。“祖”的意思是祖先，“承彦”的意思是继承高尚的品德才学，含义相似。恰恰黄祖与黄承彦不仅都姓黄，也都是刘表统治时期的荆州名士。黄祖射杀孙坚以后，长年镇守江夏，对抗从荆州北部转战扬州的袁术和孙策、孙权兄弟，刘表之所以敢于放心让黄祖执掌江夏兵权长达十八年之久，很可能正是因为他与黄祖都娶了蔡讽的女儿，是连襟的亲戚关系。另据《汉故黄君之碑》残存铭文记载，黄承彦下葬于“□□□四年甲寅朔”，联系汉末年表，只能是“建安十四年甲寅朔”，也就是公元 208 年年底，赤壁之战后不久，可见黄承彦应在 208 年去世。恰恰黄祖在 208 年春季被入侵的孙权军杀害，死后首级被送到江东祭奠孙坚，年底孙刘双方和解结盟抗曹时，黄祖的首级理应被送回荆州安葬。所以，黄祖字承彦的可能性非常大。诸葛亮在随家人从豫章逃往襄阳投奔刘表途中，肯定要路过江夏，被镇守江夏的刘表连襟黄祖看上并收为女婿，是很正常的。

此外，诸葛亮的两个姐姐也都嫁给了荆州首府襄阳的本地名士：大姐嫁给房陵太守蒯祺（刘表主要参谋蒯良、蒯越兄弟的侄子），二姐嫁给庞德公之子庞山民。庞德公之所以称诸葛亮为“卧龙”，称庞统为“凤雏”，一个重要原因是，这两个年轻人都是庞德公的亲戚（诸葛亮是庞德公儿媳的弟弟，庞统是庞德公的侄子）。通过这三场精心选择的婚姻，诸葛家族迅速地融入了荆州的上流社会。

在妻子蔡氏和蔡瑁、黄祖等姻亲和荆州本土名士的劝说下，刘表逐渐冷落了长子刘琦，打算立次子刘琮为继承人。显然，刘表在重走袁绍的老路，即便曹操不南下，刘琦、刘琮兄弟之间也迟早要爆发内战。曹操南下时肯定有过盘算，参考袁氏兄弟相争的剧本，接下来应该发生这样的事：黄祖阵亡，刘表病死后，蔡瑁等姻亲和荆州本土名士拥立刘琮为荆州牧，刘琦仍为江夏太守，刘琦不服，向曹操求援，曹操于是攻破襄阳，灭掉刘琮，之后刘琦见势不妙，在江夏发动叛乱，被曹操轻松平定，荆州就此成为曹操的囊中之物。

不过，历史从来都不是简单的重复，曹操即将为经验主义付出沉重的代价。

袁绍死时，曹操集团的综合实力仍然比袁绍集团弱，袁绍集团仍然是最有可能统一中国的政治力量，正如辛毗对曹操说的那样：“袁氏本兄弟相伐，非谓他人能间其间，乃谓天下可定于己也。”所以，袁尚在遭到曹操和袁谭的夹击，袁熙、高干等亲友势力又动摇观望时，仍然敢于独自抵抗。而当刘表死时，曹操已经统一了北方，刘表集团的综合实力明显比曹操集团要弱，宿敌孙权又刚刚击杀黄祖，在东方虎视眈眈，刘琦、刘琮兄弟即便团结一致，也很难抵挡曹操的攻势。结果，刘琮丧失了信心，直接投降了曹操。仅凭刘琦和刘备在江夏、新野的有限资源，对抗曹军更是毫无胜算。在这种情况下，以《汉末英雄记》作者、“建安七子”之一王粲为首的荆州名士纷纷选择了向曹操投降，其中甚至包括刘备的军师徐庶。

刘备被曹操赶出汝南，到新野投奔刘表以后，徐庶就主动前来辅佐他。之后，徐庶不断向刘备推荐荆州名士，最终使刘备在 207 年结识了正在襄阳西郊隆中隐居的诸葛亮。当时，诸葛亮虽然并不担任什么正式职务，却与刘表的长子刘琦关系密切，与许多荆州名士都有来往，除了黄承彦、庞德公、庞山民、庞统、蒯良、蒯越、蒯祺、蔡瑁等亲戚以外，还有司马徽、崔均、徐庶、石韬、孟建等名士，其中崔均、徐庶、石韬、孟建被称为诸葛亮的“四友”。

可是，随着曹军南下，诸葛亮与这“四友”的亲密关系戛然而止。当曹操进入荆州时，徐庶等诸葛亮的亲友纷纷投降了曹军。关于徐庶投降曹操的原因，《三国志·诸葛亮传》是这样解释的：徐庶起初和诸葛亮一起，陪同刘备从新野撤往江夏，途中被曹军在长坂坡追上，徐庶本已逃脱，但听说母亲被曹军抓住，为了救母，被迫离开刘备去投降了曹操。这样，徐庶的大孝子形象就油然而生了，经过后世文学作品的加工，更增加了“徐庶进曹营，一言不发”等情节，从而愈发深入人心。

事实真的如此吗？

综观史料，我们发现，除徐庶之外，蒯越、蒯祺、庞山民、蔡瑁、孟建、石韬等诸葛亮的亲友也全都投降了曹军，并被委以重任：

诸葛亮大姐夫蒯祺的叔叔蒯越，降曹后任光禄勋；

诸葛亮的大姐夫蒯祺，降曹后继续任房陵太守；

诸葛亮的二姐夫庞山民，降曹后历任黄门、吏部郎；

诸葛亮妻子的舅舅蔡瑁，降曹后历任从事中郎、司马、长水校尉，封汉阳亭侯；

诸葛亮的“四友”之一徐庶，降曹后历任右中郎将、御史中丞；

诸葛亮的“四友”之一孟建，降曹后历任凉州刺史、征东将军；

诸葛亮的“四友”之一石韬，降曹后历任郡守、典农校尉；

诸葛亮的导师“水镜先生”司马徽，降曹后本来有望出任高官，不幸突然病死。

此外，诸葛亮到荆州初期就认识的赵俨、杜袭、繁钦三位名士早在刘表晚年就离开荆州去投靠了曹操，并在曹操与袁绍父子、刘表的多次战争中建立过功勋。

也就是说，诸葛亮在荆州的大部分亲友都投降了曹操，而且大多后来被曹操委以重任，官职比在刘表麾下高得多。由此看来，《三国志·诸葛亮传》记载的徐庶因母亲被俘而投降曹操的故事未必属实，徐庶当时只不过是跟随大部分亲友一起投降曹操而已，此后当的官也比在刘表、刘备手下大得多，并没有什么奇特之处。客观地讲，真正奇特的，并不是徐庶投降曹操，而是诸葛亮不投降曹操。

当时，曹操并没有忘记招降诸葛亮。

《全三国文》记载了一段曹操写的《与诸葛亮书》残篇：“今奉鸡舌香五斤，以表微意。”鸡舌香即丁香，汉朝人用来当口香糖嚼，以除口臭，当时需要从东南亚进口，价格不菲。曹操送给诸葛亮五斤鸡舌香，算是重礼，很可能是在曹操南征荆州前的统战工作的一部分，希望诸葛亮能像其他亲友一样归降自己。

收到礼物以后，诸葛亮的表现肯定让曹操失望了。《三国志·先主传》《三国志·二主妃子传》《三国志·诸葛亮传》《三国志·关张马黄赵传》等史料一致记载，长坂坡之战后，诸葛亮、诸葛均兄弟跟刘备、张飞、赵云等人骑着马撤往江夏，与刘琦、关羽会师。诸葛亮做出这样的选择，也就意味着他将永远与蒯越、蒯祺、庞山民、蔡瑁、徐庶、孟建、石韬等亲友分离。其中，诸葛亮可能唯一日后还见过面的人，是他的大姐夫蒯祺：十一年后，刘备派宜都太守孟达攻打房陵，时任房陵太守的蒯祺指挥曹军抵抗，兵败阵亡，按照当时的规矩，孟达应该会砍下蒯祺的人头，送到成都去给刘备和诸葛亮看。如果诸葛亮的大姐当时还健在，估计也难逃一死。当叔父诸葛玄于 197 年去世时，尚未成年的诸葛亮、诸葛均兄弟是在大姐的照料下来到荆州的，大姐嫁给蒯祺以后，诸葛亮兄弟才得以进入荆州上流社会，最后大姐一家却落得这样的下场。至于其他诸葛亮的荆州早期友人，唯一还与诸葛亮直接打过交道的是杜袭：诸葛亮出祁山时，杜袭先后担任曹真和司马懿的军师，与诸葛亮斗智斗勇多年，直到在五丈原耗死诸葛亮，杜袭才返回洛阳，改任太中大夫。诸葛亮做出了辅佐刘备与曹操对抗的决定，便不得不与年轻时的亲友这样兵戎相见。

在曹军占据绝对优势的情况下，诸葛亮为什么要抛弃自己的整个亲友圈，辅佐刘备、刘琦与曹操对抗到底呢？

分析

按照诸葛亮的《出师表》等原始史料来看，刘备对诸葛亮不错肯定是事实，但是，光靠“三顾茅庐”制造的情感纽带，以常理而论，不足以让诸葛亮牺牲自己的整个亲友圈。而且，还要考虑刘备集团在长坂坡之战以后反败为胜的现实可操作性。要知道，当时刘备、刘琦总共只有一两万军队，兵力不过曹军的十分之一，地盘只有一个江夏郡，荆州其他地区都随刘琮投降了曹操，而江夏郡以东的孙权又是刘表、刘琦父子的宿敌，几个月前刚刚攻入江夏，杀死刘表军名将黄祖，孙权还专门拿着黄祖的人头去祭奠被黄祖部下射死的父亲孙坚。刘琦之所以被刘表派来江夏，就是为了取代阵亡的黄祖，抵御孙权入侵的。

说到黄祖，如果他真的像前文分析的那样，就是诸葛亮的岳父黄承彦，那么这个故事就更加令人迷惑了。诸葛亮的岳父刚刚被孙权所杀，诸葛亮就亲自代表刘琦、刘备去江东向孙权求救，以常理推论，孙权一见到诸葛亮，得知他是仇人黄祖的女婿，便会立即把他杀了。即便黄承彦不是黄祖本人，而是黄祖的亲戚，诸葛亮的结局也好不到哪里去。

抵达江夏以后，诸葛亮给刘备、刘琦出的主意，是向宿敌孙权求救。在如此绝望的局面下，诸葛亮选择辅佐刘备、刘琦，并建议他们联合孙权与曹操对抗，怎么看都是走进了一个政治死局。尽管诸葛亮本人在《出师表》里说："先帝（刘备）知臣谨慎"，但是他此时的言行好像并不谨慎，更像是一个绝望的赌徒。难怪当时他会众叛亲离，被几乎所有的亲友抛弃。

所以，在出使东吴期间，诸葛亮表现得根本不像是黄祖或黄承彦的女婿，甚至不像是与刘表、刘琦、蔡瑁、黄祖等荆州权贵有任何亲缘关系。仅凭当时在东吴担任海盐县长（或长史）的兄长诸葛瑾这层关系，显然不足以抵消孙吴集团对于这些诸葛亮亲戚们的敌意。

诸葛亮娶了黄承彦之女，却没有因此而引发孙吴集团的敌意，非常奇怪。其实，诸葛亮之所以敢自告奋勇向刘备、刘琦提出自己出使东吴求救的建议，就说明他确信自己不会遭到孙吴集团的敌视，甚至还可能得到欢迎。诸葛亮敢于做出这样的判断，仅靠当时曹操南下时咄咄逼人的态势和兄长诸葛瑾的身份显然是不够的。以常理而论，孙权即便不杀诸葛亮，正确的做法也是：一面假意答应与宿敌刘琦、刘备结盟，一面派使者与曹操讲和，然后借援助刘琦、刘备的名义，白衣渡江，突袭不久前刚刚被自己攻占过的江夏，一举吞灭弱小的刘琦、刘备集团，以壮大自身势力，尔后再慢慢与曹操周旋。古往今来，这类事情不知道发生过多少遍。所以，诸葛亮何以敢于孤身犯险，深入虎口，去执行这项不可能完成的外交任务呢？刘琦、刘备又何以敢于派诸葛亮出使东吴呢？在当时的局势下，诸葛亮被孙权处死，或是投降孙权的可能性，比诸葛亮成功说服孙权结盟抗曹的可能性大得多，即便必须派使者去向孙权求救，也理应派孙乾、简雍等外交经验丰富的人去才对，而不是派没有外交经验的诸葛亮。

难道说，诸葛亮的岳父黄承彦与黄祖毫无关系，与刘表、刘琦、蔡瑁等人也不是亲戚？这就等于质疑《襄阳耆旧记》等相关的史料记载，而且也没有解决根本问题：诸葛亮为什么要抛弃自己的整个亲友圈，辅佐刘备、刘琦与曹操对抗，并且劝他们派自己去向与刘琦有杀父之仇的宿敌孙权求救呢？

诸葛亮与黄承彦之女的婚姻看上去并没有给诸葛亮带来应有的副作用（得罪刘表、黄祖的死敌孙权），但是仔细一想，它也没有给诸葛亮带来应有的正作用，让诸葛亮在荆州政坛官运亨通！尽管诸葛亮通过这场婚姻，成为刘表、黄祖、蔡瑁、蒯越、蒯祺等荆州权贵的亲戚，却没有因此获得一官半职，没有任何史书提到诸葛亮曾经在刘表手下当过官。诸葛亮唯一接近官职的身份，是刘表长子刘琦的编外顾问，而刘琦当时已经失宠。也就是说，在迎娶了荆州名士黄承彦之女以后，诸葛亮没有找到任何稳定的工作！这实在有点不可思议。

对于诸葛亮的新婚妻子黄夫人（演义小说称她为黄月英、黄婉贞、黄硕等，都是杜撰的）来说，丈夫没有一份稳定的工作和固定的收入，显然是一件非常不体面的事情。按照常理，她应该通过父亲黄承彦和母亲蔡夫人的关系，给丈夫诸葛亮谋个一官半职才对。可是，这显然并没有发生，当刘备前往隆中拜访时，诸葛亮整天做的，就是在襄阳郊外的这片山区里晴耕雨读。与此同时，曹操正在征服河北，眼看就要统一北方了，显然很快就会南下攻打与曹操关系一直很坏的刘表，而刘表的统治中心就是襄阳。隆中不是一个隐居的好地方，这里距离襄阳太近，有点像终南山和长安的关系，在终南山隐居的人，一般都不是与世无争的真隐士，而是以退为进的官场野心家。如果诸葛亮在政治上毫无抱负，他既不会迎娶黄夫人，也不会隐居在隆中。诸葛亮在隆中经常往来的几位朋友同样如此，他们并非一心隐居、钻研学术，而是在等待当官的时机，正如诸葛亮对徐庶、孟建、石韬三人说的那样：“卿三人仕进，可至刺史郡守也。”后来，这三人都在曹操手下当了大官。

可以说，隆中是当时荆州的一个候补官员俱乐部。

然而，诸葛亮的情况与徐庶、孟建、石韬不一样，他已经迎娶了本地名士黄承彦的女儿，荆州官场应该从此对他敞开大门了。尽管诸葛亮在《出师表》里自称“臣本布衣，躬耕于南阳，苟全性命于乱世，不求闻达于诸侯”，然而，岳父黄承彦的身份给这场婚姻带来了浓厚的政治意味。而诸葛亮在婚后继续隐居，却显得他的婚姻又失去了政治意义。

如果黄承彦就是黄祖，那么建立孙刘联盟时，诸葛亮还会遇到一个大麻烦，因为黄祖在几个月前刚刚被孙权击杀。岳父刚刚身首异处，女婿就建言与凶手结盟，别人暂且不说，诸葛亮在家里能过得了妻子黄夫人这一关吗？即便黄承彦不是黄祖本人，而是黄祖的亲戚，诸葛亮也会很难处理他提倡的孙刘联盟造成的家庭矛盾。

至此，诸葛亮与黄承彦之女的婚姻看上去越来越怪异。不仅如此，即便以普通婚姻的标准衡量，这场婚姻看上去都很不正常。

在中国古代，男人结婚一般有三重含义：一、生儿育女，延续香火；二、与另一个家族结成姻亲关系，增加自身的社会资源，谋求更高的社会地位和收入；三、委托妻子操持家务，例如看护老人小孩、做饭洗衣、打扫卫生等等。

以这三个标准衡量诸葛亮的妻子黄夫人，我们会大吃一惊：

一、诸葛亮本人长期没有子嗣，自认为没有生育能力，于是和在东吴当官的大哥诸葛瑾商量，过继了诸葛瑾的次子诸葛乔为养子。不料到了 227 年，诸葛亮突然以四十六岁的高龄生下一子，即诸葛瞻。文学作品往往把诸葛瞻说成是黄夫人的儿子，但是从原始史料分析，诸葛亮娶黄夫人是在刘表生前，肯定介于 197 年诸葛亮初到荆州和 208 年刘表去世之间，也就是说，生于 181 年的诸葛亮结婚时不会超过二十七岁，很可能刚满二十岁就结婚了，黄夫人的年龄不可能比诸葛亮小很多。如果诸葛瞻真的是黄夫人的亲生儿子，那就意味着黄夫人以四十多岁的高龄产下头胎，这在医学发达的现代都相当危险，在古代几乎不可能。

因此，我们基本可以肯定，诸葛瞻不是黄夫人的儿子，而是诸葛亮与其他女人所生。这也就意味着，黄夫人没有给诸葛亮生育过儿子。此外，史料上也没有诸葛亮有女儿的记载。所以，就目前已知的可信证据来看，诸葛亮和原配妻子黄夫人没有生育，黄夫人没有尽到给丈夫诸葛亮生儿育女、延续香火的传统妻子的责任。

二、如上文分析的那样，诸葛亮在与黄夫人结婚以后，并没有在刘表政权内谋到一官半职，始终找不到稳定的工作，只是在襄阳西郊的隆中山区晴耕雨读，同黄家、蔡家等姻亲的来往也不密切。因此，黄夫人显然也没有尽到帮助丈夫诸葛亮增加社会资源的传统妻子的责任。

三、诸葛亮婚后，再没有任何人在书信或文件里谈到黄夫人。许多史料都提及刘备前往隆中“三顾茅庐”的事迹，但是刘备屡次造访诸葛亮家中，看到的只有诸葛亮、诸葛均兄弟，从来没有见过本应操持家务的黄夫人。黄夫人是出门购物了，旅游了，还是回娘家了？抑或是，身为大家闺秀，黄夫人根本不住在隆中草庐里，而是回到了父亲在江夏的官邸？长坂坡之战中，连刘备本人都慌张地“弃妻子”逃命，两个女儿都被曹军俘虏，与刘备同行的诸葛亮应当更加难以保护黄夫人的安全，可是我们还是看不到相关记载。也许，年初黄祖被孙权杀死以后，黄夫人回娘家奔丧，因故没来得及返回丈夫身边，长坂坡之战后，诸葛亮才与黄夫人团聚？无论如何，黄夫人都没有尽到帮丈夫诸葛亮操持家务的传统妻子的责任。

综上所述，黄夫人在与诸葛亮结婚以后，一不生孩子，二不帮丈夫找工作，三不做家务，导致隐居隆中的诸葛亮过的生活和单身汉无异，这是怎么回事？

答案明摆着：

婚后不久，黄夫人就从诸葛亮的生活中消失了。原因无非两种：一、诸葛亮和曹操一样离婚了；二、黄夫人去世了，也许是意外，也许是病故，也许是难产或产褥热。

结论

突然间，所有的疑问都迎刃而解。

诸葛亮娶黄夫人之时，本来想借助黄家的政治影响力，在荆州官场纵横捭阖。然而人算不如天算，婚后不久，黄夫人忽然病故，或是因性格不合，与诸葛亮争吵离婚。岳父是亲戚，但是“前岳父”不是亲戚；女婿是亲戚，但是“前女婿”不是亲戚。黄夫人病故或离婚以后，黄承彦没有任何理由再帮助“前女婿”诸葛亮在荆州谋取一官半职，反而不时散布诸葛亮的坏话。于是，诸葛亮原本光明的早期仕途戛然而止，又难以迅速找到合适的新伴侣，只好恢复单身汉的生活，离开江夏和襄阳等政治中心，到襄阳郊外的隆中山区隐居，和弟弟诸葛均及徐庶、孟建、石韬等一些缺乏政治资源的在野知识分子相互唱和。至于蒯越、蒯祺、蔡瑁等因为诸葛亮与黄夫人联姻而结成的“前亲戚”关系，此时也没有什么理由再与诸葛亮来往，他变成了一个政治废人，只能与刘琦、刘备等受到刘表、刘琮、蒯越、蔡瑁等当权派猜忌的边缘政治人物打交道了。如果诸葛亮和亲友们一起投降曹操，他将永远活在蒯越、蔡瑁等人的阴影下，这几位都是曹操的老熟人（曹操曾经在书信中提到他们，蔡瑁还是曹操的同学），与他们相比，诸葛亮资历太浅，当不了什么大官，还要经常受他们的调侃，前途并不光明。正是因为这个原因，诸葛亮出使东吴时，没有理由为自己黄承彦女婿的身份焦虑：孙权再恨刘表和黄祖，也不会迫害黄祖的“前女婿”。黄祖“前女婿”的短暂经历，又使诸葛亮对孙权集团非常熟悉，有把握说动孙权与刘备、刘琦结盟。当时，孙权为了再次进攻江夏，正驻扎在豫章郡柴桑县（今江西省九江市），这里恰恰还是诸葛亮小时候随叔父诸葛玄生活过多年的地方，诸葛亮一点都不陌生。尽管兄长诸葛瑾正在东吴当官，但是诸葛亮不愿意归依孙权，因为孙权毕竟与黄家是双重仇人（黄祖杀孙坚，孙权杀黄祖），虽然诸葛亮与黄夫人的婚姻已经结束，黄家毕竟曾经对诸葛亮有恩，诸葛亮为他们的仇人效力还是于心不安。

诸葛亮拒绝降曹而代表刘备和刘琦出使东吴的原因，至此真相大白。尽管诸葛亮在《出师表》里自称“臣本布衣，躬耕于南阳，苟全性命于乱世，不求闻达于诸侯”，然而他此时做的却是一次勇敢的豪赌，不成功，便成仁。如果诸葛亮不能说服孙权真心诚意地与宿敌刘备、刘琦结盟抗曹并取得胜利，诸葛亮本人和刘备、刘琦集团必将都死无葬身之地。

至于徐庶、孟建、石韬等诸葛亮的好友，他们没有诸葛亮的这些顾虑和勇气，做出投降曹操的决定并不困难。此外，促使他们降曹的，还有一个重要因素：徐庶和石韬都是豫州颍川人，孟建则是豫州汝南人。颍川人是曹操集团内的中坚力量，汝南作为袁绍、袁术兄弟的家乡，其乡人在曹操集团内也占据重要地位。因此，比起在刘表手下长期隐居，等待组织审查提拔，他们投降曹操以后的政治前景要光明得多。此外，与这三位豫州朋友的长期来往，使得诸葛亮对袁绍、袁术、曹操集团的情况有了很深的认识，构成了他向刘备提出《隆中对》建议的知识基础。

在那个风云际会的时代，面对咄咄逼人的南下曹军，本该和众多亲友一起投降曹操的诸葛亮由于特殊的私人原因，走上了辅佐刘备联吴抗曹的道路。而在他即将出访的东吴，投降曹操的言论此时却蔚然成风。

第二十四案

张昭劝孙权降曹案

（208年）

案情

在诸葛亮从江夏前往柴桑之前，曹操的使者从江陵顺流而下，提前一步见到了孙权。随后发生的事情，即脍炙人口的“赤壁之战”。

入选中学课本的《赤壁之战》摘自《资治通鉴》，但《资治通鉴》只是二手史料汇编，其有关赤壁之战的内容主要选自原始史料《三国志》和《江表传》。司马光编写《资治通鉴》中赤壁之战一段时，就是把原始史料《三国志》和《江表传》的这几篇文章结合起来，文字略做删减（主要是删掉了《江表传》中对刘备形象不利的几句话）。司马光这样处理看似合理，但是，《三国志》和《江表传》几乎是同时写作的两本书，作者的立场和写作目的都相差很远，甚至连《三国志》中的各篇传记之间都有相互矛盾之处。强行把它们放到一起，容易给读者造成错误的印象。例如，在谁率先提出孙吴联盟的问题上，《三国志》中的各篇传记就各执一词，有的说是诸葛亮，有的说是鲁肃，为《三国志》作注的裴松之因此在《鲁肃传》中评论说，各国史官都把功劳归于本国大臣是常事，但是身为《三国志》作者，陈寿有义务将这件事考证清楚再下笔，而不是把自相矛盾的史料都扔给读者去分析。

张昭劝孙权投降曹操，就是这样一个因文献相互矛盾而产生的悬案。

在《三国志》的《吴主传》《周瑜传》《鲁肃传》《诸葛亮传》等四篇关于孙权与群臣讨论是否抗曹问题的主要史料中，没有一个字提到张昭劝孙权投降曹操，只是说，许多部下集体劝孙权投降曹操，唯独周瑜和鲁肃对此表示反对，《三国志 · 张昭传》里则对此事一字未提。只有在《江表传》里，孙权在向周瑜表达抗曹决心时，明确提到“子布（张昭）、元表（秦松）等人只顾妻子儿女”，后来又在登基时嘲笑张昭说“如果我听从张公的计策，现在已经在街头要饭了”，把张昭说成是投降派领袖。到了司马光编著《资治通鉴》时，不仅大量采用《江表传》的内容，甚至还改动《三国志 · 周瑜传》原文，把“议者”改成了“长史张昭等”。日后，《三国演义》等文艺作品便据此大做文章，把张昭牢牢地钉在了投降派的耻辱柱上。

综上所述，所有张昭劝孙权投降曹操的说法，都源自一本叫《江表传》的书，是典型的孤证，可靠性值得怀疑。

分析

之所以我们要仔细研究这个案件，是因为张昭在赤壁之战前后的言行根本不像是劝孙权投降曹操的人。甚至连曹操本人，都不曾因为张昭曾经劝孙权归附自己而对其产生好感。

赤壁之战四年后（212 年），曹操率大军南下攻打孙权时，让司空军谋祭酒（军师）阮瑀给孙权写了一封信，即《为曹公与孙权书》，里面写道，如果孙权能够杀掉张昭，转而与自己联合讨伐刚刚占据益州的刘备，他就立即撤兵，并且赐予孙权高官厚禄。

当时，赤壁之战的总指挥周瑜刚刚去世不久，曹操没有在信里提到周瑜很正常；但是，赤壁之战的另一位主要领导者鲁肃还活着，官拜汉昌太守、偏将军，代替周瑜管理东吴的荆州驻军。曹操为什么不要求孙权杀掉赤壁之战时的主战派鲁肃，而是让孙权杀掉赤壁之战时的主降派张昭呢？曹操是老糊涂了吗？

当然不是。事实上，张昭与曹操的关系显然一直不怎么好。如上文所述，早在孙策遇刺时，张昭正随孙权攻打淮南的曹操领地，逼死曹军名将陈登，而且在此后，张昭还干过类似的事情。

《三国志》中没有提及张昭劝孙权投降曹操的事情，但是《三国志·吴主传》却提到，与赤壁之战同时（建安十三年年底），“权自率众围合肥，使张昭攻九江之当涂。昭兵不利，权攻城逾月不能下。曹公自荆州还，遣张喜将骑赴合肥。未至，权退”。《三国志·武帝纪》也记载，“十二月，孙权为（刘）备攻合肥，公自江陵征备，至巴丘，遣张喜救合肥”。就是说，当曹操从江陵前往赤壁途中，得知孙权已经亲自渡江北上攻打合肥，又派张昭攻打当涂，大为震惊（此前孙权尚未公开向曹操宣战），连忙派部将张喜率骑兵去救合肥。对于这场战役的过程，《三国志·程郭董刘蒋刘传》记载得最为详细，说张喜带领一千骑兵去救合肥，途中又增加了一些汝南驻军，但是军中很快暴发瘟疫，行动缓慢。扬州别驾蒋济看到合肥形势危急，于是伪造了张喜的信，说他带领四万大军，已经抵达大别山区的雩娄，并故意让信落入吴军手里。孙权本来就因为合肥屡攻不下而焦虑，看到信以后，信以为真，连忙撤兵。从此，合肥便成为孙权一生的伤心地。在从合肥撤兵的路上，孙权才得到赤壁之战取胜的捷报。

也就是说，孙权在同意孙刘联盟的同时，其实分兵两路：周瑜、程普率水师随鲁肃前往江夏，联合刘琦、刘备军抵抗曹操的水师；孙权本人则与张昭率领陆军渡江北上，攻打驻守合肥和当涂的曹军，威胁曹操的老家谯县。当涂虽然是个小地方，但是在东汉末年异常重要，因为当时社会上广泛流传“代汉者当涂高”的预言，谁拿下当涂，谁就可能问鼎天下。孙权在赤壁之战时派张昭去攻打当涂，可见他对张昭的信任。各种史料都说，赤壁之战时，孙权的全部兵力约有十万，但是只给了周瑜、程普两万或三万士兵去赤壁，其余的大部分兵力没有参加赤壁之战，显然大多被孙权和张昭带去攻打淮南了。蒋济伪造的张喜信中说曹操派来给合肥解围的大军有四万人，才吓跑孙权，可见孙权当时用于围攻合肥的兵力不会比四万人少很多（孙权以后每次攻打合肥都号称有十万人以上），同时还有一支吴军正在随张昭围攻当涂，攻打淮南的吴军总兵力肯定多于随周瑜、程普到赤壁与曹操交战的吴军总兵力。

作为君主传记，《三国志·武帝纪》和《三国志·吴主传》的内容应当非常严谨，没有理由怀疑其真实性。唯一的问题是，《三国志·吴主传》说赤壁之战爆发在前，《三国志·武帝纪》说孙权攻合肥在前，孙盛认为《三国志·吴主传》的说法更可信。看来，这两场战役几乎是同时爆发的，只差了几天而已。而且，赤壁离柴桑近，全是水路；合肥离柴桑远，主要是旱路。所以，孙权、张昭如果想要在赤壁之战时攻打合肥、当涂，就必须比周瑜、程普先动身出征。如果不是张昭早就在江东做好了北伐淮南的人力和物资准备，他们根本无法这么快地出征。无论怎样，孙权在赤壁之战前夕，又调给了张昭一支可观的军事力量，委派他与自己携手攻打淮南。如果张昭在赤壁之战前的会议上还公然劝孙权投降曹操，那么孙权怎么会、又怎么敢在此后不久把军队交给张昭，让他带兵去攻打曹操的领地？

综合各方面史料来看，张昭在赤壁之战前后的表现完全不像是一位劝孙权降曹的官员。所以，孙权会放心地在赤壁之战期间调给张昭军队，让他去北伐曹操领地，而且此后曹操并不把张昭看作可以拉拢的东吴投降派成员，反倒欲杀之而后快，显然视张昭为眼中钉。

其实，当孙权召开讨论降曹还是抗曹的会议时，张昭恐怕根本不在场！

按照《吴书》的记载，孙权每次出征，一般都把张昭留在江东，镇守后方。孙权召开讨论是否联刘抗曹的会议的地点是在豫章郡柴桑，而不是在其统治核心区的“江东三郡”——丹杨、吴、会稽，因为当年春季，孙权刚刚攻下江夏，杀死太守黄祖。当年下半年，孙权驻扎在毗邻江夏的柴桑，绝不是为了提前筹备联刘抗曹，而明显是为了准备与曹操瓜分荆州，践行之前曹操委托夏侯惇写的《与石威则书》中“打败袁绍和刘表之后，把长沙交给孙贲（孙权的堂哥）”的承诺。就这样，孙权远离统治核心区长达一年之久，按照东吴的政治规矩，此时留守后方的大臣除了张昭，再无其他合适人选。当孙权决定了两路抗曹的战略以后，便从柴桑顺流东下，在今南京附近与张昭会合，两人随即一起渡江北上，攻打合肥和当涂。

也就是说，赤壁之战前，孙权的战略部署其实是这样的：派周瑜、程普带领少数兵力去配合江夏的刘琦、刘备（据诸葛亮说刘琦、刘备的总兵力约有两万多，但《江表传》说刘备最终只出动了两千人），利用水师优势，在长江中游牵制住曹军主力；与此同时，孙权本人与张昭率领吴军主力北伐淮南，计划打下合肥以后便直指中原，利用曹军主力滞留在荆州之机，一举完成亡兄孙策在官渡之战前袭取许昌，挟天子以令诸侯的遗志。但是孙权没想到，他和张昭率领的吴军主力在淮南攻城屡屡受挫，周瑜、程普率领的牵制部队却在赤壁大破曹军主力，而且当曹操得知孙权亲自围攻合肥的消息以后，立即放弃了在荆州长期作战的想法，因此在赤壁受挫以后，就马上带领主力部队撤回中原了。曹操的儿子曹丕也陪同曹操从荆州撤回老家谯县，按照曹丕在《感物赋》中的记载，谯县当时破旧不堪，老家只剩下一栋房子没有被毁坏，曹丕就住在里面，并把从荆州带回来的甘蔗种满了院子，直到半年后才离开。以曹丕当时五官中郎将兼副丞相的身份，不在赤壁之战后返回基础设施完好的邺城或许昌，却在破旧的谯县坐镇达半年之久，可见曹操当时对孙权军北上攻打自己家乡的忧虑之大。

既然张昭很可能根本没有劝孙权投降曹操，甚至很可能根本没有参加过柴桑会议，而且在会后还亲自带兵北伐曹操，那么《江表传》中一再提到张昭劝孙权投降曹操的说法，又是从哪里来的呢？

我们得搞清楚，《江表传》是一本什么书。

《江表传》的作者虞溥是西晋著名的教育家，按照《晋书·陈寿王长文虞溥等传》的记载，虞溥担任过鄱阳内史，给《春秋》作过注，此外的主要著作就是《江表传》。《江表传》中提到的历史故事，应该主要是虞溥在担任鄱阳内史时从当地人那里了解到的。虞溥既然是研究《春秋》的专家，应该有一定的史学造诣，他并没有担任过史官，却与《三国志》的作者陈寿是同事，陈寿写过一篇《驳虞溥议王昌前母服》的文章。所以，虞溥很可能是《三国志》最早的读者之一，陈寿也很可能是《江表传》最早的读者之一。

看来，虞溥极富文学才能，《江表传》几乎是汉末三国所有原始史料中文学水平最高的，而且内容颇具戏剧性，孙吴政权的许多历史人物都被描写得栩栩如生。可以说，赤壁之战之所以远比汉末三国的其他大战役更为脍炙人口，主要就是虞溥《江表传》的功劳。然而，一本历史书的文学性这么强，难免让人怀疑，它是否"因文害意"？

就涉及赤壁之战的《江表传》内容而言，可疑之处不少。例如，《江表传》提到"（鲁）肃未至而曹公已济汉津"，完全不符合当时的形势，曹操南下江陵途中，一直没能渡过关羽水师扼守的汉津，否则刘备、诸葛亮、张飞、赵云一行人肯定就在当阳覆灭了；《江表传》提到刘备说"与苍梧太守吴巨有旧，欲往投之"，也大可怀疑，刘备当时虽然对守住江夏没有太多信心，因而准备渡江，但是仍然可以在荆州南部坚持抗曹，何至于就准备一路逃到今广西地界去投靠吴巨；"诸葛亮诣吴未还，备闻曹公军下，恐惧，日遣逻吏于水次候望权军。吏望见瑜船，驰往白备，备曰：'何以知非青徐军邪？'吏对曰：'以船知之。'"这一情节也很荒唐，当时刘备在江夏，曹操在江陵上游，周瑜船队从柴桑逆流开来，刘备怎么会怀疑周瑜船队是曹军水师，更何况青徐军从来没有水师。"瑜之破魏军也，曹公曰：'孤不羞走。'"曹操会说如此丧士气的话吗？

总而言之，《江表传》是一本高度文学化的历史著作，讲了许多脍炙人口的戏剧化故事，然而可靠性并不太高，引用时需要谨慎。

岂止是《江表传》，就连《三国志》有关赤壁之战的记载中，疑点也很多：

《三国志·周瑜传》中，周瑜这样对孙权说："今北土既未平安，加马超、韩遂尚在关西，为操后患。"可是，在赤壁之战爆发时，马超的父亲马腾刚刚被汉献帝拜为前将军，假节，封槐里侯，尚未前往许昌或邺城就职，关西还轮不到马超管事。即便马腾受封时已经提前将实权转交给马超，在如此短的时间内，消息也不可能从关西传到江东。更重要的是，在此之前，韩遂杀害了马腾的妻子，两人连年交战，都争相讨好曹操委任的司隶校尉钟繇，形成了一种对曹操特别有利的相互制约的形势，根本不可能"为操后患"。所以，《三国志·周瑜传》中的这段周瑜讲话，很可能是好事者在马超于 211 年造反之后编造的，而那时周瑜已经死了。

《三国志·鲁肃传》的问题就更多了。在这篇文献里，鲁肃劝孙权派自己出使荆州并结交刘备时，把孙刘结盟说得顺理成章，好像荆州刘表政权本来是孙权的好邻居一样。可是，我们知道，在此前半年，孙权刚刚攻陷江夏，杀死刘表的江夏太守黄祖，随即被刘表的长子刘琦赶出江夏，双方的关系剑拔弩张，势不两立。刘表死后，孙权派鲁肃去吊丧，很可能会被当成黄鼠狼给鸡拜年，有去无回。关于孙权派鲁肃出使，结交刘备的原因，另两种原始史料《魏书》和《九州春秋》提供了另一种说法，说鲁肃本来劝孙权投降曹操，孙权大怒，要杀鲁肃，鲁肃见自己性命难保，急中生智，建议孙权与刘备结盟，不料孙权当即答应，于是派鲁肃出使江夏。《魏书》和《九州春秋》是魏晋时期中原的主流史书，成书比《三国志》和《江表传》更早。《三国志·鲁肃传》接下来又说，鲁肃先到夏口，听说曹操已经进入荆州，就连忙赶到江陵，得知刘琮投降，于是又昼夜兼程北上，在当阳长坂坡遇上了刘备。这一段把鲁肃的行程描写得无比详细，却更加令人生疑：刘表的长子刘琦当时就驻扎在夏口附近，鲁肃本来是奉孙权之命去向刘琦和刘琮兄弟吊丧致意，却不在夏口停留，在敌对势力境内如入无人之境，完全不合情理；鲁肃进入江陵之后，得到了刘琮投降的消息，便直接赶往当阳长坂坡，就更加荒唐，要知道，刘备一行被曹军在长坂坡追上根本不在计划之内，而且刘备军一触即溃，刘备、诸葛亮等人在长坂坡停留的时间非常短（顶多几个小时），随后就逃往汉津了。为了及时赶到长坂坡，并在兵荒马乱中找到刘备等人，鲁肃恐怕需要携带一个高精度卫星定位系统才能做得到。即便鲁肃非常幸运地在长坂坡遇到了刘备一行，在曹军骑兵的追杀下，他们也不可能进行任何正常的外交对话。在当时的情况下，鲁肃自己想要安全地离开长坂坡去江夏，都未必是件容易的事。

当时最可能发生的情况是：鲁肃刚到夏口，就被刘琦扣押下来，正准备处死，恰好刘备、诸葛亮一行在长坂坡败逃以后，也被刘琦、关羽的水师从汉津接到了夏口。在曹操大兵压境之际，刘备劝刘琦释放鲁肃，鲁肃则承诺帮助刘备、刘琦说服孙权派来援军联合抗曹。为表示诚意，刘备派兄长在东吴当官的诸葛亮陪同鲁肃前往柴桑。至于鲁肃从夏口赶到长坂坡去见刘备、诸葛亮的传奇故事，《三国志》作者陈寿并没有主观杜撰的动机，更像是鲁肃自己事后为了抬高身价而编造的。

至此，我们发现，《三国志·鲁肃传》存在不少问题，以至于我们对鲁肃的品行也要产生一些怀疑。

现在，我们再回过头来审视“张昭劝孙权投降曹操”的冤案，会有意想不到的发现。

《江表传》之所以会多次提到“张昭劝孙权投降曹操”，肯定是有原因的，因为张昭和鲁肃关系极差。据《三国志·鲁肃传》记载，张昭觉得鲁肃不够谦虚，经常辱骂鲁肃，还对孙权说，鲁肃年少粗疏，不能重用。

张昭之所以经常说鲁肃的坏话，倒未必是初来乍到的鲁肃对他不够礼貌。据《三国志·鲁肃传》记载，鲁肃刚到江东，就建议孙权说，应该于曹操尚未统一北方之际，集中力量大举西征，占领整个长江流域。据《三国志·甘宁传》记载，孙权的另一位部下——益州籍将领甘宁也曾提过类似的计划，而且也曾经因此与张昭争执过。

对比《三国志》的这两处记载，张昭不喜欢鲁肃和甘宁的原因就很清楚了：

鲁肃和甘宁主张东吴政权应该西征荆州和益州，而张昭主张北伐，先打下徐州，尔后直捣中原，双方的战略路线有分歧。即便如此，张昭并没有说过甘宁的坏话，却经常说鲁肃的坏话，又是什么原因呢？

答案再明显不过了：

张昭是徐州人，当然希望孙权北伐，先占领自己的老家徐州；甘宁是益州人，当然希望孙权西征，先占领自己的老家益州。在当时的东吴统治集团内，这些都是一眼就能看穿的常识，大家心照不宣，虽然有路线分歧，却可以相互理解。

可是，鲁肃也是徐州人，算是张昭的老乡，却跟张昭唱反调，主张孙权西征荆州。本来，鲁肃应该和张昭等徐州老乡一起劝孙权北伐，占领他们的徐州家乡才对。鲁肃这样做，显然是看到孙权本人念念不忘为父亲孙坚在荆州被射死报仇，更倾向于西征。于是，在张昭看来，鲁肃显然是一个善于察言观色、精于揣摩领导意图，毫无政治底线、背叛老乡集团利益的奸臣。所以，张昭经常说鲁肃的坏话，而鲁肃则在赤壁之战后，私下造谣说张昭曾经劝孙权投降曹操，这一政治谣言最终被喜爱收集戏剧性故事的虞溥编入《江表传》，进而被对这段历史研究不够深入的司马光转录进了《资治通鉴》。

结论

综上所述，鲁肃为人并不老实，善于察言观色，见风使舵，从而得到了孙权的信任，却受到以张昭为代表的徐州老乡排挤。孙权派他出使荆州，悼念死敌刘表时，本来已经把鲁肃逼上了政治绝路。但是，鲁肃很幸运，他在夏口遇上了同样被逼上政治绝路的刘备和诸葛亮。当时，曹操过于急切地想要一举平定南方，统一中国，给刘琦、刘备和孙权施加了过大的压力，结果导致这几个死对头联合起来对付自己，最终演变成赤壁之战。

《三国志·武帝纪》记载的“十二月，孙权为（刘）备攻合肥”，还向我们透露了赤壁之战的另一隐情：孙权和张昭北伐淮南，其实是刘备的主意。究其原因，孙刘联盟谈判时，可能还达成了另一场幕后交易：刘备在赤壁之战时没有地盘，荆州大部分地区都投降了曹操，江夏归刘琦，即便击败了曹军，荆州也应该属于刘琦。这样，刘备及其部下还是只能给刘琦当附庸，刘备显然不甘于此。于是，孙权就和刘备达成秘密协议：孙权派周瑜、程普支援刘琦、刘备守卫江夏，对抗曹操；同时，孙权率军攻打曹军兵力空虚的徐州。如果拿下徐州，就表刘备为徐州牧，毕竟刘备以前曾经长期统治过徐州，在当地有群众基础，受到张昭等徐州人的欢迎。如果周瑜、刘备能够在长江中游成功地拖住曹军主力，孙权和张昭又能够顺利地占领徐州的话，就可以继续西进，打下曹操的老家沛国，进而问鼎中原。孙权之所以敢于两路出击，是因为曹操占有优势的陆军在水网密布的江夏地区英雄无用武之地，用以攻打江夏的其实只有刘琮的江陵水师和在汉水上新建的水师，这两支水师的实力都很差，甚至还不如刘琦的江夏水师战斗力强。所以，孙权和周瑜在战前就有足够的把握，用三万水师协助刘琦、刘备在长江上长期牵制住曹军，让孙权本人可以放心地率领陆军主力攻打淮南，而不是准备援救周瑜。没想到，孙权、张昭北伐失败，未能拿下徐州，而周瑜却在赤壁一举全歼了曹军水师，甚至派甘宁乘胜追击，攻下了夷陵，对刘璋的益州形成了直接威胁。只不过由于曹仁的激烈抵抗，周瑜刚攻下江陵就死于箭伤，甘宁也无法实施其西征益州的战略，由于鲁肃的坚持，江陵、夷陵一带很快便被孙权借给了刘备，即所谓“借荆州”。

据《三国志·吴主传》记载，“借荆州”的幕后交易是：刘琦死后，刘备自领荆州牧，同时“表（孙）权行车骑将军，领徐州牧”。这样，双方就在刘琦死后改变了赤壁之战前制定的秘密战略，重新进行了势力范围划分，刘备获得荆州，而孙权获得徐州，从此孙吴将主攻方向从西方转向北方。这无疑是张昭的巨大胜利，投机分子鲁肃尽管在赤壁之战中成为幸运的胜利者，却无法在政坛追平张昭的地位。鲁肃给孙权制定的计划虽然短期内可行，长远看来却使得孙吴政权无可挽回地沦为了一个既不能争霸中原，也不能占据整个长江流域的地方割据势力，而且还壮大了刘备集团。一度被赤壁之战冲昏头脑、重用鲁肃的孙权在多年后才意识到这一点，但是为时晚矣。尽管鲁肃刚死，孙权就派吕蒙用白衣渡江的不光彩手段从刘备集团手中夺回了荆州，却不足以打破三足鼎立的僵持局面，只能偏安于东南了。

综上所述，赤壁之战的史料拔高了鲁肃，贬低了刘琦和张昭的历史作用。

至于赤壁之战的战果，史料众说纷纭，有的说曹军损失过半，有的说曹军没有多少损失。对比汉末三国时期的汴水之战、界桥之战、宛城之战、官渡之战、邺城之战、夷陵之战等其他著名战役，曹军在赤壁之战中没有任何知名官员阵亡或被俘（就连《三国演义》里曹操在赤壁之战时中计冤杀的蔡瑁，其实也在赤壁之战后活得好好的，甚至还升了官）。由此可见，曹军在赤壁之战中的人员损失肯定不大，主要是失去了几乎全部船只。

至此，所有的信息都串联到一起了，让我们来复原208年纷繁复杂的历史真相：

一月，曹操带着袁尚、袁熙的首级从柳城凯旋，返回邺城休整。

二月，孙权派使者向曹操表示祝贺，并提议夹击双方共同的宿敌刘表，曹操欣然答应，但少府孔融却秘密告知孙权使者，曹操已经制定了占领荆州以后攻打江东的计划。

三月，曹操最喜爱的小儿子曹冲突然生病，曹操非常担忧，派老乡神医华佗诊治；与此同时，孙权大举攻荆州，占领江夏，斩杀仇人黄祖，刘表听说连襟阵亡，万分惊恐，一病不起；曹操的谋士纷纷劝曹操抓住这个良机，立即南下攻取荆州，但是正忙着给爱子曹冲治病的曹操不同意。

四月，曹冲的病情日益严重，曹操见华佗治疗无效，日益惊恐焦躁，甚至还诉诸巫术，以求曹冲康复；刘表的长子刘琦为了自保，采纳诸葛亮的建议，请求临危受命，出任江夏太守，迎战孙权；孙权则在获得孔融的口信，得知曹操有意在消灭刘表之后攻打自己后，立即从江夏撤兵，退回柴桑，刘琦于是顺利地收复江夏。

五月，曹冲病逝，曹操五内俱焚，痛斥华佗，华佗畏罪潜逃，但是在途中被捕；汉献帝闻讯，为了宽慰曹操，决定恢复丞相制度。

六月，曹操在邺城安葬曹冲之后，南下许昌，处决华佗，随即就任丞相，准备南征荆州，任命刘表的同乡郗虑为御史大夫，以便劝降刘表集团成员，尔后进军江东；在得知孙权突然从江夏撤军的消息之后，曹操命令郗虑与丞相军谋祭酒路粹调查走漏消息的原因，结果发现是郗虑的政敌孔融和在柳城远征中为曹操出谋划策的荆州籍神童周不疑所为。

七月，曹操南征刘表，同时命郗虑处死了孔融，又派人刺杀了周不疑，以除后患。

八月，得知曹军日益逼近，刘表病危，刘琦离开江夏返回襄阳，却遭到弟弟刘琮及其部下的驱逐。刘备闻讯，也从新野撤到樊城；不久后刘表病逝。这时，主张吞并荆州的徐州籍官员鲁肃向驻军柴桑的孙权提议，派自己出使荆州，向刘琦、刘琮、刘备吊丧，得到批准。

九月，曹操抵达新野，刘琮献上投降书；曹操得知刘琦和刘备打算水陆并进，占领江陵，以此为根据地继续抗曹，于是派曹纯率五千虎豹骑星夜追击，在当阳长坂坡大破刘备；刘备带诸葛亮、张飞、赵云等少数随从逃到汉津，得刘琦、关羽水师搭救，撤往江夏；曹军于是继续南下江陵，同时孙权特使鲁肃也抵达江夏，并被刘琦扣留；刘备集团见事态紧急，于是劝刘琦释放鲁肃，并派诸葛亮随鲁肃前往江东，与孙权谈判结盟。

十月，曹操进入江陵，派使者去柴桑警告孙权，惹得孙权大怒；诸葛亮随鲁肃抵达江东，在周瑜的协助下，争取到孙权的同意，批准了孙刘联盟；孙权派周瑜、程普、鲁肃率水师三万前往江夏，协助刘琦、刘备抵抗曹操，自己返回江东；留守江东的张昭提议趁曹军主力在荆州之机，北伐徐州，进而直捣许昌，孙权同意。

十一月，曹操得知刘琦、刘备拒绝投降，于是调遣水师，向江夏进军；周瑜、程普、鲁肃的水师抵达江夏；孙权、张昭率军渡江北上。

十二月，曹操得知合肥被孙权包围，担心合肥西北二百千米处老家谯县的安全，立即派张喜率骑兵去救合肥；随后，被瘟疫削弱的曹军在江夏以西的赤壁遭遇周瑜水师火攻，大败，曹操撤退到乌林，又遭到刘备的伏击，损失惨重；曹操见自己的陆军在此地难以施展，只得退回江陵，随即率领大部分军队撤退回中原；与此同时，孙权、张昭大举围攻合肥等曹军在淮南的城堡，都无法取胜，得知张喜率领援军赶来，于是从合肥撤兵，回江东与刘琦、刘备一起庆祝赤壁之战的胜利。

三个月后，曹操抵达谯县，布置对孙权集团的反攻，而刘备趁刘琦去世之机，吞并了刘琦的部下，自称荆州牧，并表孙权为车骑将军领徐州牧，不断和张昭一起撺掇孙权北伐徐州。

至此，天下三分的格局隐然形成。

然而，在天下三分之前，曹操还有几件令人头疼的案子要办。

第二十五案

曹操杀马腾案

（212 年）

案情

从赤壁战场上匆忙返回家乡谯县的曹操很快稳住了东南战场的局势，同时刘备在刘琦死后，通过“借荆州”壮大了自身实力，并与孙权的妹妹联姻，进一步加强了孙刘联盟。曹军缺乏水师，无法在长江上与孙刘联盟争雄，只得在荆州北部采取守势。由于正面战场上的均势一时难以打破，曹、孙、刘三大势力都把目光投向了西方。

关于赤壁之战以后西北地区发生的事变，《三国演义》里专门设了一回《马孟起兴兵雪恨 曹阿瞒割须弃袍》，里面说，曹操在刘备占领荆南以后，采纳荀攸、陈群的建议，大举攻打孙权，因为担心马腾趁自己南下时袭击许昌，又召马腾进京。马腾曾经与董承、刘备共同参与“衣带诏案”，想趁此机会袭击曹操，于是欣然前往，却因为有人告密，被曹操在许昌城外设下埋伏，被俘遇害。曹操又派使者去见西凉太守韩遂，让他把马超抓到许昌去。但韩遂本是马腾的生前好友，与马超叔侄相称，于是他斩杀曹操使者，联合马超起兵讨伐曹操。这个故事在民间影响甚大，许多戏曲作品都以此为题材，民国时期甚至出现了一部以马超为主角的历史小说《反三国演义》，让马超成为刘备北伐军的先锋，还将妹妹马云騄嫁给了赵云，最终攻下许昌，挖了曹操的陵墓，为父亲马腾之死报仇雪恨。由于迎合了广大读者的喜好，《反三国演义》也获得了不少好评，一时间连马云騄这样的虚构人物都深入人心。

可是，无论是《三国演义》还是《反三国演义》，都把马超起兵讨曹操的缘由完全讲错了。事实上，马超是所有三国人物中，正史与演义形象差距最大的人物之一。

原来，自从李傕、郭汜败亡以后，大部分凉州武士都投入了马腾和韩遂两大军阀麾下，并在官渡之战中向曹操提供了关键性的支援。袁绍死后，其继承人袁尚很快派高干、郭援率军从并州南下，企图渡过黄河，攻取洛阳。在曹操的司隶校尉钟繇的斡旋下，马腾和韩遂向河内派来援军，与当地曹军联手迎击袁军。马腾的长子马超在这场战斗中身负重伤，所幸马腾的另一猛将庞德亲手斩杀郭援，这才击退袁军。马超因此战功被汉献帝封为徐州刺史，但是有伤在身的他并未前往赴任。 之后，马腾和韩遂反目成仇，韩遂甚至袭击马腾家，杀害了马腾的妻子和孩子（很可能就是马超的母亲和弟弟）。尽管在钟繇的斡旋下，双方暂时和解，但是马腾内心不安，总是驻扎在离韩遂较远的地方。曹操在208年南征刘表的同时，召马腾为卫尉。年迈的马腾犹豫了一段时间以后，决定带着小儿子马休和马铁赴任，到许昌去统领此时规模并不大的禁卫军，而将凉州旧部交给时任偏将军的马超统领。同时，韩遂也将子孙和部下许多主要成员的家属送到许昌。这样，曹操手里有了大量凉州人质，而且马超和韩遂还有杀母之仇，再加上谈判大师钟繇的斡旋，凉州应该从此太平无事了，更不用说凉州武士们本来就因为反对袁绍的原因，从官渡之战起便一直支持曹操。

可是，意外的事情发生了：刚过三年多，也就是212年农历五月，曹操下令，将许昌的马腾一家及韩遂集团的家属全部处死。

了解了这些历史背景，再回头读《三国演义》，我们就能发现，“马孟起兴兵雪恨”的故事从一开始就说不通：马腾不仅没有可能参与过“衣带诏案”，而且在赤壁之战前一直是曹操的忠实盟友，为曹操打败袁绍集团立下过汗马功劳，所以在很长时间内，马腾与刘备都分属敌对阵营，甚至可能曾经在官渡之战期间直接交过战。马腾与韩遂又是老对头，二人间还有杀妻之仇。正是出于对曹操的信任和支持，马腾才愿意在赤壁之战前后亲自前往许昌，以帮助曹操解除后顾之忧。基于同样的理由，韩遂也向许昌派去了大量人质，以此表达自己对曹操的忠心。事实上，马腾等凉州人质在许昌前后过了三四年太平日子。在这种情况下，曹操为什么会突然将马腾等凉州人质全部处死呢？

原因其实很简单：马腾的大儿子马超伙同韩遂造反了。

按照《三国志·关张马黄赵传》《三国志·刘司马梁张温贾传》《魏略》和《典略》等史料的记载，马超之所以在211年起兵攻打曹操，是因为曹操派夏侯渊和钟繇经过关中去讨伐汉中军阀张鲁，凉州武士们看到大批曹军路过自己的地盘，担心曹操施展“假道伐虢”之计，意图吞并自己。马超于是趁机对韩遂说：“之前司隶校尉钟繇指使我抓将军，可见关东人不能再信任了。现在我马超放弃了父亲，把将军当作父亲，将军也应该放弃儿子，把马超当作儿子。”韩遂因为子孙都在许昌，本来无意造反，但是看到马超的态度如此坚决，只得同意出任叛军都督，向长安进军。曹操打败马超、韩遂以后，才在212年把许昌的马超之父马腾与韩遂的子孙等凉州人质全都杀了。

分析

曹操处决马腾等凉州人质，与曹操是否残忍狡诈毫无关系，因为汉朝法律规定叛逆首恶的直系亲属必须处死。此事发生在马超、韩遂造反一年之后，所以，马腾本人被杀绝非曹操蓄意策划的阴谋，因为马腾从官渡之战起就一直是支持曹操的，却被造反的儿子马超扣上了谋反者家属的帽子。

马超既然能对韩遂说出“今超弃父，以将军为父，将军亦当弃子，以超为子”，说明他很清楚，只要起兵，他在许昌的父亲和韩遂在许昌的儿子必然都得死。韩遂本来不是马腾的朋友，反倒与马超有杀母之仇，马超联合韩遂攻打曹操，逼死在曹操手下工作的父亲马腾，等于认贼作父，所以在当时，马超被社会公认为是个不忠不孝的典型坏人。

曹操杀马腾案的时间因果顺序非常清楚，没有任何古籍提出过其他说法。直到唐宋以后，由于民间舆论越来越偏向刘备，文学作品为了迎合读者喜好，不得不把刘备的部下全都描写为正面人物，身为蜀汉“五虎上将”之一的马超自然也不例外。历史上真实的马超为了自己夺权，不惜坑死父亲和弟弟，认贼作父，反叛朝廷，道德败坏，罪大恶极。为了洗清马超的罪行，《三国演义》不得不倒果为因，把曹操杀马腾案放到马超造反之前，把马超起兵反曹操的原因说成是替父报仇。从此，认贼作父、不忠不义的马超摇身一变，成了忠勇的孝子典范。

结论

在戏剧、小说等历史文学中，由于剧情需要，有时会无法避免地对真实历史人物的品行进行颠覆性的改编。这种情况并不罕见：完成于1550年左右的《杨家府演义》把忠勇谨慎、平易近人的北宋开国名将潘美描写为嫉贤妒能、公报私仇的大奸臣；完成于1700年左右的日本著名历史戏剧《国姓爷合战》更是把原本毫无政治节操、毁掉明朝江山的大军阀吴三桂和郑芝龙描写为明朝的栋梁忠臣。曹操杀马腾案也是如此：明明是马超勾结韩遂造反在先，曹操杀马腾在后，因果关系原本十分简单清楚，经过政治倾向严重、本末倒置的文学化描写和宣传，变成了一场阴谋气息浓厚的悬疑案件。因为社会上尊刘贬曹之风盛行，这些颠覆性的文学改编广受民众欢迎，于是被越改越离奇，最终大孝子马超兴兵为父报仇的说法深入人心。

不过，就在曹操杀马腾案同一年，曹魏集团内确实发生了一场真正的悬疑案件。

第二十六案

荀彧自杀案

（212 年）

案情

与曹操杀马腾案同一年，曹操的首席谋士、尚书令荀彧突然去世了，死因众说纷纭。

许多文艺作品都把荀彧塑造成一位六七十岁须发花白的老年人形象，其实他去世时年仅五十虚岁，作为文臣，正值年富力强的中年。正因为如此，相比于前因后果清清楚楚的马腾之死，荀彧的死带来了更多的疑问。

关于荀彧之死，《三国志·荀彧荀攸贾诩传》记载说，曹操准备晋升为公爵，并加九锡大礼，荀彧却唱反调，说曹操起兵是为了匡扶汉室，任务完成以后应该谦让，不要接受过分的荣誉，曹操因此对荀彧不满。后来在南征孙权途中，荀彧因为生病被曹操留在寿春，不久便因忧虑去世。这个解释一看就有些言不由衷：荀彧既然因为生病被曹操留在寿春，那么他的死因应该是正常病死，怎么还说他死于忧虑呢？联系上文中提及曹操因为爵位和加礼的事情，开始对荀彧产生不满，《三国志·荀彧荀攸贾诩传》的这一说法显然有些“为尊者讳”。《魏氏春秋》的记载就直接得多，说曹操送给荀彧食物，荀彧打开饭盒一看是空的，于是喝毒药自杀。《献帝春秋》则提供了另一个版本的故事：董承被杀以后，伏皇后给父亲伏完写信，说汉献帝想报复曹操。伏完把这信给荀彧、樊普二人看了，荀彧保持沉默，樊普却向曹操告了密。后来，荀彧劝曹操把女儿嫁给汉献帝，曹操说有伏皇后在，荀彧说伏皇后曾经给父亲写信，内容涉及针对曹操的阴谋，建议曹操废掉伏皇后。曹操装作吃惊地说，我没听你讲过这事，荀彧发现自己说漏了嘴，一再辩解道歉。曹操因此恨荀彧。后来荀彧又在曹操晋升公爵的问题上唱反调，曹操因此疏远他。荀彧死后，寿春的逃兵向孙权报告说，曹操派荀彧去杀伏皇后，荀彧不同意，因此自杀。孙权又转告了刘备，因此这个故事在南方很流行。

为《三国志》作注的裴松之认为，《献帝春秋》所谓荀彧拒绝为曹操杀害伏皇后而自杀的说法是子虚乌有的谣言，不值得相信，但是也评论说，荀彧长期为曹操出谋划策，导致曹家权势过大，颠覆汉朝江山，虽然晚年试图补救，以自杀为汉朝效忠，但是已经于事无补，很多人都嘲讽他死得很糊涂，并没有什么价值。

综合各类史料看来，荀彧死前虽然正值壮年，情绪却非常郁闷，很可能是自杀身亡的。但是，荀彧到底因何事而死，甚至连他死于何时，其实都颇具争议。

《昭明文选》和《艺文类聚》中录有一篇《檄吴将校部曲文》，署名是陈琳，但是正文却是以尚书令荀彧的名义发出的。该檄文中提到，曹操之前攻打汉中，张鲁和朴胡等人投降。参照《三国志·武帝纪》，张鲁和朴胡等人投降曹操是在 215 年年底，所以一般认为《檄吴将校部曲文》作于 216 年。

问题是，按照《三国志·荀彧荀攸贾诩传》和《后汉书·郑孔荀传》的记载，荀彧死于212年，216年《檄吴将校部曲文》发表时，荀彧应该已经去世四年了！

所以，早在清代，就有人怀疑《檄吴将校部曲文》是伪作。另一些学者则主张，《檄吴将校部曲文》中的“尚书令彧”，其实应该是“尚书令攸”，因为在荀彧死后，其侄子荀攸继任魏国尚书令。

综合《三国志·荀彧荀攸贾诩传》《魏氏春秋》《献帝春秋》三篇原始史

料来看，可以肯定的是，荀彧是在随曹操南征孙权的途中死在寿春的。曹操当时确实曾经给汉献帝上表，要求带着荀彧去攻打江东，以“宣示国命，威怀丑虏”，也就是主持宣传工作，分化瓦解孙权集团成员，这与《檄吴将校部曲文》的内容完全一致。所以，《檄吴将校部曲文》中的“尚书令彧”不大可能是“尚书令攸”的抄写错误，更像是被后人加入了一些年代错误的内容。

那么，荀彧之死，究竟是因为他反对曹操“晋爵国公，加九锡”，还是曹操“使彧杀伏后，彧不从，故自杀”呢？

分析

按照《后汉书·孝献帝纪》和《三国志·武帝纪》的记载，与荀彧之死有关的几件大事发生的先后次序是：212 年农历“十月，公（曹操）征孙权”。213 年农历“正月，（曹操）进军濡须口，攻破权江西营……五月丙申，天子使御史大夫郗虑持节策命公为魏公……七月，始建魏社稷宗庙，天子聘公三女为贵人”。214 年农历“七月，公征孙权……十月……公自合肥还。十一月，汉皇后伏氏坐昔与父故屯骑校尉完书，云帝以董承被诛怨恨公，辞甚丑恶，发闻，后废黜死，兄弟皆伏法”；“十一月丁卯，曹操杀皇后伏氏，灭其族及二皇子”。215 年农历“正月，天子立公中女为皇后……三月，公西征张鲁……九月，巴七姓夷王朴胡、賨邑侯杜濩举巴夷、賨民来附……十一月，鲁自巴中将其余众降”。216 年农历“二月，公还邺……夏五月，天子晋公爵为魏王……遂征孙权，十一月至谯”。

综上所述，曹操曾经在 212 年冬天、214 年秋天和 216 年冬天三次南征孙权，都路过寿春附近。《檄吴将校部曲文》中对曹操的称呼只是“丞相”，与 212 年的情况相符，因为曹操在 213

年已经当了魏公，216 年已经当了魏王，不宜再仅称为“丞相”。更值得注意的是，曹操明明在 213 年就把三个女儿嫁给了汉献帝，一年多以后才杀伏皇后，如果荀彧在曹操嫁女前就告发了伏皇后，那么曹操杀伏皇后的动作显然太慢了，等于将自己的三个女儿置于危险之中；更何况，《献帝春秋》称荀彧说“伏后无子”，但是《后汉书·孝献帝纪》记载，伏皇后与两个皇子一同遇害，之前还生有其他子女（例如在官渡之战期间夭折的南阳王刘冯），根本不是“无子”。可见，正如裴松之分析的那样，《献帝春秋》的内容错误百出，并不可信。

这样看来，荀彧之死与伏皇后母子遇害毫无关系，很可能只是时间相近，因此被当时的某些好事者联想到了一起。《檄吴将校部曲文》的内容同样有大量问题，很可能是后人基于荀彧和陈琳的某些文章篡改而成，不能被视为可靠的原始史料。荀彧死于 212 年年底，应该没有问题。《三国志·荀彧荀攸贾诩传》的说法勉强还能自圆其说，但是仍然令人费解：曹操只是想由侯爵晋升为公爵，加九锡，并不是要直接篡位，荀彧即便是汉室忠臣，又何必在此时就独自坚决反对，以至于被曹操逼迫自杀呢？荀彧反对曹操晋升的道德理由更是荒唐，曹操之前残杀无辜、背叛亲友、刨坟掘墓、奸淫妇女的不道德恶行比比皆是，荀彧当时都在曹操身边，怎么不劝阻呢？曹操既然想除掉荀彧，在中原就可以下手，何必费劲把荀彧带到南征孙权的前线去，还让他主管对孙吴集团的宣传工作呢？曹操难道不怕已经对自己变心的荀彧向孙权泄密或临阵叛逃？

看来，原始史料的几种说法都讲不通，荀彧之死恐怕另有隐情。

为了破解这个疑案，我们需要先搞清楚一个最基本的问题：

荀彧究竟是个什么人？换句话说，在汉末战乱期间，荀彧的真实身份是什么？只有搞清楚了这个基本问题，我们才能弄明白荀彧与曹操的真实关系，进而发现“曹操逼荀彧在寿春自杀案”的幕后真相。

在前文中，我们提到过，荀彧是颍川同乡、大宦官中常侍唐衡的女婿，而唐衡兄弟曾经将东汉资格最老的党人之一赵岐满门抄斩，赵岐本人侥幸逃脱以后，被迫秘密流亡多年，直到唐衡兄弟死后才公开自己的身份。因此，赵岐与荀彧是不共戴天的死对头。当赵岐带着汉献帝的《罢兵诏》到东方来调停曹操与陶谦的战争时，遭到抵制，被迫在曹操部下张邈统治的陈留称病停留达两年之久。为了打击时任曹操助手的荀彧，赵岐召来了正在被袁绍追杀的吕布，介绍他与张邈里应外合袭击兖州，险些一举摧毁曹操和荀彧的基业。由此可知，荀彧因为宦官女婿的身份，一直受到党人集团的厌恶和排挤，难怪他无法在袁绍麾下站稳脚跟。

据《典略》记载，荀彧娶唐衡的女儿，是因为荀彧的父亲荀绲贪慕唐衡的权势。但是，裴松之早就分析过，唐衡死于 164 年，荀彧生于 163 年，也就是说，唐衡死时，荀彧才二虚岁，等到荀彧成年该结婚时，唐衡家族早已瓦解，荀绲怎么会贪慕唐衡的权势而替儿子答应这门亲事？裴松之又说，桓灵时期，宦官势力太大，荀绲替儿子答应这门亲事，或许是被逼无奈，无可厚非。然而，参照《后汉书·孝灵帝纪》，唐衡家族最后的辉煌，是唐衡的弟弟唐珍于 173 年至 174 年担任司空，当时荀彧年仅十一二虚岁，仍然远没有到娶妻生子的年纪。等到 182 年荀彧年满二十虚岁，可以结婚时，党锢运动已经到了尾声，黄巾暴动都快爆发了，宦官的势力明显不如以往，唐家更是早已在官场上销声匿迹多年了，荀绲怎么会贪慕唐家的权势而替儿子答应这门亲事？

既然荀彧成年并迎娶唐衡女儿时，唐衡已经死了十几年，唐家成员也在官场上消失了好几年，那么荀家答应这门亲事，绝不可能是因为贪慕唐衡的权势，也不可能是被阉党用权势逼迫所致。那么，促成这门亲事的，恐怕只剩下了一种当时罕见的原因：爱情。

要知道，虽然汉代太监的名声并不好，但是在颍川却是个特例，这里几乎是东汉的“太监之乡”，除了唐衡以外，还出了张让等许多著名宦官。荀彧虽然出生颍川名门，却完全有可能与宦官老乡们保持友好关系，而且荀彧在兄弟中排行老五，家族资源不可能向他倾斜。在当时，迎娶同乡大太监的孤女，更像是荀彧自己的决定。

既然迎娶已故太监唐衡的孤女是荀彧本人的主动决定，那么唐衡的仇人赵岐就更有理由恨荀彧了。而且，幸运女神也没有祝福这场婚姻。

荀彧刚刚把大太监唐衡的孤女娶进门，黄巾暴动就发生了，紧接着汉灵帝便终止了党锢运动，大批党人入朝为官，阉党的势力一落千丈。到了汉灵帝驾崩，袁绍、袁术兄弟屠宦官时，阉党便彻底烟消云散。在这种局势下，荀彧与大太监唐衡的孤女联姻，等于判了自己政治上的死刑。作为党人领袖和赵岐的亲戚，袁绍没有把荀彧夫妇杀掉，就算是非常宽厚的了，可能是因为荀彧的哥哥荀谌刚刚为袁绍从荀家的颍川老乡韩馥手中夺取冀州立过大功，才对荀彧网开一面，允许他到自己的附庸势力曹操处找工作。曹操接纳了荀彧，就此得罪了赵岐等老党人。

我们知道，荀彧到曹操身边之后，推荐了荀攸、戏志才、郭嘉、钟繇、陈群、杜袭等大量人才。这些人才都有一个共同特点：荀彧的颍川老乡。反过来说，荀彧年轻时的人脉基本上被完全限制在颍川老家，在家乡之外，荀彧没有什么影响力。荀彧能做的，就是团结自己的颍川老乡来辅佐曹操，而他给曹操介绍的这些老乡基本上都是袁绍、董卓和刘表挑剩下的。

荀彧的家乡颍川只是东汉帝国一个中等规模的郡，却在汉末三国战乱时产出了大量人才，这是因为它位于汉末党人与阉党政治斗争的中心。颍川毗邻首都洛阳，一方面是“太监之乡”，另一方面又出了李膺等很多党人，因此在汉末党锢时期一直深陷政治斗争之中。大部分颍川知识分子都久经党锢运动锤炼，幸存者无不擅长处理政治危机，因此容易在战乱中崭露头角。

结论

至此，荀彧的真实身份不言而喻：最后一位颍川阉党领袖，而不是什么士人领袖。

汉灵帝死后，以袁绍为首的党人集团对阉党持续不断的攻击，迫使阉党和部分中立知识分子团结起来与之对抗。特别是在袁绍兄弟屠灭宦官以后，这种情况愈演愈烈，双方的固有矛盾没有缓和的可能。在这种情况下，荀彧等颍川阉党背景的知识分子只能去为出身于阉党世家的曹操等边缘政治势力效力。在赵岐这样的老党人看来，曹操与荀彧的结合，就像是一个复活的阉党基地，难怪他要联合张邈兄弟请吕布来袭击兖州，必欲除之而后快。

曹操与荀彧的合作卓有成效，逐渐扫平群雄，统一了中国北方。但是，正如前文多次分析的那样，曹操尽管出身阉党世家，青年时期却参加了许多反阉党、亲党人的活动，甚至直接为党人领袖袁绍做了许多反阉党的秘密工作。可以说，曹操自从上太学以后，便被党人集团洗脑，转而与自己的父亲所属的阉党集团为敌。曹操从小形成的反阉党、亲党人思想，后来有过变化吗？

综观各种史料，曹操除了重用以荀彧为代表的颍川阉党成员以外，至死都没有发表过任何支持阉党的言论。相反，曹操晚年多次回忆自己年轻时的往事，依然很为自己当年支持党人、打击阉党的言行自豪。最重要的是，曹操执政期间，汉献帝一直没有恢复宦官制度，这在人命贱如草的战乱期间本来不难做到。

只要曹操还活着，中国就不许有太监，在这一点上，曹操和袁绍、赵岐等党人领袖高度一致，即便是这些老党人全部去世、垮台以后，曹操在这方面的立场依然没有动摇过。

身为最后一位颍川阉党领袖，荀彧不可能乐于见到曹操的这种反阉党态度。

归根结底，曹操与荀彧压根儿就不是一路人。

在精神领域，曹操一直是袁绍的追随者。袁绍死后，曹操成了他的最佳继承人。

当曹操遭到袁绍、袁术、陶谦、吕布、刘表等势力威胁时，他可以与荀彧精诚团结地合作；然而，一旦无人再能挑战曹操的政治地位，曹操与荀彧的政治路线之根本分歧便显露出来——在是否重设宦官这个顶层政治结构设计问题上，双方针锋相对，无法调和，因此只能共患难，不能共安乐。在外界看来，荀彧死前，似乎只是在曹操晋升国公的问题上顶撞过曹操，并猜测荀彧之死可能与两年后遇害的伏皇后有关，其实都缺乏依据。伏皇后在荀彧死后被杀，原因明摆着：曹操的三个女儿入宫以后肯定都想当皇后，而伏皇后挡了她们的道。伏皇后如果聪明的话，就应该自杀，这样至少可以保住全家老小的性命。可是，伏皇后也许是自恃是汉桓帝的外孙女、久经考验的宫斗大师，一直拒绝自杀，曹操才被迫将她全家诛灭，这些与荀彧等大臣毫无关系。之所以当时会出现荀彧之死与伏皇后遇害有关的流言，显然是因为荀彧死在寿春——与孙权作战的最前线。孙权听说荀彧自杀了，便多方炮制曹操逼荀彧自杀的消息，并和盟友刘备一起在社会上广泛散布，以便在曹操集团内部制造思想混乱。归根结底，这都是战争时期很常见的抹黑对手的宣传而已。

实际上，早在赤壁之战以后，荀彧就明显失宠了。在荀彧人生的最后三四年内，曹操几乎没有采纳过他的任何建议。在此之前，为了对付袁绍、袁术、陶谦、吕布、刘表等势力，曹操需要荀彧的颍川阉党领袖人脉，因此对荀彧言听计从；等到这些势力全部灭亡之后，曹操就不需要荀彧的颍川阉党领袖人脉了，它反而成了影响曹操政治形象的负资产。为了对付孙权、马超、张鲁、刘璋等新对手，曹操开始提拔在华南和华西有人脉的新谋士，整个颍川集团都开始被边缘化，作为颍川籍官员之首的荀彧自然承受着来自上级和下级的双重压力。

时光来到 212 年，曹操与荀彧这对老搭档之间关系紧张早已不再是秘密。曹操南征孙权之前，特意给汉献帝上表，要求带上荀彧，以便向孙权集团开展宣传工作。对于荀彧来说，这显然不是什么好差事。要知道，荀彧之前主要负责的是人事和军事参谋部门，宣传和统战并非荀彧所长，荀彧在江东也没有什么人脉。以往，曹操出征时带上荀彧，从来都不需要专门上表，曹操此次专门请示汉献帝，其实是在用汉献帝的圣旨，来逼迫荀彧做他不愿意做的事。在上级和下级的双重压力之下，早已呈现出抑郁症迹象的荀彧赶上这个不顺心的工作，很快便被压垮。对于荀彧来说，无论曹操有没有给他寄过空饭盒，自杀都是唯一的解脱方式。

荀彧的死，对曹操也是一种解脱，他从此彻底甩掉了阉党这个恶心的政治包袱。

摆脱了烦人的历史包袱，老政治家们的眼光应该向前看了。

可是，挑选接班人，同样让人费心。

第二十七案

曹丕杀甄妃案

（221 年）

案情

曹操死后，恭敬隐忍十余年，最终击败弟弟曹植，赢得“世子之争”的曹丕顺利继承了魏王和丞相官爵。大权在握以后，这个父亲曹操眼里的乖孩子很快暴露出本性中的另一面。

根据《三国志·文帝纪》和《魏书》等官方史书记载，曹操尸骨未寒，曹丕就不顾礼法，大宴宾客，饮酒作乐，同时处死了丁仪兄弟等曹植的党羽，为崔琰、毛玠等支持者的冤死报仇雪恨。另外，按照《世说新语·文学》和《世说新语·尤悔》等史料的记载，曹丕随后设下“七步成诗”的圈套，意图将曹植处死，只是迫于母亲卞太后的反对，才饶了曹植一命。

随着曹丕肆意迫害弟弟，他与母亲卞太后的关系似乎也恶化了。《世说新语·贤媛篇》还记载，曹丕在曹操死后，将曹操的姬妾全都纳为己有，卞太后发现以后，愤而诅咒曹丕，可见这对母子关系之恶劣。

也许，曹丕与曹操的侍妾宫女乱伦，是曹操本人埋下的祸根。据陆逊的孙子、西晋名臣陆机在《吊魏武帝文》中记载，曹操临终前，抱着爱妾和小儿子曹林，指着他们对四个成年的儿子说："麻烦你们照顾他们了！"说完痛哭失声，随即便咽了气。在曹丕看来，曹操的这句遗命就可以理解为父亲希望他收留自己的爱妾。但是，卞太后肯定不会喜欢这种想法。

《世说新语》的这几条记载，可谓是对曹丕人品的毁灭性打击。当然，《世说新语》不算是很严谨的史料，更像一本社会八卦大全，其中很多细节都禁不起推敲，这些故事可能是同情曹植的文人们捕风捉影而炮制的。但是，曹丕登基之后发生的一件大案，却无须《世说新语》来煽风点火，便足以证明曹丕与后宫女眷们的关系之复杂，冲突之激烈。

按照《魏书》的记载，曹丕少年时先娶同乡任氏为妻。204 年，曹丕随曹操攻入邺城，又娶袁熙之妻甄氏，随即便将原配任氏休弃。按照《三国志·后妃传》记载，207 年，袁熙被杀，曹丕与甄氏的婚姻从此安稳。但是等到曹操升任魏公时（213 年），曹丕选了郭氏和柴氏等几位美女为妾，曹操升任魏王时（216 年），曹丕又选了李氏和阴氏等几位美女为妾，甄氏虽然在曹操死后被立为王妃，却明显开始失宠。等到曹丕去洛阳登基称帝时，又迎娶了汉献帝的两个女儿，同时将甄妃留在邺城，迟迟不封皇后。据《三国志·后妃传》《魏略》和《汉晋春秋》记载，甄妃此时有怨言，曹丕大怒，于称帝次年六月派使者到邺城逼甄妃自杀，死后还将甄妃的遗体"被发覆面，以糠塞口"，用这种巫术防止甄妃的鬼魂在阴间诅咒自己。甄妃死后，她的儿子曹叡被交给李夫人抚养，郭氏则被立为皇后。曹叡继位后，原本尊郭氏为太后，但是听李夫人说，自己的生母甄妃是被郭氏向曹丕进谗言害死的，于是又逼杀郭太后，将她的遗体也"被发覆面，以糠塞口"下葬。

这些骇人听闻的宫廷连环凶杀案都已载入正史，不能不引起重视，那么它们都属实吗？其背后的真相又如何呢？

在曹魏的官方史书《魏书》中，这些凶杀案都不存在，曹魏的后宫一片祥和，后妃们个个贤淑谦让，俨然女中尧舜。关于曹丕的正妻甄妃没有在曹丕称帝时被立为皇后，反而在半年后突然死亡，《魏书》的记载是，曹丕本意要立甄妃为皇后，但是甄妃三次谦让，并在次年夏天不幸病逝，被曹丕追认为皇后。这一说法历来都不被采信，为《三国志》作注的裴松之就严厉批评《魏书》公然胡编乱造，抹杀公认的事实，不是合格的史书。按照裴松之的分析，关于甄妃之死，《三国志·后妃传》的记载最为可信，也就是："黄初元年十月，帝践阼。践阼之后，山阳公奉两女以嫔于魏，郭后，李、阴贵人并爱幸，后愈失意，有怨言。帝大怒，二年六月，遣使赐死，葬于邺。"

看来，曹丕称帝后不立正妻甄妃为皇后，反而将其杀害的案情大体属实。

分析

然而，《三国志·后妃传》的记载存在一个重大疑点：郭氏（郭女王）、李氏、阴氏等人早在曹丕称帝前多年就已经被曹丕纳为妾，在这么长的时间内，不见甄妃与她们发生什么激烈的冲突，"有怨言"到惹得曹丕"大怒"的程度，可见甄妃不是一个嫉妒心很强的女人。此外，曹丕从称帝到赐死甄妃，有八个月之久的时间，显然足够他认真考虑册立皇后的问题，可见赐死甄妃绝非曹丕一时冲动而做出的鲁莽决定。此外，在中国古代，皇帝如果赐死后妃，通常也会同时处死后妃的家人，如汉灵帝废黜宋皇后导致其忧郁而死，随即就将宋皇后的父亲宋酆、哥哥宋奇等家人全部逮捕处斩，还导致宋奇的堂舅子曹操被革去顿丘县令的职务，险些因此断送仕途。甄妃既然遭到曹丕的厌恶而被赐死，按理说，她的家人也会被波及，但是无论《魏书》还是《三国志·后妃传》，都记载他们安然无恙。甄妃的父亲甄逸和大哥甄豫在甄妃死前便已去世，甄豫之子甄像在甄妃死后很受甄妃之子、魏明帝曹叡的重用，可见曹丕生前并未迫害过甄家成员。至于《魏略》和《汉晋春秋》

中所谓甄妃的遗体“不获大敛，被发覆面，以糠塞口”等惨状，如果属实，曹叡肯定能够核实，因为他在 230 年专门派表弟甄像去给母亲迁墓，拆毁了“卑下”的旧陵，把甄妃的遗体搬到了新建的朝阳陵。如果曹叡之前对母亲死亡的真相有所怀疑的话，那么此时应该可以了解真相了。由于郭女王（郭太后）直到曹叡改葬甄妃五年之后（235 年）才驾崩，而且其家属此后安然无恙，她被曹叡因为发现甄妃遇害真相而报复逼死的记载就显得不大可信了。

所以，在曹丕称帝以后，肯定做了某些事，激化了他与甄妃夫妻的矛盾，导致甄妃无法被立为皇后，并突然死亡。此事和曹丕当时的宠妾郭女王应该没什么关系，因为甄妃死前，已经容忍了郭女王达七八年之久，而且甄妃的儿子曹叡和侄子甄像在给甄妃迁墓时，都没发现什么对郭女王不利的证据，迁墓五年后郭女王才逝世，死后被曹叡隆重地与曹丕合葬在首阳陵，郭女王的侄子和侄孙还被曹叡一再加官晋爵。可见，郭女王更可能属于自然死亡。

尽管郭女王在甄妃死后一年便被曹丕封为皇后，是甄妃之死最大的受益者，但是甄妃之死未必与郭女王有直接的关系。我们甚至可以肯定地讲，在甄妃死前，郭女王甚至都算不上她的一个竞争对手，原因很简单：甄妃儿女双全，而郭女王在甄妃死时已经嫁给了曹丕达七八年之久，却没有任何生育记录，而且最终也无儿无女。在讲究“母以子贵”的中国古代，郭女王这样没有生育的宠妾根本挑战不了正妻的地位。

之所以说郭女王显然没有生育能力，是因为她丈夫曹丕总共生了九个儿子，以及不少女儿。奇怪的是，除了正妻甄妃所生的一儿一女之外，曹丕的其他八个儿子居然是八个女人分别所生。在这种情况下，身为儿女双全的正妻，甄妃的地位本该稳如泰山。郭女王即便如何貌美迷人，怎能与甄妃争夺正妻地位呢？她甚至都没能怀孕！

可是，无比诡异的事情还是出现了：丈夫曹丕走上了人生巅峰，满手好牌、本该视皇后金冠为囊中之物的正妻甄妃却垮台了，除了年轻貌美（其实也行将老去）以外一无是处的小妾郭女王竟当上了皇后，朝野一片哗然，中郎栈潜公开上书批评曹丕“使贱人暴贵”，令曹魏开国皇帝极为难堪。

曹丕的心中肯定藏有秘密，而他并不打算与大臣们分享。

关于甄妃的死亡原因，古代最骇人听闻的一种说法是：曹操、曹丕、曹植父子都爱上了她，甚至都与她有染，以至于发展为“一女乱三曹”的流言。

甄妃年轻时，的确是闻名天下的大美女。据《魏氏春秋》记载，甄妃与曹丕结婚时，孔融给曹操写信说：“武王伐纣，以妲己赐周公。”将曹丕比作周公，将甄妃比作妲己。《世说新语·惑溺》更明指曹操本来想自己娶甄氏，不料在兵荒马乱中被时任五官中郎将的儿子曹丕占了先。但是正如前文所述，《世说新语》并不是严肃的史料，曹丕与甄妃结婚七年后才出任五官中郎将，这是《世说新语》常犯的毛病。

至于曹植和甄妃的绯闻，人们总是会提到曹植于甄妃死后次年从洛阳前往封地鄄城（“甄”与“鄄”两字相通）途中写下的名篇《洛神赋》，这篇文章里“翩若惊鸿，婉若游龙；荣曜秋菊，华茂春松。髣髴兮若轻云之蔽月，飘飖兮若流风之回雪。远而望之，皎若太阳升朝霞；迫而察之，灼若芙蕖出渌波。秾纤得衷，修短合度。肩若削成，腰如约素；延颈秀项，皓质呈露。芳泽无加，铅华弗御；云髻峨峨，修眉联娟。丹唇外朗，皓齿内鲜；明眸善睐，靥辅承权。瑰姿艳逸，仪静体闲；柔情绰态，媚于语言；奇服旷世，骨像应图。披罗衣之璀粲兮，珥瑶碧之华琚。戴金翠之首饰，缀明珠以耀躯。践远游之文履，曳雾绡之轻裾”的“河洛之神，名曰宓妃”，经常被解释为曹植在描绘已故的梦中情人甄妃。文章中宓妃对曹植“动朱唇以徐言，陈交接之大纲。恨人神之道殊兮，怨盛年之莫当。抗罗袂以掩涕兮，泪流襟之浪浪。悼良会之永绝兮，哀一逝而异乡。无微情以效爱兮，献江南之明珰。虽潜处于太阴，长寄心于君王”，更被解释为曹植与甄妃这对叔嫂曾经发生过惊世骇俗的一夜情，唐代还出现了以此为题材的小说，称曹丕明知道曹植与甄氏相爱，在甄氏死后，故意把她的枕头等遗物送给曹植，曹植因此写下《感甄赋》，后来甄氏的儿子曹叡登基，而曹植还健在，为顾及政治影响，便将《感甄赋》改名为《洛神赋》，李商隐还在《无题》诗中称“宓妃留枕魏王才”。不过，这些都是后世文人的艺术想象。铁一样的事实是，甄妃比曹植大九岁，又早已生儿育女，双方不可能有什么感情瓜葛，洛神宓妃的原型更可能是曹植那被父亲曹操赐死的亡妻崔氏。

综上所述，甄妃与曹操、曹植的绯闻证据都不充足，她因此失宠遇害的可能性很小。

甄妃既不是遭到郭女王的陷害，也没有和公公曹操、小叔子曹植发生不伦恋，那么，她究竟因何而死呢?

甄妃的死亡时间是最为有力的证据。

丈夫曹丕已经称帝达八个月之久，妻子甄妃还没有被立为皇后，很明显，曹丕心中有其他的皇后人选。但是正如前文分析的那样，这个人选本来不是郭女王。

甄妃有强大的皇后竞争对手，她会是谁?

从《三国志·文帝纪》中，我们可以很容易找到答案。

曹丕称帝之后，立即开始忙另一件大事——结婚。这次婚礼可不一般，因为曹丕的结婚对象不是一个女人,而是两个女人——前皇帝汉献帝的两个女儿。在汉献帝的禅让诏书中，写得很清楚：“汉承尧运，有传圣之义，加顺灵祇，绍天明命，釐降两女，以嫔于魏。”也就是说，汉献帝仿效唐尧禅让虞舜，不仅把政权转交给曹魏，而且要像唐尧把两个女儿嫁给虞舜那样，把两个女儿嫁给曹丕。在整个曹丕篡汉过程中，无处不仿效尧禅让舜，曹丕也公然以虞舜自比，禅让文献中不断提到“舜”。

显而易见，曹丕希望通过迎娶汉献帝的两个女儿，确定与四百年汉室的亲缘关系，以期达到政权顺利交接的目的。

汉献帝的两位公主意气风发地走进了曹家的大门，准备成为新皇朝的新皇后，曹丕的原配夫人甄妃自然成了她们的眼中钉。而在曹丕岳父汉献帝（退位后称山阳公）看来，甄妃是有原罪的，因为甄妃原本是袁绍的儿媳妇，而汉献帝自从出生以后，就一直生活在袁绍的巨大威胁中，直到袁绍死去才得以喘息。

甄妃会让汉献帝联想到自己的死敌袁绍，更不用说在现实生活中，甄妃还是汉献帝女儿成为新皇后的拦路虎。

结论

在汉献帝看来，自己禅让皇位可以，条件是甄妃也必须给自己的女儿让位。在汉献帝逊位给曹丕之前，两人可能就对此达成了协议。即便汉献帝已经退位，汉朝四百年的荣耀基业仍在人心，不能随意得罪。婚礼之后，一切局势都很清楚——为了曹魏江山永固，甄妃不能当皇后。曹丕把这个过程拖了八个月，其实已经尽力了。

从甄妃的角度看，身为新皇帝的正妻，她同样不能退缩，必须选择对抗到死。放弃正妻地位，将使她无法名正言顺地统领后宫，很快就会成为宫斗的众矢之的，很难得以善终。而且，一旦她选择了退缩，她的儿子曹叡也会面临巨大的政治风险，随时可能被迫把皇储的地位让给曹丕和汉献帝女儿所生的弟弟。何况，曹丕迎娶汉献帝女儿的行为严重违背传统宗法礼仪，亡父曹操尸骨未寒，就在“三年之丧”期间举行婚礼，在儒家看来是极为不孝的行为。东晋史学家孙盛就此严厉批判曹丕说：“魏王既追汉制，替其大礼，处莫重之哀而设飨宴之乐，居贻厥之始而坠王化之基，及至受禅，显纳二女，忘其至恤以诬先圣之典，天心丧矣，将何以终！是以知王龄之不遐，卜世之期促也。”因此，甄妃拒绝妥协，顽强地反对着丈夫曹丕与汉献帝两个女儿的婚姻，给丈夫代汉称帝制造着障碍，最终逼得曹丕对她起了杀心。

在文艺作品里，汉献帝总是以一副可怜的傀儡面目示人；然而，在历史上，真实的汉献帝一直是政坛的勇者，尽管手中的牌既不多又不好，但是他总是表现出强烈的权欲和个性，耐心、顽强地与强大的挑战者周旋，直到被迫放弃皇位时，还不忘为自己的女儿谋求新朝代皇后的宝座。

然而，政治家可以自由设计婚姻，却左右不了婚姻的品质。曹丕与汉献帝两个女儿的婚姻显然并不幸福，在甄妃死后，她们没给曹丕生下过一儿半女，很快在史书上完全失踪了。甄妃死后一年，曹丕后悔了，又或许是觉得汉献帝没有利用价值了，他决定听从自己的内心，扔掉所有政治宗法原则，将最宠爱的小妾郭女王扶上皇后宝座。

汉献帝还活着，但是他已经输了，他的女儿被打入冷宫，无法成为皇后；甄妃死了，但是她赢了，新皇后郭女王和李夫人将共同抚养她的儿子曹叡，最终继承曹丕的皇位。

后果

母亲被父亲逼杀，这样的残酷真相足以打垮多数少年的内心，更何况父亲与其他女人所生的八个弟弟随时可能威胁自身的地位。甄妃死时，曹丕一度将曹叡的爵位从平原王贬为平原侯，明显是起过废黜他的心思。然而，曹叡坚持了下来，并在残酷的宫斗中赢得了最后的胜利。据《魏略》记载，曹丕让郭皇后收曹叡为养子，二人关系不错，但曹丕一直不喜欢曹叡，倾向于立六儿子曹礼为皇储，迟迟下不了决心。《魏末传》则记载，曹丕在打猎时射死一头带着幼畜的母鹿，让随行的曹叡去射小鹿，曹叡不肯射，对曹丕说：“陛下已杀其母，臣不忍复杀其子。”曹丕于是被感动了。

《魏末传》的这段记载因为被《三国演义》录入，广为人知，然而可信度不高。首先，《魏末传》并非权威史料，真实性存疑；其次，《三国志·明帝纪》说得很清楚，曹丕晚年更喜欢六子曹礼，封其为京兆王，较平原王曹叡更加亲密。直到曹丕病危，临终前一天才宣布立曹叡为皇太子，这份遗诏未必代表曹丕本人病危时的真实意图。

与曹丕不同，曹叡能够在母亲遇害以后继承皇位，确实需要一些运气。

汉朝的宫廷斗争向来冷酷，汉武帝就有“立其子而杀其母”的传统，曹丕之所以迟迟不肯立曹叡为皇太子，除了他逼杀了曹叡的母亲甄妃以外，可能还另有隐情。

《三国志·明帝纪》这样记载曹叡的死：“帝崩于嘉福殿，时年三十六。”早在南北朝时，这段记载就在史学界引起了轩然大波，为《三国志》作注的裴松之经过计算后发现，即便曹丕娶甄妃当年甄妃就怀了孕，曹叡死时也最多三十五虚岁而已，不可能已经三十六虚岁了。

除非……曹丕娶甄妃时，甄妃已经怀孕了？

我们要知道，曹丕并不是甄妃的第一位丈夫。

据《三国志·后妃传》记载，袁绍听说甄氏出身名门，贤惠美丽，就让二儿子袁熙娶了她。婚后，袁绍任命袁熙为幽州刺史，甄氏留在邺城照顾婆婆（养姑）。曹操攻下邺城时，曹丕便娶了甄氏。

不过，《三国志·后妃传》中的这段记载存在一个明显的问题：袁熙在官渡之战前就已出任幽州刺史，即便袁熙娶甄氏和出任幽州刺史都是在官渡之战同一年，到曹操攻占邺城，曹丕娶甄氏，也过去了五年。在如此长的时间内，甄氏作为新婚妻子，难道一直不跟丈夫去幽州上任，而是留在邺城照顾婆婆？要知道，袁绍死后，邺城的最高统治者并非他人，而是甄氏的小叔子、以相貌俊美闻名天下却很可能尚未结婚的大将军袁尚！袁尚与甄氏这对俊男美女长期住在同一宅第里，整日抬头不见低头见，而甄氏的丈夫袁熙又常年不在家，如此安排，必将制造出无穷无尽的绯闻，对甄氏夫妻感情和婆媳关系产生极为恶劣的影响。

看来，《三国志·后妃传》的这段记载要么不够准确，要么过于简略了。身为幽州刺史，袁熙肯定不会一直待在幽州，而会找机会频繁返回邺城看望家人，甄氏因此与丈夫一样，时而在幽州，时而在邺城。之所以曹操攻占邺城时，袁熙在幽州，甄氏却不顾礼法，和婆婆留在邺城，恐怕只是出于偶然，而最合理的猜想是：

甄氏怀孕了，孕妇难以承受车马劳顿，为了保胎，袁熙返回幽州工作时，把折腾不起的妻子留在邺城。这并不是《三国志·后妃传》所谓的照顾婆婆（养姑），那只是为了好听，婆婆照顾儿媳还差不多。没想到，几个月后，曹操兵临城下，并打败了袁尚的援军，攻破了邺城。就这样，孕妇甄氏意外地落入了曹操之手。

如果真是如此，在占领邺城以后，面对孕妇甄氏，曹操父子都不应该立即产生把她娶回家的想法，反倒更可能想当场杀了她和她肚子里的孩子（那可是劲敌袁绍的孙子），更何况曹丕本人当时也刚刚结婚不久。

在常人看来，在甄氏的原配丈夫袁熙还活着并手握重兵，随时可能反扑邺城，甄氏又可能怀着袁熙的孩子的情况下，急匆匆地安排曹丕离婚并迎娶甄氏，简直荒唐透顶。

那么，《三国志·明帝纪》关于曹叡年龄的记载，是错误的吗？比如说，传抄时笔误？

可是，在古代，“六”这个数字是非常不可能被误写成“四”或“五”的。

此外，曹叡少年时的经历颇不寻常。

据《世语》和《魏书》等原始史料记载，从曹丕称帝到驾崩为止，曹叡从来没有在公开场合露过面，一年到头都躲在屋里读书，登基时没有几个大臣知道他长什么样。

曹丕不让群臣见自己的长子，是因为曹叡的相貌异常丑陋吗？

关于曹叡的相貌，据裴松之《三国志注》引东晋著名学者孙盛的记载说：“闻之长老，魏明帝天姿秀出，立发垂地，口吃少言。”《魏书》也说：“帝容止可观，望之俨然。”

也就是说，曹叡是一位标准的美男子，只是有些口吃，可能是自幼长期与世隔离，缺乏社交所致。

既然儿子的相貌颇为英俊，那么父亲曹丕为什么一直不让他外出见人？

以常理推测，恐怕是因为曹叡长得不像曹丕。

关于曹丕的相貌，史书没有记载。但是，《世说新语》等不少史料都提到曹丕的父亲曹操身材矮小，相貌丑陋。近年发掘的曹操高陵出土的“曹操遗体”复原后身高只有 1.55 米，相貌也非常平庸。曹操的众多儿子之中，史书上只提到曹丕的同母弟曹彰长着黄色的胡须，可见曹丕兄弟的相貌都不出众，没有像关羽、周瑜、诸葛亮等美男子那样值得记载的地方。曹操毕竟还出生在富贵之家，年幼时衣食无忧，但曹丕出生时就赶上战乱，在最需要长身体的时候不断颠沛流离，父亲曹操都时常吃不饱饭，曹丕幼年时的身体发育不可能很好，所以曹丕的身材和相貌多半比其父曹操更差。如此矮小丑陋的祖父和父亲，与“天姿秀出”“容止可观”的美男子曹叡形成了强烈的反差。

如果曹叡长得不像曹丕，那么曹丕讨厌曹叡的母亲甄妃，并在登基后迫使她自杀，同时囚禁曹叡，不许他与外界接触，就容易理解了。

但是，曹丕从 204 年娶甄氏，到 220 年登基称帝，有十六年之久，逼杀甄妃时曹叡至少也有十五虚岁了。在如此漫长的时间里，曹丕肯定早已看出曹叡长得不像自己，并完全可以理直气壮地向父亲曹操反映，处分甄氏母子，为何他一直隐忍到称帝之后再下手？

无须曹丕来反映，作为祖父，曹操早就知道孙子曹叡的相貌异乎寻常。

据《魏书》记载，晚年的曹操看曹叡长得异常英俊，而且聪明活泼，非常重视，在宴会时经常带着他出席，还说“我曹家要流传三代就靠你了”。

既然曹操经常带着曹叡出头露面，那么曹操死后，曹丕为什么立即把曹叡关进小黑屋？

如此多荒唐古怪的事情集中在同一个家庭，问题的根源多半在家长本人身上：

曹操。

在前文中的各个奇案分析中，我们已经看到，曹操的青少年成长履历极其不正常。早在十多岁的曹操被家人送进太学时，由于父亲曹嵩的阉党骨干身份，曹操便遭到了以党人为主的太学师生的集体抵制，从而造成了曹操极端扭曲的古怪性格。在太学里，少年曹操受到了最好的正规教育，同时也饱受冷遇和欺凌。所幸，党人领袖袁绍发现少年曹操是个可用之材，在校园里对他精心保护并培养，最终将他洗脑为一个为党人集团效命的冷血杀手。在“皈依者”狂热情绪的驱动下，曹操成长为阉党集团最危险的敌人，同时也不可避免地与父亲曹嵩在政治上决裂。当汉灵帝结束党锢运动，大批召党人入朝做官以后，以曹嵩为代表的阉党骨干们很快就失去了权力，被迫回乡隐居，但早已与阉党决裂的曹操却不受负面影响，反而跟着袁绍飞黄腾达，成为禁卫军将领。

作为阉党的死敌，党人集团一直有两个诉求：第一，要求东汉皇帝们彻底消灭阉党，也就是刘备和诸葛亮所谓的“亲贤人，远小人”，让党人们永远独掌大权；第二，当第一个诉求得到满足以后，一部分党人还要求，东汉皇帝应当按照“三统”“五行”等政治哲学理论，在恰当的时候，把帝位禅让给“黄统”“土德”的优秀姓氏成员，其中的代表者就是陈氏和袁氏。经过汉灵帝时期的一系列政治斗争，到了何进兄妹执政时，袁绍便在所有“黄统”“土德”的姓氏成员中脱颖而出，屠灭宦官集团，控制了首都洛阳的军政大权，成为最有可能取代东汉，建立新皇朝的人选。至于曹操的曹姓，出自火神吴回，和刘姓一样，都属于“赤统”“火德”，按照“三统”和“五行”等政治哲学理论，根本不可能代替刘姓，建立下一个皇朝。作为袁绍最亲密、最忠诚的部下之一，曹操对这些“先进”理论始终是信服的，汉献帝对此也心知肚明。所以，曹操不想夺汉献帝的皇位，汉献帝也不担心曹操会篡位，这样双方才能处得来，而袁绍和汉献帝则从始至终都剑拔弩张，根本无法共事。此外，曹操很清楚，自己外貌矮小丑陋，撑不起国家最高领导人的门面，据《世说新语·容止》记载，曹操甚至都不好意思接见匈奴使者，又怎么好意思登基称帝？

既然曹操从小就相信“三统”和“五行”等政治哲学理论，认为曹家不是“天命所在”，取代刘家建立下一个皇朝既不可能，也无意义，那么，他在掌握绝对权力之后，对于接班人的考虑，就会异于常人。据《魏氏春秋》记载，曹操晚年对劝自己称帝的夏侯惇说：“若天命在吾，吾为周文王矣。”也就是准备把如何结束汉朝这个政治难题扔给下一代，甚至还不止一代。正如他对曹叡说的那样，曹操早就把接班人的问题考虑到第三代了。

如果上述分析不错，那么晚年的曹操已经准备好了隔代指定接班人。

换句话说，曹叡是曹操给曹丕指定的接班人。

既然如此，曹丕即便对甄氏再不满意，曹操也不会允许他离婚，尽管曹家一直崇尚自由恋爱，通常不讲究妻子的门第。

隔代指定接班人这种情况，在中国历史上出现过不止一次，清朝就有两个众所周知的例子：康熙隔代指定乾隆当雍正的接班人，乾隆隔代指定道光当嘉庆的接班人。这种情况出现的前提有三个：一是老一代活得足够长，能够看到孙子长大；二是老一代有很多儿子，但是对哪个都不是特别满意；三是这个孙子确实比较突出，格外受到爷爷的赏识。

既然曹操在“世子之争”开始之前，就已经指定曹叡接班曹丕，那么曹操当时无疑已经确定，曹丕是自己的接班人了，曹植等人仅仅是曹操为了锻炼培养曹丕而设计的“陪练”。

总而言之，曹操之所以确定曹丕当自己的接班人，并不是因为他多么欣赏曹丕，而是一来因为曹丕是曹操在世儿子中年纪最大的，二来是因为曹丕有曹叡这个令曹操异常中意的孙子，曹操决定隔代指定曹叡接班曹丕，而曹植等人没有能够与曹叡竞争的儿子。

曹丕看似轻而易举地赢得了这场继承人之争，但是他的苦难才刚刚开始。

既然曹操决定隔代指定曹叡接班曹丕，那么他对曹丕的定性就是一个过渡性接班人。曹丕注定做不出什么丰功伟绩，却要干很多脏活累活：

比如说，世子之争。这个工作严重破坏手足亲情，曹丕不能说破，必须配合曹操演上十几年，还要搭上自己一些好友的名誉、工作，甚至性命，由此带来的各种负面影响都只能由曹丕一个人默默承受，他的心理在这个过程中逐渐变得扭曲。

再比如，篡汉自立。这个工作注定遗臭万年，曹操不舍得让曹叡来做，所以必须安排曹丕来干。

比这两者更折磨曹丕内心的，恐怕是曹叡的身份问题。

作为安排曹丕和甄氏结婚的家长，曹操不可能不知道曹叡的生父是谁。虽然当时没有 DNA 鉴定技术，但是曹操父子相貌丑陋，曹叡却异常英俊，一望而知其中的区别。

那么，甄氏的前夫袁熙家族呢？

据《三国志·董二袁刘传》记载，甄氏的公公袁绍“有姿貌威容”，甄氏的小叔子袁尚“貌美”。曹丕所作的《典论》也记载，“（袁）谭长而惠，（袁）尚少而美。绍妻刘氏爱尚，数称其才，绍亦奇其貌，欲以为后，未显而绍死”。可见，袁绍、袁尚父子都是著名的美男子，袁熙的颜值肯定不会很低。更何况，甄氏嫁给曹丕之前，长期与丈夫袁熙分居，和小叔子袁尚在邺城住了很长时间，指挥围攻邺城的曹操、曹丕父子对此再清楚不过了。曹丕本人非常在乎此事，专门在著作里提到妻子前夫的弟弟袁尚容貌异常出众。

透过一千多年后的纸背，都能闻得到曹丕的醋意。

曹叡长得实在太像袁熙、袁尚兄弟了，也很像袁绍。当时没有写实的绘画技术，人死后随着相识们的离世，相貌会被很快遗忘。但是，曹操、曹丕父子和袁绍、袁熙、袁尚父子多次见过面，与他们同时代的臣僚也是如此。等到曹操晚年，曹叡逐渐长大，相貌越变越像袁绍父子时，偏偏曹操在此时去世。曹丕只能把曹叡藏起来，不再让他抛头露面，免得让杨彪这些见过袁绍父子的老人议论。等到曹丕驾崩时，老一代官员基本上已经离世，没有几个人见过袁绍父子，不容易把他们和曹叡联系到一起了。

至此，本案的所有疑难都已破解，唯一剩下的就是动机问题：

在曹操父子生育能力超强的情况下，曹操为什么非要让儿子曹丕收养劲敌袁绍的孙子，还要隔代指定袁绍的孙子当曹丕的接班人，曹丕虽然百般不愿意，仍然给已死的敌人袁熙养了二十多年儿子，并最终传位给他？

答案只能从曹操的政治思想里去寻找。

前文分析过，曹操从上太学时开始，就相信“三统”和“五行”等政治哲学理论，认为曹家没有“天命”，取代刘家建立下一个皇朝既不可能，也无意义。以曹操晚年的权势而言，篡汉自立绝非难事，不要说夏侯惇等亲友，连孙权都上表劝进。但是，曹操本人考虑得更加复杂：篡汉自立虽然容易，但是缺乏“天命”的曹氏皇朝能否可持续发展？如果像王莽那样“爽一把就死”，甚至还连累整个家族被灭门，这就不是一个明智的计划。但是，晚年的曹操已经位极人臣，又在内战中树敌甚多，如果不推翻汉朝自立，而是在未来还政于东汉皇帝，那曹家未来就还是很容易被政敌报复，像何进、董卓那样惨遭灭门。诚如曹操本人在《述志令》（相当于曹操自传）文中阐述的那样：让我现在就放弃兵权，回到封地养老，是不可能的。为什么呢？因为我害怕一旦离开军队的保护，就容易被仇人祸害。一是为了子孙筹划，二是为了避免自己败亡导致国家陷入混乱，所以我不能因为慕虚名，把自己置于危险的处境。因此，从长远看，曹家既不能当皇帝，又不能放弃政权和兵权，处于尴尬的进退两难的境地。

怎么才能既不当皇帝，又不被政敌报复，从而让曹氏子孙永享荣华富贵呢？

打败袁尚以后，曹操就开始思考这个问题了。一开始，曹操的计划与袁绍的一脉相承：设立两个政府，皇帝的朝廷在许昌，大将军幕府在邺城，皇帝和大将军都世袭（后来日本长期沿用这一政体，直至明治维新）。但是，到了曹操晚年，许昌和邺城都不断爆发反政府骚乱，令曹操日益担心，这样不稳定的政体连自己都难以驾驭，显然不能留给子孙。偏偏曹操业余时有收养他人子女的癖好，还安排儿子曹丕收养了袁绍的一个孙子，此时就给曹操提供了另一种可能性：这个孩子实际上是袁家的子孙，属于有资格取代刘氏建立新皇朝的“黄统”“土德”，如果未来把他推到前台去当皇帝，“天命”的问题就解决了，新皇朝可持续发展的希望于是大增。这样，真正的曹家子孙不当皇帝，却拥有皇室成员的身份，可以名正言顺地世世代代享受荣华富贵，无须担心失去权力后被政敌迫害。

看上去，这是一个完美的接班计划，主要的障碍是曹操安排的过渡性继承人曹丕。为此，正如袁绍当年训练曹操当死士一样，曹操给曹丕安排了许多古怪而艰巨的训练课程，足以把人逼疯。正如曹丕自己的著作《典论》反映的那样，曹丕不仅是一位优秀的文学家，而且自幼弓马娴熟，剑术更是独步天下。然而，在父亲曹操的安排下，新婚燕尔的他却被迫离婚，改娶自己并不爱的孕妇；长期给死去的敌人袁熙带孩子；多次被亲弟弟挑衅并一直吃亏忍让；在父亲和弟弟们出征时留守后方办理各种勤杂事务……就这样，本应横槊赋诗、弯弓舞剑的双手，却只能十年如一日地用来把屎把尿、填表格、写介绍信……

经过长期的折磨，曹丕的精神状况发生了巨大的变化。如果不是魏王的继承权这个目标太令人垂涎，他恐怕早就被逼疯了。到了曹操晚年，曹丕已经一看见孕妇就恶心，不碰生育过的女人。曹操死后，他开始恶毒地报复自己的父亲，故意不守孝道，甚至和继母乱伦。但是，曹丕守住了曹操给自己留下的政治底线：篡汉自立以后，传位给曹叡，因为只有传位给这个袁绍的孙子，曹家子孙才有希望永享太平富贵，而不至于像秦始皇和王莽的子孙那样，在失去权力以后立即被政敌杀得精光。

可是，即便设计得如此精巧、执行得如此坚定的计划，仍然险些彻底失败。

因为曹操和曹丕都看错了一个人：

曹叡。

表面上看，年幼的曹叡确实聪慧可爱，年轻的曹叡又听话懂事，是个完美的接班人。但是，自从母亲遇害以后，曹叡的内心就埋下了仇恨的种子。而且，他和曹丕一样善于伪装。

自从曹叡登基以后，曹丕的亲生儿子们就以差不多一年一个的速度，悄无声息地死去。等到曹叡英年早逝的 239 年，曹丕的九个儿子只剩下了一个东海王曹霖，精神似乎还很不正常。据《三国志·武文世王公传》记载，“明帝即位，以先帝遗意，爱宠（曹）霖异于诸国。而霖性粗暴，闺门之内，婢妾之间，多所残害”。其实，这两件事之间，是有因果关系的：曹霖显然很清楚，曹叡意图杀掉曹丕的所有儿子，因此他一方面努力取悦曹叡，另一方面要确保自己不生儿子，以免刺激到曹叡，直至自己的生命熬过曹叡为止。“闺门之内，婢妾之间，多所残害”的真相，其实是曹霖逼迫妻妾怀孕以后必须堕胎。当时中医的堕胎技术已经相当成熟，无论是针灸，还是汤药，堕胎的成功率都很高，汉朝宫廷里不乏这方面的记载，例如汉灵帝的何皇后就强制所有怀孕的嫔妃堕胎，拒绝服堕胎药而生下皇子刘协的王美人便被何皇后毒死。而等到曹叡一驾崩，曹霖立即就变成了正常人——他的长子、著名神童曹髦出生于曹叡驾崩的两年之后，随后还生了其他的子女。正如前文多次提到的那样，神童通常都是父母精心照顾的结果，“闺门之内，婢妾之间，多所残害”这种家暴横行的变态父母是很难养育出神童的，曹髦的聪颖证明了曹霖夫妇关系多半很和谐，也证明了曹叡生前曹霖的压力之大。

在法制崩坏的汉末三国乱世，一切貌似精明的计谋都会收到副作用。随着曹丕的儿子一个接一个地死去，报复随之而来：曹叡的儿子也接二连三地夭折，只好收养了两个身世不明的儿童曹芳和曹询。

当整个皇室的成员都聪明又残忍，且善于装疯卖傻、以退为进的时候，这个皇朝也就差不多走到头了。

可悲的是，作为这一系列宫廷惨剧的始作俑者，曹操原本有多位才华横溢的儿子可供选择。

第二十八案

曹丕杀曹彰案

（223 年）

案情

尽管曹魏宫廷以血腥闻名，但是在曹操生前，他的子孙之间表面上还维持着很友好的关系，即便是在曹丕和曹植竞争继承权的“世子之争”期间也不例外。从《三国志》看，曹家成员相互残杀，似乎是曹叡开的坏头。然而，野史却讲述了更早的一起曹魏宫廷血案。

《世说新语・尤悔》记载了这个骇人听闻的故事：

曹丕称帝以后，担心三弟任城王曹彰骁勇，想要除掉他，于是请曹彰来母亲卞太后的阁楼里下围棋。曹彰进入母亲家中，就放松了警惕，曹丕随即让用人送上枣，兄弟二人边下棋边吃枣。事实上，曹丕事先已经把一部分枣挖空，在里面塞上了毒药，并做好标记。下棋时，曹丕专门挑那些没有标记的枣吃，曹彰没有防备，又专心下棋，不知不觉，便吃了好几个有毒的枣。很快，曹彰就出现了中毒的症状，卞太后发现以后，连忙找水来给儿子解毒，不料曹丕早已把阁楼里的瓶罐都拿走或打碎了，太后只好亲自跑到水井边打水，仍然来不及。很快，曹彰就一命呜呼。后来，曹丕又要杀东阿王曹植，卞太后对他说：“你已经杀了我的任城王，不得再杀我的东阿王。”曹植这才保住性命。

《世说新语》由爱好文学的南朝宋临川王刘义庆组织门客编写，严格说来属于笔记小说集，而非严谨的史书。或许因为作者大多是崇拜曹植的文人，《世说新语》中记载了很多曹丕的负面新闻，把他说成一个道德极端败坏、罪大恶极的变态暴君。而在《世说新语》关于曹丕的各项指控之中，最为严重的一项，就数曹丕用毒枣谋杀三弟任城王曹彰了。

那么，曹丕真的谋杀了曹彰吗？

分析

曹彰生前地位显赫，死后却不受重视，故而历代学者很少讨论他的死因，叶嘉莹在《汉魏六朝诗讲录·曹植》里分析，“曹彰他们到京师是在五月，五月份枣子还没有熟”。但是，这一讨论并不有力，因为《世说新语·尤悔》原文并没有说曹丕、曹彰兄弟当时吃的是鲜枣还是蜜枣或干枣，曹丕既然能在枣里放毒药而不容易被发现，可见后两者的可能性更大。

那么，以曹彰当时的身份和实力，曹丕有没有必要谋杀他呢？

据《三国志·文帝纪》记载，曹彰死于223年六月甲戌日（阳历8月1日）。此前三年，他刚被曹丕加封五千户，成为万户侯；过了一年，又加封为公爵；再过一年，提升为亲王。由此看来，曹丕登基以后，对曹彰是相当照顾的。与曹彰形成鲜明对比的，是他四弟曹植的待遇：曹操晚年已经将曹植封为万户侯，但是曹植因为多次引起曹操的不满，曹丕称帝前后又不断发表非议，因此封地被一再削减，221年被从县侯贬为乡侯，次年才和其他兄弟一起被晋升为亲王，即鄄城王（由此引发了后世关于曹植与甄妃绯闻的猜想），但是封地只有可怜的两千五百户，仅相当于曹操晚年封给他的四分之一，收入相当拮据，待遇远远不及曹彰等兄弟。由此可见，曹丕猜忌和打击的对象主要是曹植，而不是曹彰。相对于曹植，223 年的曹彰没有理由对曹丕不满意，曹丕更没有理由在此时对刚刚升为亲王且没有兵权的曹彰下毒手。《魏略》说曹彰在曹丕即位时本来希望能够继续获得重用，执掌兵权，很不乐意去封地，但是当时曹家各兄弟都不愿意去封地，这完全够不上曹丕要谋杀曹彰的理由。

曹彰去世时，曹植为他写过悼词《任城王诔》，内容主要是赞扬曹彰的军功和道德，并未涉及曹彰的死因。在《赠白马王彪》的序文中，曹植又提到“黄初四年五月，白马王、任城王与余俱朝京师、会节气。到洛阳，任城王薨。至七月，与白马王还国。后有司以二王归藩，道路宜异宿止，意毒恨之。盖以大别在数日，是用自剖，与王辞焉，愤而成篇”。曹植在文中提到“意毒恨之”，本意是指责曹丕指使官员催促曹植和曹彪兄弟尽快分道回封地不通人情，可能被后世文人曲解为曹植在暗示曹彰是被曹丕毒死的，最终发展为《世说新语·尤悔》里曹丕用毒枣谋杀曹彰的故事。另外，《赠白马王彪》一文很可能并非曹植当年的原作，因为据《三国志·武文世王公传》记载，曹彪在 223 年担任的是吴王，226 年才改封为白马王。后来，曹植在给曹丕的奏折中还谈到“臣窃感先帝（曹操）早崩，威王（曹彰）弃世”，并没有刺激曹丕的顾虑，可见他和曹丕当时都不知道有曹彰被毒死的谣言。

不过，曹丕谋杀曹彰并不完全是空穴来风，因为在曹操临终时，曹彰凭借自己在北方立下的战功，非常积极地参与继承人事宜，引起了不小的骚动。曹操本人就专门给曹彰写信说：“子文（曹彰）：你们兄弟都被封为侯爵，唯独子桓（曹丕）没有封爵，只担任五官中郎将，可知他就是太子啊。”另据《三国志·刘司马梁张温贾传》记载，曹操在洛阳去世时，曹彰从长安赶到，先问主管曹操葬礼的谏议大夫贾逵，魏王玉玺在哪里。贾逵严肃地回答：“太子在邺城，先王的玉玺不是君侯应该问的。”《魏略》则说，曹彰到了洛阳，对曹植说："先王（曹操）召我来，是要立你呀。"曹植回答："不可以。你没看到袁氏兄弟的结果吗？"曹彰在曹操临终时的这些言行，肯定会引起曹丕的猜忌。但是，曹丕如果认为曹彰对自己继承王位形成了严重的威胁，当时就应该对曹彰下手，无须再等上三年半时间。《魏氏春秋》说，曹彰在曹操死后问玉玺，有篡位的野心，所以曹丕不召见他，曹彰因此被气死，也不合理，因为在曹操去世以后，曹丕多次召见过曹彰，《魏氏春秋》的说法纯属外界捕风捉影的猜测。

既然曹彰不大可能是被曹丕毒死的，那么这位身强体壮的将军为什么会在三十五岁的盛年突然去世呢？

主要的可能性是疾病。瘟疫在汉末三国时代一直没有停息，不时造成大量人口死亡。就在曹彰死后十天，太尉贾诩也在洛阳去世了，没有人怀疑他死于非命。可见，曹彰和贾诩都在洛阳感染瘟疫去世的可能性不小。

不过，贾诩去世时已经是七十七岁的老人，而曹彰当时只有三十五岁，素来身强体壮，如果他与贾诩感染了同一种病，按说不至于突然病死。

也许，曹彰的身体只是表面上强壮，其实早已暗藏危机？

这就要从曹彰的童年来分析了。

据《三国志·任城陈萧王传》和《魏略》说，曹彰自幼性格暴躁，不爱读书，喜欢打闹，诸侯都害怕曹彰"刚严"的性格，路过曹彰府邸时，都不敢不尽快离开。在汉末三国的战乱时期，性格暴躁、喜欢打闹者比比皆是，曹彰专门因此被载入史书，可见他的性格不是一般的古怪，以至于连兄弟们都惧怕他。

要想理解曹彰怪异的性格和健康状况，读者有必要掌握一些幼教知识。

原来，曹彰有一个能够想象的最灾难性的人类童年：曹彰的父亲曹操本来家财万贯，有着令人羡慕的高级公务员工作。然而，由于本书之前提及的几件大案，曹彰刚刚在洛阳出生（甚至可能还没有出生，因为史书没有记载曹彰的确切出生日期），父亲曹操就撇下他们母子三人，连夜离京东奔了。曹彰的二哥曹丕只比曹彰大两岁，当时是否已经断奶还不得而知，曹丕、曹彰兄弟的生母卞氏又被丈夫曹操留在洛阳，身边没有亲人，只有几位仆人，面临的生活困难可想而知。更有甚者，虽然曹操并未像演义小说里讲的那样行刺过董卓，但是他随袁绍等反董卓官员弃官逃离洛阳，是公开的反董卓行为，足以让他列上董卓的黑名单。就这样，襁褓中的曹彰随同母亲和哥哥在洛阳落入了曹操的政敌董卓手中，过着朝不保夕的生活。

更糟的是，几个月以后，曹操就公开在华东招募士兵讨伐董卓，并且担任讨董卓联军的先锋，还在汴水之战中被董卓军打败。在此期间，曹操受伤、被杀的坏消息不断传到洛阳，一时真伪难辨，仆人们吓得纷纷逃散，独自哺育两个婴幼儿的卞氏只得耐心挽留他们。没过多久，董卓在孙坚的猛攻下决定放弃洛阳，临走时还在城中放火搞破坏。在这兵荒马乱之中，卞氏奇迹般地将年幼的曹丕、曹彰兄弟带出了正在被烈火吞噬的洛阳城，逃往东方去投奔生死不明的丈夫曹操，而曹操此时正在江南募兵。辗转一两年后，曹丕、曹彰兄弟才随母亲卞氏抵达兖州，与新任东郡太守的父亲曹操相聚，随后陶谦、袁术、吕布又相继袭击曹操，曹操一度被打得无立锥之地，卞氏母子只能在帐篷里过夜。可想而知，童年的曹彰从没有过稳定的住所，父亲长期不在身边，母亲甚至经常连基本的育儿条件都无法提供，与其他亲人更是聚少离多，母亲在喂养他的时候，还要同时照顾哥哥曹丕，与曹操在兖州重逢以后，又很快怀上了弟弟曹植，更没有多少精力来照顾曹彰。稍有幼教知识的人都知道，这样养育出来的孩子身心不可能很健康。所以，小曹彰特别缺乏安全感，养成了暴躁好斗的性格，而且身体也埋下了隐患。

曹彰以“黄须儿”闻名，著名历史学家陈寅恪先生曾据此推论曹彰有鲜卑的血统，他说：“《卞皇后传》称，卞氏为琅琊开阳人，本倡家，则卞氏亦有可能是自燕代流落到琅琊的鲜卑人，后来又流落谯县，为曹操所纳，曹彰（为卞氏所生）须黄，当是鲜卑血统在曹彰身上的显现。” 不过，曹操和卞氏生过四个儿子，只有曹彰一人以“黄须儿”闻名，可见陈寅恪的推论未必可靠。黄种人长出黄头发的现象确实存在，最常见的情况就是得了白化病。不过，白化病患者通常视力不好，而曹彰精于骑射，视力显然很优秀，不大可能患有白化病。

事实上，在汉魏时期，说一个人须发颜色黄，指的未必是欧洲式的金黄色，更可能是老年男子黑色毛发褪色以后呈现的灰白色，《诗经·鲁颂·閟宫》中就有“黄发台背”的提法，又如曹植在《赠白马王彪》诗中的名句“王其爱玉体，俱享黄发期”。曹彰之所以年纪轻轻就长成了胡子斑白的“黄须儿”，最大的可能性是他童年时养育条件太差，缺乏维生素和微量元素，因此体质先天不足，埋下了许多健康隐患。他暴烈的性格来源于此，突然在洛阳英年早逝也与此有关，而和二哥曹丕没有什么关系。

结论

综上所述，曹彰的突然死亡，不可能是因为被曹丕毒害。曹丕虽然曾经在继承王位前后与曹彰有过一些冲突，但远远没有到有必要杀害曹彰的地步，何况与曹丕竞争更激烈的曹植都安然无恙。曹彰的死因，主要是他童年时颠沛流离，未能得到足够的照顾，埋下了许多健康隐患。

其实，曹彰能够熬过童年，活到成年，本身就是一个奇迹。而他要感谢的人，首先是伟大的母亲卞氏，临危不乱，多次在死亡关头救回了孩子，并最终把他们带回到父亲曹操身边；其次，曹彰要感谢的，正是被后世怀疑为谋杀他的二哥曹丕，这个只比曹彰大两岁的幼儿在刚学会走路说话的懵懂年纪，肯定就开始照顾襁褓中的弟弟曹彰了，否则卞氏再怎么擅长育儿和家务，也难免百密一疏，危及小曹彰的性命。

宁做太平犬，不做乱世人。强者如曹操，也难免在乱世中抛下妻子儿女，结果造成终身的遗憾。即便这些最高统治者能够设法为家属提供稳定优越的生活条件，随着时局的变幻，在各方现实压力之下，也难免酿成父子兄弟刀兵相见的人伦惨案。

第二十九案

孙权废太子案

（250年）

案情

相比于内乱频仍的曹魏，三国的东吴政权长期保持稳定，因为东吴政权的缔造者孙权在赤壁之战时还是个二十七岁的青年人，却很长寿，活了七十一岁，前后统治江东半个多世纪。因此，在孙权的漫长统治下，东吴政权保持了几十年的稳定局面。

但是，从242年开始，东吴统治集团内部突然爆发了严重内乱，一直持续到孙权于252年去世时为止，东吴的众多才俊都因此丧命，堪称“十年浩劫”。

导致孙权晚年东吴国内大乱的，是储君之争，又叫“两宫之争”。

孙权有七个儿子：长子孙登，次子孙虑，三子孙和，四子孙霸，五子孙奋，六子孙休，七子孙亮。以劝学闻名的孙权高度重视儿子们的教育，因此他们都颇具才华。

不过，与曹丕类似，孙权的这七个儿子的母亲各不相同，这就为东吴未来的政坛乱局埋下了伏笔。

按照《三国志·妃嫔传》记载，孙权的私生活极其复杂：

孙权原配谢夫人，出自会稽本地官宦世家，婚后起初与孙权关系还不错，但是孙权不久后又看上了寡居的表侄女徐夫人，娶进门以后将徐夫人的地位置于谢夫人之上，谢夫人非常不满，经常与孙权吵架，不久便去世了，没有子女，而此时孙权已经与许多其他女子生育了孩子。

徐夫人原本嫁给陆逊的堂哥陆尚，陆尚去世以后改嫁给孙权。徐夫人家族庞大，一直是孙家统治江东的左膀右臂。208 年年初，孙权讨伐黄祖时，表兄兼岳父徐琨战死疆场。当年年底，徐夫人辅佐孙权指挥了赤壁之战并攻击淮南。但是好景不长，孙权很快遇到了他一生的挚爱步练师，徐夫人从此失宠。徐夫人性格高傲，经常与孙权争吵，于是两人分居并秘密离婚。孙权称帝时，与徐夫人离婚已经十多年，大臣们认为徐夫人应当被册立为皇后，但是孙权坚决不同意，徐夫人得知以后更加愤怒，随即患病去世。徐夫人没有子女，领养了孙权的长子孙登（孙登和二弟孙虑的生母地位低贱，史无记载）。

步练师是东吴大臣步骘的亲戚，相貌美丽，性格温柔，给孙权生了两个女儿，即长女孙鲁班和次女孙鲁育。孙权对步练师无比宠爱，将孙鲁班和孙鲁育当儿子看待（从名字即可看出），称帝后执意要立步练师为皇后，但遭到大臣们的集体抵制，只能在步练师于 238 年去世后追赠她为皇后。

在孙权嫔妃中，受宠仅次于步练师的是大王夫人，给孙权生了第三个儿子孙和（孙和是孙权七个儿子之中第一个有正式名分的婚生子）。步练师去世以后，孙权曾有意立大王夫人为皇后。

步练师去世以后，孙权原本还想立出身名门的袁术之女袁夫人为皇后，但是袁夫人年老无子，收养的几个孩子又相继夭折，无意参与宫斗，于是一再推辞。

此外，谢姬生孙权的四皇子孙霸，仲姬生孙权的五皇子孙奋，小王夫人生孙权的六皇子孙休，她们的地位都比较低。

孙权少年得志，二十七岁就击败曹操，威震天下，经常亲临战场，还热衷于狩猎，一直自以为年富力强。但是在 232 年，孙权的次子、镇军大将军孙虑突然病逝，享年只有二十岁，且没有留下子女。五十一岁的孙权闻讯，极为震惊和哀痛。又过了六年，238 年，孙权的爱妃步练师去世；又过了三年，

241 年，孙权精心培养多年的继承人、太子孙登也病逝了，年仅三十三岁。连遭家庭变故之后，孙权的性格大为改变。

孙权素来以大教育家自居，喜欢督促他人读书，对吕蒙等官员如此（“士别三日，当刮目相待”和“吴下阿蒙”等成语就由此而来），对自己的儿子更是如此。据《三国志·吴主五子传》记载：“（孙权）立（孙）登为太子，选置师傅，铨简秀士，以为宾友，于是诸葛恪、张休、顾谭、陈表等以选入，侍讲诗书，出从骑射。权欲登读《汉书》，习知近代之事，以张昭有师法，重烦劳之，乃令休从昭受读，还以授登。登待接僚属，略用布衣之礼，与恪、休、谭等或同舆而载，或共帐而寐。太傅张温言于权曰：‘夫中庶子官最亲密，切问近对，宜用隽德。’于是乃用表等为中庶子。后又以庶子礼拘，复令整巾侍坐。黄龙元年，权称尊号，立为皇太子，以恪为左辅，休右弼，谭为辅正，表为翼正都尉，是为四友，而谢景、范慎、刁玄、羊衜等皆为宾客，于是东宫号为多士。权迁都建业，征上大将军陆逊辅登镇武昌，领宫府留事。”

就这样，孙权为了培养孙登为接班人，建立了一个囊括了张昭父子、陆逊、诸葛瑾父子、顾谭、陈表等众多江东英才的庞大教育团队，辅佐并监督孙登学习。孙登成年以后，孙权迁都到武昌，232 年孙虑死后又迁都回建业（今江苏省南京市），留孙登和陆逊坐镇武昌，北拒司马懿，西防诸葛亮。

孙登和陆逊坐镇武昌十年，关系极为亲密，孙权对他们十分放心。然而，如此缜密的继承人安排计划，却因为孙登在 241 年突然病逝，全部付诸东流。孙登这个关键人物一旦消失，其幕僚们的政治前途也突然黯淡下来，只能各奔东西。

孙登生前与孙权的父子关系一直不错，只在一个问题上例外，那就是孙登的养母徐夫人。如前文所述，徐夫人本来是孙权的正妻，辅佐孙权打赢了江夏之战和赤壁之战等关键战役，建立了东吴霸业，却因为孙权爱上了步练师，与孙权感情破裂，双方离婚，徐夫人返回吴郡（今江苏省苏州市）老家居住。作为徐夫人的养子，孙登一直坚定地支持徐夫人：“初，登所生庶贱，徐夫人少有母养之恩，后徐氏以妒废处吴，而步夫人最宠。步氏有赐，登不敢辞，拜受而已。徐氏使至，所赐衣服，必沐浴服之。登将拜太子，辞曰：‘本立而道生，欲立太子，宜先立后。’权曰：‘卿母安在？’对曰：‘在吴。’权默然。”

孙登一死，徐夫人家族的政治前途也就画上了句号，不会造成什么隐患，可是孙权要解决的难题还在后面。

相比曹操，孙权是不幸的，因为他培养的接班人孙登英年早逝。试想，如果曹丕像孙登这样英年早逝，那么曹操也会面临孙权这样的大麻烦：是传位给曹植呢，或是传位给曹彰呢，还是传位给曹叡呢？幸好曹丕熬到了曹操去世的那一天，曹魏政权才得以平稳接班。

孙登生前是毫无争议的皇太子，但是他一死，孙权精心构筑的接班人计划就遇上了大麻烦。孙登的二弟孙虑早在孙登之前就去世了，所以孙权在得知孙登死讯时能够选择的接班人，便是三皇子孙和、四皇子孙霸、五皇子孙奋与六皇子孙休，他们比已故的哥哥孙登、孙虑都要小很多。241 年孙登死时，孙和十八岁，孙霸略小，应该也年满十六岁了，孙权主要考虑的就是这两兄弟，孙奋和孙休远未成年，不在孙权的考虑范围之内。

与孙霸相比，孙和占尽优势。他年纪较长，生母大王夫人极受孙权宠爱，妻子张妃是张昭的孙女、诸葛瑾的外孙女（张昭的长子张承娶诸葛瑾的女儿，生张妃），老师是连已故太子孙登临终前都向孙权赞扬的重臣中书令阚泽。但是，孙权似乎想效法曹操安排曹丕和曹植竞争，242 年，立“和为太子，霸为鲁王，宠爱崇特，与和无殊。顷之，和、霸不穆之声闻于权耳，权禁断往来，假以精学”。

孙和身为太子，本来占尽优势，为什么会和鲁王斗得难分高下呢？主要原因出在他的母亲大王夫人身上。

儿子孙和刚刚被立为太子，大王夫人心胸狭窄的嫉妒一面就暴露出来，“及（孙）和为太子，和母贵重，诸姬有宠者，皆出居外。（小王）夫人出公安，卒，因葬焉”。孙休的母亲小王夫人就这样被迫离宫流亡，病死在西部边疆。

贵妃放逐所有受宠嫔妃，这在中国古代是前所未有的事情。一时间，孙权宫中竟然连个稍具姿色的宫女都没有了，而孙权早在青年时代起就有了多名说不清来历的子女，他的私生活显然一直丰富多彩。不难想象，孙权此后对大王夫人有多么不满。

与精心筹划几十年，结局却令人失望的继承人问题相比，开疆拓土的军政要事甚至更加令孙权沮丧。

孙权出生于 182 年，比老对手曹操和刘备小二十多岁，和曹丕、诸葛亮的年纪差不多大，都是“80 后”。等到曹操和刘备相继死去以后，年方四十的孙权有充足的理由认为，凭借丰富的军政经验和坚实的统治班底，属于自己的辉煌时代才刚刚开始。于是，孙权称帝以后，多次亲征淮南，却均在合肥一带受挫；派陆逊、朱然等人攻击襄阳、江夏等地，也未得寸土；在 232 年和 233 年两次派遣海军陆战队前往辽东，配合公孙渊与曹叡开战，结果都遭到公孙渊背叛，气得孙权要亲自渡海去辽东与公孙渊一决胜负，群臣好不容易才阻止了他；孙权久闻西方有一个富于珍宝的“大秦国”，还在 226 年亲自接见了一位自称“大秦商人”的秦论，于是产生了一个打通“海上丝绸之路”的想法，为此建造了庞大的海军，多次进入南中国海探险，一直抵达扶南（今柬埔寨）等地，然而，在孙权时代，“大秦”（罗马帝国）正由盛转衰，罗马商人一度在印度南部和越南南部建立的贸易点早已被废弃，东吴海军运气也不好，始终未能找到从南海进入印度洋的通道马六甲海峡，航行多年，都没在东南亚发现几座像样的城市，只在夷洲（台湾）等地抓回几千名目不识丁的生番。

称帝二十年后，在孙权的宏大战略指导下，东吴的国力不断损耗，除了巩固了对交州（今广东、广西和越南北部）的统治以外，没有任何成就可言。渐渐地，孙权的心气被磨损殆尽，他逐渐认可，年轻时的赤壁之战和夷陵之战就是自己漫长统治的巅峰。臣民们对孙权的统治也开始感到厌倦，他们宁可选择平静的生活，而不要英明领袖时常发动的无效远征。特别是在太子孙登去世以后，年迈的孙权逐渐感到，整个社会都在无声地对抗自己。

孙权老了，又不能干什么正经事，于是渐渐就变得老不正经。在大王夫人清洗宫廷，赶走其他宠妃以后没多久，向来对一夫一妻制婚姻不感兴趣的孙权突发奇想，要亲自视察女子监狱“织室”。四百多年前，汉高祖刘邦就曾经在“织室”里发现了一位薄姓女战俘，带回宫中，她随后给刘邦生下一个男孩，即汉文帝刘恒。东吴女子监狱的管理者肯定对这个故事耳熟能详，对最高领袖亲自来视察的用意心知肚明，于是，孙权在“织室”里看到了一对绝色姐妹，她们的父亲是因为犯法而被处死的潘姓官吏。结果，“权见而异之，召充后宫。得幸有娠，梦有以龙头授己者，己以蔽膝受之，遂生（孙）亮”。

就在孙和被立为太子，孙和的母亲大王夫人赶走孙权的其他嫔妃的次年（243 年），罪人之女潘夫人给孙权生下了七皇子孙亮。当年，孙权六十二岁，而潘夫人大概不超过二十岁，社会上议论纷纷。

潘夫人姐妹入宫与孙亮的诞生，无疑是对刚刚把其他嫔妃赶出皇宫的大王夫人的当头棒喝。大王夫人尽管尚未被册立为皇后，但是自恃是太子的母亲，暂时还不拿年轻的潘夫人当回事，她在宫中的竞争者眼下另有其人。

孙权与毕生挚爱的步练师生了两个女儿，其中大女儿孙鲁班先嫁给周瑜之子周循，周循去世以后改嫁给名将全琮，因而号称“全公主”。《三国志·妃嫔传》说，孙鲁班因为母亲步练师没能当上皇后，总觉得大王夫人抢了母亲应有的地位，非常厌恶大王夫人，经常向孙权说大王夫人的坏话，因此大王夫人无法被立为皇后。但是，鉴于之前我们了解的情况，大王夫人在儿子孙和被立为皇太子以后，表现得无比骄横霸道，甚至将所有受宠嫔妃都赶出皇宫，逼得六十多岁的孙权偷偷钻进女子监狱去泄欲，孙权对她肯定越来越不满。孙鲁班公主更像是孙权用来敲打大王夫人的一把锤子，正所谓苍蝇不叮无缝的蛋。既然昔日的爱情和亲情已经被嫉妒和仇恨取代，只等机会到来，孙权和孙鲁班父女就会对大王夫人和孙和母子下手。

这个机会在 245 年来了。

据《三国志·吴主五子传》记载，245 年，孙权患上了重病，派太子孙和去某座神庙为自己的健康祈福。离这座神庙不远处，便是孙和的王妃张氏的叔父张休的宅邸。张休是张昭的次子，曾任太子中庶子，是已故太子孙登的主要助手。孙登去世以后，张休历任侍中、羽林都督和扬武将军，在宫中和军中都有相当的影响力。孙和、张妃夫妇去神庙为孙权祈福时，路过张休宅邸，就进去坐了一会儿。他们没有想到，全公主孙鲁班一直派人盯着自己的行踪，随即就向孙权报告说，孙和、张妃夫妇根本没去神庙为皇上祈福，而是借机溜到张府，与张休密谋什么事情，又说大王夫人得知皇上病情严重，面有喜色。孙权闻讯，勃然大怒，痛骂大王夫人、孙和夫妇与张休等人。

据《三国志·妃嫔传》和《三国志·吴主五子传》记载，因为孙权的这次发怒，大王夫人忧虑而死，孙和不再受到宠爱，担忧自己会被废黜。不过，从其他史料来看，孙权这次远不止是发怒骂人这么简单，如《三国志·张顾诸葛步传》记载，就在 245 年，当事人、扬武将军张休及其助手顾谭、顾承因为遭鲁王孙霸诬陷，被发配交州，中书令孙弘又向孙权进谗言，孙权于是命令张休自杀，太子孙和的地位从此摇摇欲坠。

分析

孙权废太子案还有一个重要的背景事件，即 241 年爆发的芍陂之战。据《三国志·张顾诸葛步传》记载，当时孙权的大女婿全琮率领的吴军先胜后败，依赖张休和已故丞相顾雍的两个孙子（也是孙策的外孙）顾谭、顾承奋力抵抗，才阻止了魏军的反扑。日后孙权论功行赏，将张休和顾氏兄弟排在头等，将全琮的儿子全绪、侄子全端排在次等，全氏家族于是嫉恨张休和顾氏兄弟，找机会说他们的坏话，最终将他们都流放到交州，并且死在那里。

明眼人都能看出来，孙权在 245 年将张休、顾谭、顾承三位优秀的高官子弟兼青年将领流放到交州，并很快将他们置于死地，主要原因根本不是全琮父子和孙弘等奸臣说他们的坏话，和孙权早已公平裁决的芍陂之战也毫无关系，而是因为他们同孙和、张妃夫妇关系太密切。正是这一年，孙和、张妃夫妇在去神庙给患病的孙权祈福的路上，跑到张休府里密谈，在孙权看来，他们就是在讨论自己死后孙和如何接班的问题。仅此一条，张休就该死。顾谭、顾承兄弟和张休一样，起初辅佐太子孙登，孙登死后转而支持孙和，而当孙和失宠时，他们的地位便摇摇欲坠了。

太子孙和之所以失宠，主要原因不是别人说坏话，而是因为他的母亲大王夫人和妻子张妃这两位最亲密的女人不懂事。前文已经说过，大王夫人在儿子孙和被立为太子以前，对孙权百依百顺，而在孙和被立为太子以后，立即变得嚣张跋扈。孙权生病时，全公主孙鲁班之所以能向孙权讲很多大王夫人与孙和母子的坏话，正说明大王夫人身为孙权的正房配偶，没有经常守在孙权的病榻前伺候，把这些又脏又累的苦活都扔给了孙权的女儿等人去组织执行。显然，大王夫人在儿子孙和被立为太子以后的这三年时间内，作为贵妃兼皇后候选人，表现得完全不及格，令孙权极为失望，最终夫妻感情彻底破裂。孙和的妻子张妃作为张昭的孙女、诸葛瑾的外孙女，无疑具备相当的才华，对孙和也一直忠心耿耿（最终这对夫妇一同自杀），但是作为政治人物，她缺乏必要的敏感嗅觉，在孙权病重期间不劝丈夫直接去神庙给公公祈福，却和丈夫中途跑回婆家聊天，犯了严重的政治忌讳，让丈夫的政敌抓到把柄，身为儿媳，显然也有不合格的地方。

同为储君家属，与曹丕的母亲和妻子相比，孙和的母亲和妻子的政治水平实在是太低了，葬送了孙和的满手好牌。此外，孙和也比较倒霉，因为在他被册立为太子以后仅仅一年（243 年），孙权给他指定的两位师傅——太子少傅薛综和太子太傅阚泽就相继去世，孙权后来给孙和指定的太子太傅吾粲显然能力和影响力都有限，在孙和倒台的 245 年，吾粲也被孙权下狱处死。

随着大王夫人“以忧死”（其实更像是自杀），孙和等于被孙权软禁，太子地位摇摇欲坠。鲁王孙霸闻讯，便加紧了抢班夺权活动。《三国志》将吾粲、张休、顾谭、顾承等人的败亡都归罪于全公主和鲁王姐弟的幕后操作，其实就当时的局势而言，他们都只能起次要作用，真正下命令的还是孙权。

同样是在这灾难性的一年（245 年），东吴政坛最闪亮的明星也坠落了。

据《三国志·陆逊传》记载，陆逊多次告诫全琮，不要放任全寄与鲁王过度交往，又多次上书孙权，表达对太子孙和的支持态度，并经常给太子太傅吾粲写信，给孙和出谋划策。

身为大丞相，陆逊一直是支持太子孙和的，在正常的宫廷政治中，这本是最保险的态度。然而，在孙权与大王夫人夫妻感情彻底破裂的局势下，大臣还这样做，却是致命的。

据《吴录》记载，大王夫人死后，孙权曾秘密召见与孙霸关系密切的大臣杨竺，与他讨论废孙和，立孙霸为太子的问题。当时有仆人趴在床底下，偷听到了两人的谈话，随即报告了孙和。孙和于是找来陆逊的族子陆凯和陆胤，让他们去武昌找陆逊，替自己向孙权辩解。陆逊本来就积极拥护孙和，还警告孙权的女婿全琮，建议他效法汉武帝的名臣金日磾，杀掉与鲁王孙霸交往密切的儿子全寄，导致全琮与陆逊关系破裂。这次陆逊闻报，很快就写好了表章，还要求亲自回建业去与孙权讨论皇储问题。孙权读完，便察觉自己与杨竺的密谈遭到了泄露，于是找杨竺质问。杨竺分析说，前几天去武昌的只有陆胤，孙权便逮捕了陆胤，不料陆胤机灵，举报说是杨竺告诉他的。孙权对陆胤和杨竺严刑拷打，最终杨竺被屈打成招，于是遭到处决，陆胤反而出狱。自此以后，孙权对孙霸也不再喜爱了。不过，杨竺临死前向孙权举报了陆逊的二十条罪行，孙权也确定陆逊派耳目在宫中监听自己，于是一面处决多次给陆逊写信报告太子情况的吾粲，流放了与太子关系密切的陆逊外甥顾谭、顾承兄弟，一面不断批评陆逊，陆逊于是忧愤而死（可能也是服毒自杀的）。

就这样，在 245 年一年之内，大王夫人、陆逊、张休、吾粲、顾谭、顾承等东吴重要政治人物全部败亡，太子孙和被软禁，随时可能遭到废黜，而原本染重病卧床的孙权经过这么一折腾，身体反而好了。

由于对孙和、孙霸兄弟都很失望，孙权最终决定废黜孙和，将孙霸及其党羽全寄、吴安、孙奇、杨竺等人处死。威北将军诸葛恪的长子骑都尉诸葛绰和孙霸关系密切，孙权发现之后命诸葛恪将儿子带回家教诲，诸葛恪急于升官，竟然在家中毒死了诸葛绰。孙权闻讯，以为诸葛恪忠于自己，于是任命他为大将军，取代刚刚去世的陆逊。

导致孙权在250年下定决心，力排众议，废黜被软禁四年多的太子孙和，又赐死竞争太子地位的鲁王孙霸及其党羽，导致东吴朝廷为之一空的，显然正是此前一年洛阳爆发的“高平陵之变”，导致曹魏的军政大权从此归于司马氏。鉴于曹魏的历史教训，孙权为了避免孙家子孙在内讧中大权旁落，深感有必要彻底清洗所有涉及“两宫之争”的人员，在自己死后留下一个绝对干净、忠诚的孙氏朝廷。

结论

孙权为废太子而展开的清洗活动很见成效，以至于当年孙权册立年仅八岁的小儿子孙亮为皇太子，次年又册封孙亮的母亲潘夫人为皇后时，在朝廷上居然没有遭到任何大臣的抵制。就这样，年仅二十多岁、毫无政治背景的潘夫人成了东吴历史上的第一位皇后，即潘皇后。

潘皇后在正史中的形象并不好，《三国志·妃嫔传》说她“性险妒容媚，自始至卒，谮害袁夫人等甚众。权不豫，夫人使问中书令孙弘吕后专制故事”。区区两句话，一个阴险的女野心家形象便呼之欲出。然而，就潘皇后的实际行动来看，这些指责未必属实。

首先，潘皇后出身低微，父亲是犯罪被杀的小吏，家族在政坛和军队里没有任何影响力，对宫廷事务一窍不通，潘皇后入宫以后难免会遇上各种难题。与潘皇后相比，袁夫人出身“四世三公”的汉末头号豪门汝南袁家，自然举止优雅，即便袁夫人是袁术的遗腹女。251 年孙权册封潘皇后时，袁夫人也已经五十三岁了。这样算来，袁夫人比潘皇后大至少三十岁，两人之间肯定有代沟，很难和谐相处。与袁夫人相处不来，很难说都是潘皇后的责任。

其次，论“险妒容媚”，潘皇后肯定远不如大王夫人，“和母贵重，诸姬有宠者，皆出居外”这种事情潘皇后并没有做过。潘皇后唯一赶出宫的，反而是她的亲姐姐：“赤乌十三年，亮立为太子，请出嫁夫人之姊，权听许之。”

再次，“权不豫，夫人使问中书令孙弘吕后专制故事。”此事如果属实，理应极为隐秘，如果传到社会上，多半是当事人孙弘所说，而孙弘被认为是个不可靠的阴险小人，曾经陷害张休、朱据等人，他的话是否可信要打问号。吕后之所以能够在汉高祖死后垂帘听政多年，一是因为吕后本人跟随汉高祖南征北战多年，政治经验和资源都很丰富；二是因为吕后的兄弟和侄子们战功赫赫，手握重兵，威震朝野。与吕后相比，潘皇后既没有资历，也没有家族势力，想要像吕后一样独揽朝纲，无异于天方夜谭。

自古以来，朝里无人莫做官，更何况是皇后。果然，在位仅仅一年之后，厄运就向潘皇后袭来。

252 年，孙权再次病重，卧床不起。据《三国志·妃嫔传》记载，潘皇后“侍疾疲劳，因以羸疾，诸宫人伺其眠卧，共缢杀之，托言中恶。后事泄，坐死者六七人。权寻薨，合葬蒋陵”。

潘皇后是三国时期唯一未遭废黜而被谋杀的在位皇后，她被宫女勒死的惊世案件，很容易让人联想到 1542 年嘉靖皇帝险些被宫女勒死的案件。尽管潘皇后遇害案的案情并不复杂，但是我们仍然可以从中看出来，她是一个怎样的人。潘皇后“侍疾疲劳，因以羸疾，诸宫人伺其眠卧”，可见她与大王夫人不同，对孙权的病情非常上心，终日陪护在病榻前，以至于因疲劳过度患上疾病，昏睡过去，给了企图谋害她的宫女可乘之机。就当时的局势而言，潘皇后肯定真心不希望孙权此时驾崩，因为她的儿子只有十岁，还远未成年，她自己又没有强大家族的支持，在宫中孤立无援。如果潘皇后没有让孙权把自己的姐姐送出宫嫁给谭绍（谭绍夫妇墓于 1991 年修建京九铁路时在江西省吉水县出土，号称“江南第一墓”），她恐怕还未必会惨遭勒死的厄运。假如孙权能再健康地活上五六年，潘皇后可能也不至于事必躬亲，把身体累垮。就个人表现而言，她是合格的皇后。

从孙权的角度来看，皇后在自己的眼皮底下被宫人谋杀，这一噩耗实在过于残忍。晚年的孙权也许精神状况不大健康，但是绝对没有疯，他是一位疲惫、焦虑、重病缠身的老人，需要被照顾，需要被爱。然而，尽管身为大教育家，子孙满堂，且个个文武双全，孙权本人却难以享受到正常的临终关怀，得到的只有一连串噩耗。作为最后一位愿意每天为孙权更衣喂药、端屎端尿的亲人，潘皇后被谋杀的案件，变成了浇灭孙权生命之火的最后一瓢冷水。

潘皇后遇害以后没几天，孙权就怀着对现实世界的绝望之情驾崩了，所有人，甚至包括他的亲女儿，此刻都在盼着他的死亡。也许，临终前的孙权已经能够预感到，潘皇后的遇害，并不会带给东吴皇宫宁静。正相反，当他们年仅十岁就已父母双亡的小儿子孙亮登基后，这里即将变成尸山血海。

第三十案

孙峻刺杀诸葛恪案

（253 年）

案情

陆逊因为牵涉“两宫之争”忧愤而死后，如何处置他的众多部属与荆州的军政大权，就成为孙权急需解决的棘手问题。起初，孙权打算严惩整个陆逊家族，幸而陆逊的次子陆抗（陆逊的长子陆延早先夭折）临危不惧，当孙权使者向他调查陆逊罪行时，陆抗对答如流，孙权因此逐渐改变心意，允许陆抗接管陆逊的部分老部下。至于朝廷要务和荆州的军政大权，刚刚年满二十岁的陆抗显然太年轻了，晚年的孙权心中另有所属。

孙权的统治实在过于漫长，等到他临终前，当年与他在江东创业，打赢赤壁之战和夷陵之战的那批老臣已经尽数凋零，因此晚年的孙权急需筹建一个二代领导集体。在那个看重门户的时代，二代领导集体的核心成员，当然要从第一代领导集体的子侄中选择。

本来，东吴二代领导集体之中最突出的成员是芍陂之战的英雄张休、顾谭、顾承三人，但是他们在“两宫之争”中失败，全部死于流亡途中。不过，在孙权本人的带头示范作用下，东吴官员无不重视子孙教育，很快就有其他年轻官员脱颖而出。

如果调查三国时期的民众，有哪位大臣生前的名望能与诸葛亮平起平坐，答案多半不会是司马懿，而是诸葛亮的亲侄子、诸葛谨的长子诸葛恪。

据《三国志·诸葛亮传》记载，诸葛恪、诸葛乔兄弟并称为东吴的两大神童，人们评价诸葛恪的才华优于诸葛乔，诸葛乔的品性优于诸葛恪。诸葛恪自幼以诙谐机智闻名，《三国志·诸葛滕二孙濮阳传》与《恪别传》记载了很多诸葛恪年幼时嘲弄别人的段子，其中几次戏弄德高望重、脾气古怪的老臣张昭最为惊世骇俗。张昭的性格素来严肃暴躁，之所以能允许诸葛恪屡次占自己的便宜，可能是因为诸葛恪的妹妹嫁给了张昭的儿子，张昭因此对诸葛恪另眼相待。诸葛乔在诸葛亮第一次北伐途中去世时，诸葛恪被孙权指派为太子中庶子，孙权称帝以后又升任太子左辅，在武昌辅佐太子孙登。但是，与孙登的其他宾友张休、顾谭、顾承等人不同，诸葛恪很快就暴露出不守本分的一面。

据《江表传》记载，孙权本来想让诸葛恪管理钱粮后勤，诸葛亮闻讯以后给陆逊写信说："家兄年老，而恪性疏，今使典主粮谷，粮谷军之要最，仆虽在远，窃用不安。足下特为启至尊转之。"陆逊转告孙权，于是改让诸葛恪领兵。可能是因为这个原因，在诸葛瑾晚年，诸葛恪开始与陆逊产生矛盾，于是离开太子府，转而试图在军事上建功立业。

在东吴的核心统治区内，长期存在一块东吴难以统治的领土，即山越土著和反孙遗民占据的丹杨山区（又称丹阳，今江西省东部至浙江西南部）。诸葛恪辅佐太子孙登几年以后，向孙权建议说，自己已经详细调查了丹杨山区的情况，如果将当地居民都驱赶出来，可以获得四万精兵和大量物资。包括诸葛恪父亲诸葛瑾在内，多数大臣都反对这个计划，但是诸葛恪反复上书，最终打动了急于在称帝以后取得政绩的孙权，于是提拔时年三十二岁的诸葛恪为抚越将军领丹杨太守。诸葛瑾当时并不看好儿子此行的前景，认为他会给家族带来麻烦。可是连诸葛瑾都没有想到，从未带过兵的诸葛恪居然把"胡萝卜加大棒"这一套战略运用得炉火纯青，在顾承的辅佐下，仅仅三年时间就完全平定了与东吴对抗近半个世纪的山越。诸葛恪自己从降民中挑选了精兵一万人作为部曲

（从此跃居东吴头等实力派军阀），顾承也挑选了精兵八千人，其余的分给众将，于是满朝惊叹，无不佩服。孙权于是拜诸葛恪为威北将军，封都乡侯，准备让他做下次北伐中原的前锋。

正当诸葛恪被东吴朝廷公认为军事天才，信心满满之际，241 年，他最亲密的两位重要人物——父亲诸葛瑾和太子孙登相继病逝。诸葛恪于是开始守丧，丧期满后，被孙权派驻柴桑，在建康的孙权与武昌的陆逊之间负责接应工作。诸葛恪因为此前的嫌隙，主动给陆逊写信请求和好。此时正好赶上“两宫之争”爆发，当陆逊警告全琮不要放任全寄勾结鲁王孙霸时，诸葛恪的长子骑都尉诸葛绰也在与全寄一同辅佐鲁王。孙霸倒台以后，孙权命全寄自杀，而让诸葛恪把诸葛绰领回家教诲。在这一关键时刻，诸葛恪选择了听陆逊的话，用毒酒杀害了诸葛绰。从此，孙权和陆逊都对诸葛恪的看法有了改变，认为他识大体，顾大局，敢于负责，勇于牺牲。

献祭长子诸葛绰，成为诸葛恪一生仕途的转折点。他从此摆脱了神童和青年将领的身份，成为最高领袖眼中值得信任的中年骨干官员。就这样，在陆逊死后，孙权第一时间便想到了他，于是拜四十三岁的诸葛恪取代陆逊出任大将军，假节，领荆州牧，位极人臣。

246 年诸葛恪取代已故的陆逊上任以后，工作能力似乎一度遭到过质疑。但是，诸葛恪在任内并没有犯什么明显的过失，因此当孙权于 251 年年底病重，决定传位给太子孙亮时，诸葛恪成为辅政大臣已经是板上钉钉的事情了。

据《吴书》记载，诸葛恪被孙权紧急召回建业时，“诏有司诸事一统于恪，惟杀生大事然后以闻。为治第馆，设陪卫。群官百司拜揖之仪，各有品叙。诸法令有不便者，条列以闻，权辄听之。中外翕然，人怀欢欣”。于是，孙权命诸葛恪兼任太子太傅，中书令孙弘兼任少傅。此外，孙权的小女婿滕胤当时正受宠，与诸葛恪又是儿女亲家，被封为太常。据《恪别传》记载，孙权曾经问诸葛恪与滕胤相比如何，诸葛恪回答，出门参加仪式，臣不如滕胤；运筹帷幄，滕胤不如臣。这是因为诸葛恪身材矮胖，不如美男子滕胤仪表堂堂，但自以为才兼文武，连父亲诸葛瑾、叔父诸葛亮都不放在眼里，何况滕胤。

就这样，当孙权和潘皇后驾崩时，大将军兼太子太傅诸葛恪与中书令兼太子少傅孙弘共同辅政，可是这两位权臣向来不和。没过几天，侍中孙峻就向诸葛恪报告，说孙弘阴谋要害死诸葛恪，诸葛恪于是设宴款待孙弘，在席上害死了他。于是，年仅十岁，且没有太后监护的小皇帝孙亮又拜诸葛恪为太傅，太常滕胤、武卫将军孙峻这两位好友辅政，荆州军政则由诸葛恪的弟弟、奋威将军诸葛融接管。一时间，诸葛恪及其亲友权倾朝野，诸葛恪掌权后也非常谨慎，出台了很多有利于百姓的新政策，受到群众的广泛拥戴。一时间，诸葛恪政权看上去坚不可摧。

稳定内部局势以后，以军事天才自居的诸葛恪觉得可以有所行动了，于是在东兴（今安徽含山西南）濡须水上筑了一座大堤，又在大堤两侧各造了一座城堡，每座城堡留了守军一千人，作为防御体系。司马师闻讯，认为这一防御体系对魏国太过危险，于是调集十五万大军，分三路南下，主力是东路的七万军队，以司马昭为都督，胡遵、诸葛诞为大将，桓嘉、韩综为前锋，进攻东兴（魏方称东关）。诸葛恪闻讯，星夜率四万军队从建康渡江前往支援，刚一抵达就不顾严寒发动猛攻，大破魏军，斩杀数万，成为曹魏建国以后罕见的惨败。司马昭狼狈逃走，战后问司马王仪："近日之事，谁任其咎？"王仪回答："责在元帅。"司马昭怒吼："司马欲委罪于孤邪？"当即杀了王仪。战后，司马师见众怒难犯，只好免除了司马昭的爵位，不敢惩办其他将领。

诸葛恪在东兴之战大破司马昭，进封阳都侯，加荆州牧兼扬州牧，督中外诸军事，于是有轻敌之心，第二年又要北伐。群臣都觉得恶战之后军民疲劳，纷纷劝阻，但诸葛恪不听，效法叔父诸葛亮的《出师表》，写文章为北伐辩护说：汉末刘表等诸侯自以为地广兵强，不全力与曹操争夺中原，等到曹操统一北方以后才发现为时已晚。现在曹魏不断发生内乱，司马懿刚刚去世，他的儿子统治经验不足，魏国的老一代将领大多都已死亡，青年将领缺乏经验，而吴国的将士久经历练，在战场上占据有明显的优势。如果现在不能进军中原，等到司马师巩固了统治，魏国的年轻人成长起来，数量又占绝对优势，到时候就很难打了，甚至连长江都未必能守住，东吴的未来将岌岌可危，因此这仗不仅要打，而且要快打。

于是，诸葛恪力排众议，率东吴历史上空前的二十万大军开始北伐，试图一举攻取中原。魏将毌丘俭、文钦在《罪状司马师表》中说："贼举国悉众，号五十万，来向寿春，图诣洛阳。会太尉孚与臣等建计，乃杜塞要险，不与争锋，还固新城。淮南将士，冲锋履刃，昼夜相守，勤瘁百日，死者涂地，自魏有军已来，为难苦甚，莫过于此。"就这样，诸葛恪率领吴军围攻合肥新城，魏将张特率守军抵御一个多月，吴军死伤很多，加之天气炎热，大量病倒。魏国太尉司马孚闻讯，这才率援军赶来，诸葛恪被迫撤退，一路上吴军损失极大，而诸葛恪晏然自若，动辄斥骂部下，于是开始失去人心。返回长江北岸以后，诸葛恪又迟迟不肯渡江回首都，还继续征发人员物资，声称要再度北伐。直到朝廷召还他的诏书一封接一封地发来，诸葛恪这才勉强回到建康，随即召见中书令孙嘿，指责他伪造诏书，孙嘿被迫称病辞职。

孙嘿辞职以后，朝廷官员都担心被诸葛恪打压。已废太子孙和的妃子张妃是诸葛恪的外甥女，这时派宦官来建康看望诸葛恪，诸葛恪对宦官说："告诉贵妃，我会让她胜过别人。"这话很快传到社会上，加上诸葛恪又派人在武昌修宫殿，于是有流言说，诸葛恪要废黜孙亮，迎立孙和，迁都武昌，于是人人自危。孙亮当年虽然只有十一岁，却也明白了一些政治道理，害怕遭到废黜，便和武卫将军孙峻密谋，计划除掉诸葛恪。

诸葛恪返回建康以后，长期称病不上朝，得知皇帝专门摆酒席为自己接风，犹豫不决，称病推辞。孙峻听说诸葛恪身体不好，亲自去诸葛府上劝说。诸葛恪不好意思，走到宫门，遇上亲家滕胤，又觉得腹痛，不想进宫。滕胤劝他进去看看再走，诸葛恪于是带剑入殿，又担心自己会像诸葛绰、孙弘那样被毒酒害死，不肯喝宫中酒水，只喝自带的药酒。不久，见诸葛恪已有醉意，孙峻便突然拔刀，将毫无准备的诸葛恪砍死在座位上。诸葛恪在全国各地的亲友也随之被纷纷族灭，就连传说诸葛恪要迎立的已废太子孙和与张妃夫妇也都被迫自杀。

分析

诸葛恪的败亡在后世不大知名，但是在三国时期，却是震惊天下的头等案件。诸葛恪遇刺时，掌握着整个东吴的军政大权，亲友遍布东吴的各个要害部门，而且他本人一向以足智多谋闻名。在孙权死后，诸葛恪很快拥有了东吴的绝对权力，成为事实上的东吴皇帝。孙亮不仅年纪幼小，而且父母双亡，虽然号称聪明，可是身边既无强大的宦官集团，也没有任何外戚，可谓彻头彻尾的孤家寡人，无论如何都比不过政坛老手诸葛恪。就刺杀诸葛恪时的能力和权力而言，孙亮甚至还比不过诸葛亮执政时期的刘禅。

孙亮和孙峻为什么能够成功刺杀诸葛恪，并将其灭门？就案件本身来分析，这是完全不可思议的事情，因为双方的实力对比太过悬殊。即便诸葛恪因疏忽大意遇刺，诸葛恪的党羽本来应该有足够的实力发动反扑，将孙亮和孙峻消灭。即便反扑不成功，诸葛恪的亲友至少也可以逃往国外，特别是其守备荆州的弟弟诸葛融在逮捕自己的军队抵达之前，应当有足够的时间投奔蜀汉，甚至可以将荆州献给蜀汉，他却没有这样做，而是等着对方来包围自己，最终父子同归于尽。从此，诸葛瑾在东吴的后代彻底灭绝，后来只能去蜀汉寻找早年被过继给诸葛亮的诸葛恪二弟诸葛乔之子诸葛攀来延续香火。

然而，放在三国这个大时代的背景下考虑，我们很容易得出结论：诸葛恪遇刺案实际上不是一起孤立的案件，而是一场自下而上的革命。诸葛恪的亲友之所以不能向皇宫反扑，杀死孙亮和孙峻，诸葛融父子之所以无法逃往蜀汉，都是因为诸葛恪家族被底层军民抛弃了。蜀汉群众可以接受深得人心的诸葛亮“六出祁山”，但是东吴群众接受不了失去人心的诸葛恪“六伐合肥”。诸葛恪频繁地北伐，貌似效法叔父诸葛亮，却没有吸取诸葛亮战败后自贬三级，曹爽战败不辞职便被军队抛弃结果惨遭灭门的历史教训。所以，诸葛恪没能像他预料的那样，在独揽大权以后成为一位加强版的诸葛亮，反而沦为一位东吴版的曹爽。

纯粹就智力而言，自幼以神童闻名的诸葛恪可能比诸葛亮还要聪明，政治军事手腕也足够毒辣果断，在生前很像是一位能够结束三国乱世的天纵奇才。但是，诸葛恪在父亲诸葛瑾的安排下，从小接受顶级的精英教育，养尊处优，素来脱离群众，看不起劳动人民。诸葛亮则相反，虽然出身书香门第，但是自幼父母双亡，跟着叔父颠沛流离，青年时期没有接受过完整的系统性教育，所以读书“只观其大略”，写文章很少引经据典。从诸葛恪的三大成就——平定丹杨山越、应对“两宫之争”和东兴大捷来看，诸葛恪本人固然聪明，但是这些成就都是站在前人的肩膀上完成的，他本人缺乏独创性，而且有很大的运气成分，因此仕途顺风顺水。诸葛亮的仕途则远不那么顺利，由于在蜀汉政权中缺乏人脉，资历又较浅，长期被关羽、张飞、法正等人压住一头，法正死后才成为刘备的首席大臣。就独创性而言，诸葛亮明显强于诸葛恪，许多手工业产品都被冠以诸葛亮之名，这显然是因为诸葛亮像孔子一样“少也贱，故多能鄙事”。从《诸葛亮集》来看，他的确经常深入生产一线，与工人交流，善于吸收劳动人民的智慧，正所谓“三个臭皮匠，顶个诸葛亮”，而诸葛恪与工匠是没有共同语言的。诸葛恪经常表示，自己取得的成绩不是因为运气好，不是因为前人打的基础牢，而是因为他自己智力超群，文韬武略盖世无双，这种高傲的态度最终导致他遭到东吴群众唾弃。

就刺杀诸葛恪的孙亮和孙峻而言，他们的行动是极其危险的孤注一掷，很容易失败，而一旦失败，必然遭遇灭顶之灾。他们幸运地赌赢了，从而鼓舞了次年登上曹魏皇位的曹髦，孤注一掷地向司马昭发动攻击。同样是年轻的孤家寡人刺杀权臣，孙亮赢了，而曹髦输了，原因不是孙亮比曹髦聪明或勇敢，而是因为事变之时，诸葛恪不得人心而司马昭得人心。当然，在三国时期，要完成这种刺杀计划需要很大的运气成分，258 年，当孙亮企图故伎重施，诛杀权臣孙綝（孙峻的堂弟）时计划败露，被孙綝废黜，260 年死于流放途中。同一年，曹髦讨伐司马昭时在洛阳街头遇刺身亡，两位敢于挑战权臣的少年皇帝就这样惨死于同一年。

本来，诸葛恪应当对可能遇刺的局面有所防备，但是无奈他的对手太弱。年仅十一岁的孙亮既没有太后监护，也没有外戚和宦官辅佐，看上去是一个彻头彻尾的傀儡。诸葛恪太看不起孙亮，又把曾经帮过自己的孙峻等人当朋友看，一意北伐，战败后却不负责任，长期拒绝入宫觐见，又惩罚许多同自己意见相左的官员，于是丧尽民心，这既与曹爽相似，更像后来三征高丽失败导致亡国的隋炀帝。底层军民未必多么支持孙亮，但是他们能够感受到诸葛恪欺负孙亮，同时又无视底层军民的诉求，战败后还不肯引咎辞职，反而大力铲除异己。要知道，在东兴之战以后，司马师还知道要把身为前线主帅的弟弟司马昭的爵位革除，以向军民有个交代呢。诸葛恪如果能够在合肥新城之战以后主动承担责任，效法叔父诸葛亮在街亭之败后自贬三级，绝不至于落得这个结果。

从诸葛恪这个反面例子看，诸葛亮的成就便更加令人瞩目了。要知道，诸葛亮一辈子都没有拥有过诸葛恪那种“太傅加荆州牧兼扬州牧，督中外诸军事”的绝对权力，蜀汉政权中一直存在牵制诸葛亮的力量。如果诸葛亮第一次北伐时在街亭战败以后，拒绝自贬三级，而是把责任推给李严等人，然后刘禅与李严在成都宫中设宴，刺杀诸葛亮，放在三国时代，反而是一种更为正常的历史发展过程。之所以诸葛亮屡次北伐未能取胜，却能够善始善终，一是因为诸葛亮善于做人，失败了能够承担责任；二是因为刘禅与李严对诸葛亮没有恶意，虽然诸葛亮最终将李严革职，但是双方都是出于公事，并非私怨。与此相比，诸葛亮善于治军理政等等还在其次。

诸葛恪当年如果不是在“两宫之争”的关键时期毒死长子诸葛绰向孙权表忠心，绝对当不上首席辅政大臣，他本应明白权利与义务之间的关系，却被绝对的权力冲昏了头脑，傲慢自大，最终遭到军民的集体抛弃。诸葛融之所以在长兄遇刺后无法将荆州献给蜀汉，或是离开荆州投奔蜀汉，而是无奈地坐等追兵赶到，惨遭灭门，显然是因为荆州军民拒绝接受他的领导。

结论

聪明一世的诸葛恪被绝对权力所迷惑，最终输给了张特、孙峻这样的庸才，惨遭灭门。

诸葛亮死后，蜀汉政权就无法统一中国了；诸葛恪死后，东吴政权就无法统一中国了。

诸葛恪死后，他的亲家滕胤一度为了现实利益与孙峻合作，却很快便因为缺乏互信，又在皇宫里刀兵相见，孙峻、孙綝兄弟取胜以后，大肆屠杀异己。就这样，孙策、孙权兄弟辛苦半个世纪打下的基业在内战中不断损耗，坐等东兴之战中诸葛恪的手下败将司马昭父子来消灭自己。

这正是三国后期政坛的典型特征：

由于逐渐腐化，沉迷玩弄计谋和大战略，违背民意，汉末内战的名将家族纷纷谢幕。谁能够在此时看准潮流，赢得民心，谁就能赢得最后的胜利。